**A.S.Neill** / 尼尔作品系列

自由是爱的保证，而只有爱是整个世界的希望。

——A.S. 尼尔

# 尼尔！尼尔！
# 橘子皮！

### 夏山学校创办人 A.S. 尼尔个人传记

[英] A.S. 尼尔　著

沈湘秦　译

北京师范大学出版集团
BEIJING NORMAL UNIVERSITY PUBLISHING GROUP
北京师范大学出版社

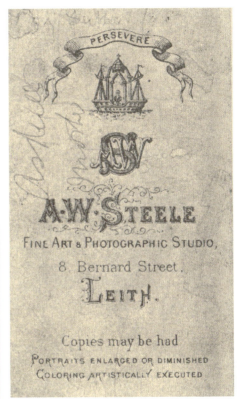

尼尔的母亲玛丽·萨瑟兰　　　　　　　尼尔母亲照片的背面

尼尔三岁时与母亲合影

二十五岁的尼尔

五十三岁的尼尔

夏山学校位于多塞特郡莱姆里吉斯的校舍（1924—1927）

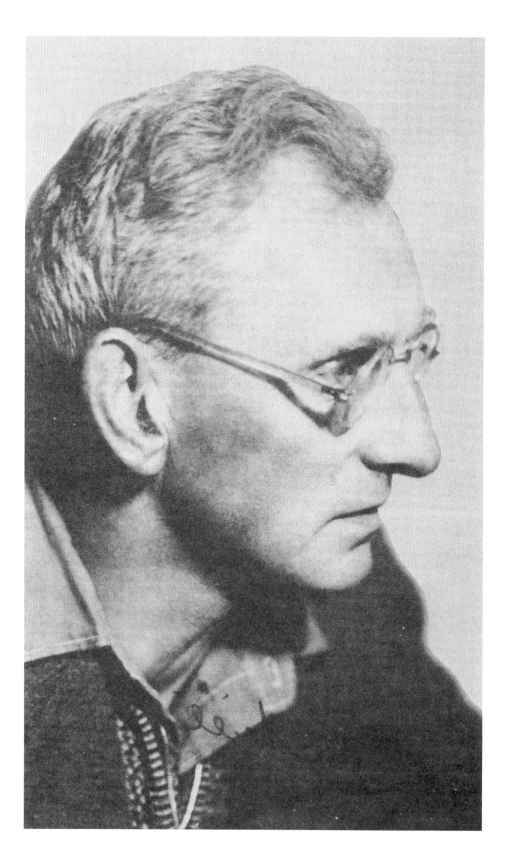

尼尔与波特小姐在约翰内斯堡，1936

五十四岁的尼尔 [左页]

尼尔女儿佐伊·尼尔·雷德黑德　　　　　尼尔与佐伊，1950

圣·路易学院教堂，
尼尔绘于 1912 年

爱丁堡修士门监狱，
尼尔绘于 1911 年

夏山学校，
尼尔绘于 1954 年

尼尔，1964

尼尔肖像,
伊什贝尔·麦克沃特绘于 1966 年

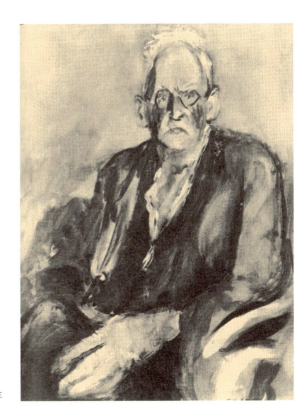

尼尔肖像,
伊什贝尔·麦克沃特绘于 1964 年

尼尔与妻子埃纳，女儿佐伊［上］
尼尔参加学生的婚礼［下］

尼尔和佐伊在佐伊的婚礼上，1971

尼尔和"饼干"

尼尔，1971

尼尔给学生们讲故事 [ 上 ]
尼尔与学生们一起收割土豆 [ 下 ]

尼尔 [ 右页 ]

"夏山学校是一个真实之地，并非乌托邦。百余人在一起朝夕相处，也非易事。在这里，每个人都在追寻自我探索，在萧瑟的一月，东风来袭，事情有时也不尽然美好。

但是，转入夏季，夏山就满目青葱，绿意盎然，犹如一片忘忧谷。与其说这是一所学校，莫若说是一个大家庭或者部落，它充满友善、欢笑和真情实感。

对许多夏山学子而言，在这里求学的时光成为他们一生中最富意义的经历。"

——佐伊·尼尔·雷德黑德

# 致中国读者

*Zoë Readhead*

佐伊·尼尔·雷德黑德
英国夏山学校校长 / A. S. 尼尔基金会主席

每当想起夏山学校的创办人 A. S. 尼尔,我都禁不住惊叹:开辟这种富有创意的教育和养育方式的他竟然并非生于 20 世纪,而是 19 世纪!

最令人惊诧的事实是:夏山学校不仅适应了现代社会,而且一直以来都引领着教育与家庭生活方式的发展方向。多年来,夏山学校和尼尔对世界各地的教育系统、教育理念产生了积极深远的影响。

尼尔生于 1883 年,亲历了一个毫无快乐可言的教育体系:少年时被束缚于课桌,被迫学习成年人认为有益的一切。他顺遂内心的感受与指引,不忘初衷,在岁月长河积聚的各种资源的鼓舞下,潜心形成了自己独立特行的教育体系。如今,这套别具一格的教育体系,已经在他那所位于沙福郡乡村的学校里被实践了将近百年。

夏山学校成立于 1921 年,至今仍走在时代前沿。自夏山创办第一天起,尼尔就废除了对学生的体罚;所有的孩子都拥有选择进教室听课或到户外玩耍的自由；校内许多规则交由学校例会裁定，全校学生都享有列席投票权。毫无疑问，夏山学校开创了全世界范围内少儿民主自治的先河。

我非常高兴北京师范大学出版社将以《尼尔！尼尔！橘子皮！》为首陆续出版 A. S. 尼尔的一系列著作，使他的思想能够在另一个国家另一种文化中被分享。

我诚挚地希望这将有助于我们迈进一个全新的世界：少年儿童承受更少的压力，成年人更多地致力于鼓励孩子们成长为快乐的、身心均衡发展的个体。最终，孩子可以抉择自己的人生道路，对他人有恻隐体恤之情，能够努力奋斗以实现自己的理想，无论这个理想是掌握生物医学科学还是种植蔬菜。

2016 年 10 月

于英国夏山学校

# 目 录 Contents

目录

## IV  写给《泰晤士报》的信

我的一生

# 书名的由来

多年以前，在夏山学校，有个小男孩一边溜达一边自言自语："尼尔！尼尔！橘子皮！"打那时起，这句俏皮话传播开来已超过25年了。如今，每当身边的小孩子吟唱这句话，我的反应常常是："又唱错了，不是橘子皮——是香蕉皮！"

为什么选择这个押韵的短句作为自传的书名呢？因为它涵盖了我与孩子们相处的一生。实际上，如果我们把它视作警句，那么，它就是夏山的箴言。这句话是夏山学校和我一生所有经历的侧影。从中我们可以一瞥，如何在代际之间架设桥梁以逾越鸿沟或者消除鸿沟。它并不包含无礼或憎恨的成分，恰恰相反，这句话意味着爱和平等。假如这个世界上的每一个孩子都可以称呼他们的老师"橘子皮"，那么，我的信箱里也许再也不会塞满以下文开头的来信："我讨厌我的学校，我可以来夏山上学吗？"

那个小男孩的即兴儿语告诉我们，没有必要在学生与教师之间挖出一条沟壑，造成沟壑的正是成年人而非孩子。教师们想要成为有尊严的权威，他们担心一旦表现出同情心，自身的权威会随之荡然无存，继而自己的课堂将变得混乱不堪。一方面，教师害怕消除学生的恐惧；另一方面，无以计数的孩子害怕自己的老师。滋生恐惧的罪魁祸首是纪律。试想，在问任何一名士兵是否害怕自己的长官时，恐怕人们都不会听到否定的答案。

夏山学校的这句押韵的俏皮话恰恰告诉世人一个道理：一所学校能够消除学生对教师的恐惧，并由此消除对生活的恐惧。具体而言，并非只有尼尔一人被孩子待以平等、愉悦和爱，而是全校所有的员工都被学生视为朋友和玩伴。教员们不因已然成年而固守所谓的尊严，或期望被区别对待；他们在与学生的互动中可以享有的唯一特权是自由的入睡时间。学校作为社区滋养着每一位成员，成员间直呼彼此的名字（不是姓），极少使用昵称；假如用昵称，只是为了表示友谊和平等。三十年来，我们的科学教师乔治·科尔希尔被亲昵地称为"乔治"或"软木塞"，深受学生喜爱。

几年前，我在一本书中提及对新教员的面试。从前的提问是："如果一个孩子把你叫作'大傻瓜'，你会怎么办？"如今，这依然是面试新教师的题目，不过省略了"大"字——走出国境线，这些土得掉渣的骂人话鲜少流行开来。

随着时间的推移，我越来越坚信：各个学校最必要的改革正是消除年轻人与长者之间的深沟——经久不变的家长式作风。这种独断专制的权威带给学生的是贯穿其一生的自卑；成年之后，他们仅仅是把权威的对象由教师换为老板而已。

纪律在部队也许确有必要，然而，除了某种乏味的保守之士，恐怕没有任何人，会认为军事化的生活是生存的典范。然而，学校效仿军事组织，后果会更糟。因为士兵们至少能常常四处走动，可是一个正值活泼好动年龄的孩子，却不得不在一天的大部分时间中被要求静坐在课桌前。

我在这本书中详细解析了权力如何夺去了孩子的生机。绝大多数教师对他们所施行的纪律和"模范人物"的隐患毫不知情，他们中的大多数人也并不想知道。纪律惩戒是简单易行的管理方式之一，诸如"立正""稍息"，这些口令不仅属于兵营操练场，也改头换面地驻扎在课堂里。

遵守！服从！发号施令者咆哮着，可是人们遵守的不是平等的规则而是上级的指令，服从的也不是平等本身而是上级。服从隐藏着恐惧，而恐惧本应是任何一所学校中最为罕见的、最不受鼓励的情绪。

在美国，学生们的恐惧是害怕得到差评——得分低意味着一无是处，或害怕无法通过考试。在其他一些国家——包括英国在内，尽管我憎恨予以承认——学生们依然恐惧受到杖击或皮带抽打，恐惧被某些愚蠢的教师蔑视或嘲笑。

可悲的是，教师这一方也充满恐惧——害怕被认为富有同情心，害怕被那些具有离奇直觉的孩子看透。我对此心知肚明。公立学校从教十年的经历，使我对教师不再抱任何幻想。那时，我也是一个威严的、高高在上的、严格执行纪律的教员。我当年任教其中的系统依赖细皮鞭——一种苏格兰小皮带。我的父亲使用它，随后我跟着沿用，从未思考过这样做究竟是对还是错。直到有一天，身为舍监的我抽打着一个傲慢无礼的男生时，头脑中突然冒出一个全新的想法——我这是在干什么？面前的男孩稚嫩瘦小，而我硕大无比，为什么我在打一个与自己体格迥异的人？我停下来，把手中的细皮鞭丢入炉火里，从此再也没有打过孩子。

我曾经以为，是男孩子用他的傲慢无礼把我拉低到与他一样的水准，这有违我的尊严，有损我作为最终权威的形象。他跟我说话的方式好像我是他的一个哥们儿，我认为那是一个不可原谅的冒犯。然而今天，虽然距离这件事已经过去六十年，依然有成千上万的教师与当年的我无异。这话听起来有些自大，却是显而易见的残酷现实，即教师在很大程度上仍然拒绝做有血有肉的人。

就在昨天，一位青年教师告诉我他被校长以免职相威胁，原因是这位青年教师被一个男生直接叫作"鲍勃"。那位校长振振有词的原话是："都像你一样放纵他们这么没大没小地称呼，还怎么执行纪律？如果一个士兵管上尉叫"吉姆"，那成何体统？"

我确信，以苏联的军队为例，长官与士兵之间的屏障也会在战后得到消融，他们互为战友。但是如今，我听说新体制已被废除，军队回归到分级清晰、纪律严苛的老路。

"尼尔！尼尔！橘子皮！"这个书名原本是我用来刺激那些"冥顽不化"的教师的，但是也将被世界各地的学生所了解，尤其是那些被严格管教的、从未有机会听说夏山学校的孩子们。

为什么我会收到成百上千封孩子们写的信？不是因为我有一双迷人的眼睛——不，不是那样，只是因为夏山学校的理念触动了他们的内心，贴合了他们对自由的渴望，回应了他们对来自家庭和学校的权威的憎恨，实现了他们与长者互动的愿望。在夏山，不存在所谓的代际鸿沟，倘若存在，我在日常例会上的提议就不会出现半数被否决的情况，一名十二岁的女生也不可能当面对老师说"你的课讲得真无聊"。我必须补充说明，自由是相互的。因此，我们的老师也可以对孩子说"你真是一个讨厌鬼"。

我可不想被世人追忆成一位伟大的教育家，实不敢当。倘若能够被后人记起，我希望是缘于我曾努力突破年轻人与长者之间的鸿沟，是因为我曾努力劝说教师诚实地面对自己，丢弃那些代代相传的使他们孤立于学生的盔甲。在人们的追忆里，我愿意是一个坚信憎恨毫无疗效的普通人，一个始终站在孩子们一边的普通人——借用荷马·莱恩[1]的表述——这是出产快乐教学和未来幸福人生的唯一正确方式。既然可以被夏山的小学生哄叫成"尼尔！尼尔！橘子皮！"，那么，我也乐意被世界上所有的孩子如此称呼——这就是我，一个信任孩子的人，一个信奉淳朴善意和脉脉温情的人，一个在权威中只看到控制或多数时候看到憎恨的人。

很快，我将撒手这纷扰的人世，衷心希望后来者能够回顾我所在的时代的教育，反思这种教育包含的残暴做法及其对个体潜能的破坏、对正规学习的愚蠢关注。我希望，后来者可以应对所有令人悲观的事，诸如战争、宗教镇压和犯罪。那些叫嚣着对罪犯施以绞刑的人，难道不知道自己是在用阿斯匹林应对阑尾炎吗？而社会何时才会意识到：正是压抑的体制在源源不断地产生着街头流离失所的穷人、世人的无情和功利型社会，正是压抑的体制造就了铤而走险的罪犯和歇斯底里的神经症患者。

我必须承认，有时，当我思索着年轻一代所面临的挑战时，我心怀乐观；可是一转眼，当我看到满是抢劫、谋杀、战争和种族主义的报道，我又变得深陷悲观。我想，这种矛盾的心情一定是我们共同的体会。

"橘子皮"尼尔
1972 年于夏山

---

1 荷马·莱恩（Homer Lane, 1875—1925），生于美国的教育家。他的基本教育理念为若能给予少儿充足的自我管理，其行为与品格均将发展良好。（全书页下注均为译者所注，后同。）

# 1 /

# 人生开端

　　1883 年 10 月 17 日，我出生在苏格兰的福弗尔。如今，这个地方归属安格斯郡，距离苏格兰中部的泰河以及沿岸城市邓迪不远。我的祖先麦克尼尔最早来自巴拉岛，后来加入了"邦尼王子查理"的起义军。据说，在普雷斯顿潘斯战役之前或之后，他被迫逃离——我猜应该是在战前——并且安顿下来，落脚点正是爱丁堡附近一个叫作特拉嫩特的村落。

　　麦克尼尔家族在当地是采煤工，我的祖父威廉·麦克尼尔曾在幽深的矿井里工作多年。但自我记事起，他就已经离开矿井，在爱丁堡开了一家鱼店。时常来探望我们的他，个头高挑，气宇轩昂，灵巧的双手十指修长，手掌丰满。祖父的嗜好是溜达闲逛。小时候的我有些怕他，因为他说话尖酸刻薄。我至今还清晰地记得，有一次我试着用他的刮胡刀削铅笔，结果挨了一通臭骂。我觉得父亲也同样怕他，因为每当这位老先生和我们在一起时，父亲都有些紧张。

　　我的父亲身体不算强壮，又有几分学习能力，所以没有跟着其他兄弟一起去矿井工作，而是被送出家门做了实习教员。不知何故，他从自己的名字中去除了"麦克"。坦白讲，我对父亲的早年生活所知甚少，可以说他不是那种健谈的人。但我对一件事印象深刻：姑姑玛吉给我们讲述他的童年故事时，父亲曾暴跳如雷。

我母亲的全名是玛丽·萨瑟兰，外祖母姓辛克莱，太祖母姓冈。外祖母克伦斯·辛克莱尔的母亲一共生育了二十个儿女，一家人原本住在凯斯内斯郡一个简陋的农场；后来除了她，其他家人都死于结核病。幸存下来的外祖母离开家乡，去利斯做女仆，然后嫁给了在码头做事的尼尔·萨瑟兰，开始了每周依靠十四先令喂饱全家的日子。不久，我的外祖父溺水而亡，为了挑起养家的重担，外祖母开始给别人洗衣服。

至于母亲——外祖母唯一的女儿——如何成长为一名教师，我一无所知。但我相信，那期间外祖母做出了巨大的牺牲。父亲和母亲在利斯的同一所学校任教，他们在那里相爱并组成了家庭。

我见过一两封父亲当年的情书，字迹是精美的铜版印刷体。那也称不上真正的情书，更像是我过去写的家信：今天下雨了……吉姆·布朗扭伤了脚踝。母亲把这些信用红色的丝带系好保存着，却把她自己早年写给父亲的信付之一炬。由于父亲在信中总是顾左右而言他，不正面告白，所以我依稀记得其中一封比较特殊。那是十二岁的一天，我溜进杂物间找东西，在那里发现了满满一盒子父亲的信件。印象中，有一封信令当时的我有些震惊。信中，父亲说他读了《维纳斯和阿多尼斯》[1]，并表达了一番由这首诗引发的情欲。读这封信的时候，我断定当时的母亲会因此深觉受辱并愤怒不已。然而时隔多年，今天的我

---

1 《维纳斯和阿多尼斯》（*Venus and Adonis*），英国著名作曲家约翰·布洛创作的歌剧，取材自古罗马神话中爱神维纳斯和美男子阿多尼斯的故事。

对此已不再那么确定。

外祖母和我们住在一起, 她去世的时候我十四岁。作为她最心爱的外孙, 我对她的爱意, 恰如一个小男孩能够回馈老奶奶的全部。外祖母喜欢含着薄荷糖, 因此, 她表达爱的方式就是一边亲吻我一边把她嘴里的薄荷糖塞进我口中。她是一个虔诚的信徒, 常读《圣经》, 也乐于同我们小孩子讲述她小时侯的壮举: 每个周日步行九英里去教堂做礼拜, 然后再步行九英里返回家中。外祖母对绵羊和山羊的信念[1]从未动摇过。记得大约七岁时, 我学会了一个新词"畜生", 然后, 她要求我挨着她跪下, 一起请求上帝的宽恕。我猜, 我对地狱的早期恐惧大概就是受到她的影响。

外祖母让我们为她朗读各种传道书籍, 包括《波士顿的四形态》。毫无疑问, 她对波士顿[2]人也深信不疑。在我看来, 那本书里最可怕的篇章是"上帝"(外祖母对书中那位男子的称呼)对地狱之苦难的详细描述。它的开场是: "如果你想知道地狱的痛苦是何等滋味, 只需点亮一盏烛光, 然后伸出手指任火焰灼烧。" 由于外祖母和波士顿人坚信罪人必将受惩罚, 我也对此信以为真, 而且似乎有着一种直觉, 认为那种地狱就是我的归宿。当然, 我对外祖母没有一丝恨意, 她是一位非常善良、慈爱的老人, 在她繁多的乐事中, 有一项就是道听路边木屋女主人的闲言碎语。

妹妹克伦斯比我的胆怯和信仰更少些, 自认为绝不可能下地狱。说实话, 每当她有所行动并且心无上帝和天堂时, 我真担心她被当场

---

1 与宗教有关, 羊是《圣经》中的重要存在。意思是说外祖母对基督教笃信不疑, 无论书中是山羊还是绵羊。

2 波士顿(Boston), 英格兰的波士顿, 该地清教徒较多。

处死。这种恐惧源于外祖母那本《小教理问答》中的一个可怕故事：一名女仆被指控偷盗了一把银勺子，她哭喊着："假如是我偷的，上帝会将我处死。"当然，她说完就倒地而死，丢失的银勺子则"叮当"一声脆响着跌落地板。我多次向不信上帝的妹妹克鲁尼[1]提起这个故事，可是她不仅嗤之以鼻，还威胁我为她不可原谅的过错认罪——亵渎圣灵。不过，克伦斯从未真正吓到我，真正吓懵我的是长兄威利。一次，为了求上帝显灵做一件违背自然的事，十三岁的他站在雷雨中等待天神处死自己。记得当雷电来时，我紧紧闭上了双眼。不过，外祖母的银勺子故事慢慢失去了震慑作用，我开始对周遭发生的一切充满怀疑。虽说如此，有趣的是威利后来成为了牧师。

心理学家认为早期经历会主导人们的一生，有人对此表示怀疑。然而，自1918年以来我对此深信不疑。那一年，我亲爱的妹妹克伦斯死于肺炎，时年三十四岁。她在有生之年从未动摇过自己的无神论立场，在她看来，基督教不仅是迷信，而且是残忍的骗局。然而，卧床弥留之际，她喃喃自语，重复着儿时学会的祈祷，恳求上帝拯救她的灵魂。在濒死的虚弱中，她那蛰伏长达三十年的宗教情绪终于附体。这件事使我相信，童年的早期感受会持续终生。

我的奶奶可以通灵。青少年时期我听了许多苏格兰神话，认为她并没有故事中常说的那种预见力。记得有这样一则故事：苏格兰教会里，牧师用手搭在布鲁恩夫人的肩膀上，压低声音说："回家去吧，你的儿子刚刚把脖子扭断了。"随后，布鲁恩夫人驱车赶到七英里外的家，发现儿子确实发生了不幸。诸如此类的故事，我小时候听过无数个，其套路大概是"有人从牧师那里听说了一件事……"我奶奶讲

---

1 克鲁尼，妹妹克伦斯的昵称。

故事的风格完全不属于此类,她仅需要简单的象征就可以自圆其说,其中最特别的就是叩门声。例如,某天早晨她从楼上卧室走下来,神情异常沮丧地说:"我的日子所剩无几了,刚才听到了三声警告的敲击,声音又大又清晰,这是我的造物主在呼唤我了。"说完,她返身上楼,有条不紊地把亚麻质地的寿衣取出来穿上。虽然我们已逐渐对她的预言变得习以为常,但最终当她在听到"叩门声"之后去世时,家人都感到有些懊悔。

回首往事,很难概括出这位老人对我一生的影响。她曾经对我的母亲说过这么一句话:"等你老了,阿利[1]会是对你最好的孩子。"没错,我一直关心暮年的父母,然而,其他家人在实际的生活层面给予父母的帮助更多。但我确实相信,老人们的品评对所评价的孩子日后的行为、思想有着巨大影响。记得十岁时,有位邻居曾打量着我,一脸难过地对我奶奶说:"唉,尼尔夫人,从面相上看,这孩子寿命不长。"这句话曾阴魂不散地折磨我许多年。

说起来,我对于死亡并不陌生。生活在一个大家庭里,我多次目睹埋葬夭折幼儿的场景,也了解死亡的诡计、悲伤的泪水以及墓穴四周弥散的气氛。十岁之前,我至少参加过三次葬礼;我的母亲一共生育了十三个孩子,其中有一个死产儿[2]。多年以后,每当我们批评母亲生育过多时,她总是愤怒地反驳说那是上帝的旨意,并且对我的妹妹克鲁尼咆哮:"除了你无权在艾丽斯出生之后占用我十一个月的时间,其他一切都再好不过。如果你也是上帝的旨意,那一定是惩罚我无视自己的健康。"

---

1 阿利,A. S. 尼尔的昵称。

2 死产儿,在出生时就已死去的孩子。

父亲就职的学校位于两英里外的金斯穆尔，他每天走路去，走路回。在我八岁时，学校翻新，全家搬迁到附近。早年在福弗尔的记忆非常模糊，我们住在三楼或者四楼，我最乐此不疲的事就是在长长的走廊里玩火车。每个星期六上午，附近都有集市。农妇们在那里兜售自制的黄油和土产的鸡蛋，有人愿意花费两便士找小孩子帮忙牵马。这是一个充满希望的诱惑，就连害怕马的我也憧憬着能拥有靠近马的勇气。直到现在，我经过马时仍小心谨慎。有时，如果我们几个小孩配合得好，就能从慷慨的、子女在金斯缪尔学校的农妇那里得到一便士或两便士。但这务必非常谨慎，因为母亲对我们有一条严格的规定：禁止以任何理由收受他人给予的金钱或食物。在她看来，听任她的孩子接受他人赠予的小礼物，无异于把她的家庭等级降至最低。然而，作为孩子，我们很难找到一个合适的理由拒绝芬德利夫人自制的美味面包，尤其每一片都涂满了新鲜的黄油和李子酱。

有一天，我自豪地告诉母亲自己拒绝了一块诱人的美味。她听了之后，笑着夸我是一个好孩子。

"我猜，你一定回答说你不饿，对吧？"

"不是，"我信誓旦旦地否认，"我只是说了句'谢谢，可是我妈妈说不能要别人的东西'。"

这番得意换来了母亲的一顿胖揍。

这就是我的母亲，一个骄傲的小妇人。在孩子眼里，她树立的规矩冷漠无情。当然，我们谁也不理解深藏其后的恐慌。那种恐慌与其说指向接受恩惠，莫若说来自她早年在利斯的贫苦家庭中卑微的成长历程。母亲对自己和婚后的家庭有着勃勃野心，她自视甚高，也要求我们跟着装腔作势。

父母各自的兄弟姐妹都是贫困的工人，他们讲话时的方言口音重到难以听懂。随着时间的推移，我们逐渐确信他们的阶层更低，彼此之间的关系因常言所说的"穷亲戚"而变得复杂起来。由于母亲那一方的亲戚多住在一百英里之外，她得以巧妙地避免他们的造访，然而，有一个人例外。

举止古怪的尼尔舅舅住在布里津，身为理发师的他差不多是同辈中最潦倒的那个。他总是出其不意地关上店铺，理由只是为了散一个长长的步。据说有一次，他正在给一个人理发，忽然拔腿就走，留下对方袒露着一半没有刮净的面颊，自己闲逛去了。他还总是滔滔不绝地自言自语，这恰好旁证了一句传言："手拿剃刀却自言自语的理发师终将门可罗雀。"但是在我们小孩的印象里，他毫无恶意，深得我们的喜爱。外祖母生前曾用自己微薄的日常结余援助这个儿子，老人家过世后不久，尼尔舅舅不得不搬来与我们同住。没住几天，母亲就开始暗示他应该为谋生做些什么。终于有一天，尼尔舅舅对我母亲的规劝不厌其烦，一大早就卷起属于自己的些微行李，弃门而去。从此，我们再没有见到他，也不曾听闻关于他的任何讯息。所有的小孩都想念他，记着他总是慷慨地散发糖果。我常常猜想尼尔舅舅后来可能有着怎样的奇遇。

父亲这边的亲戚时不时会来探访我们，表面上似乎走得比较近。祖父老威廉·麦克尼尔是那种对传统深信不疑的人，具有所有苏格兰人固执的特质。母亲始终对于他的领部着装耿耿于怀，因为祖父拒绝穿戴母亲推荐的领结，反而坚持在脖子上系一条黑色的方巾。因此，虽然我前面已经介绍过——祖父仪表堂堂，但在母亲的眼中，他不过是一位因领部着装而暴露卑微出身的普通老人而已。祖父能用小折刀制作音色良好的小提琴，会用隐形燕尾榫[1]制作精美的家具，他的操作技能和些许艺术细胞使他能够处理任何机械难题，但却不情愿穿戴领结。不仅如此，更令人恼火的是他的嗓子总是咳咳咔咔，并随时随地吐出一口痰来。即使年幼如我，也能清晰地觉察到他与我母亲之间的紧张气氛。祖父对人有着自己的见解：在人类阶层中，女人是比男人更低等的存在；女人应该恪守妇道。也许，假如祖父能够给予母亲适当的权力——至少与他同等重要的感觉，母亲或许就能够原谅他的领部着装和随地吐痰的陋习了吧。

另外，还有一些我想不通的尼尔家的往事，据说多多少少给我母亲的婚礼造成了阴影。例如，当父亲应该度蜜月时，麦克尼尔家族强行扣留了他。这就不难理解，在我母亲心目中，老威廉无异于一位专横的阻挠者。

星期六的上午是难得的快乐时光，时至今日，我依然能够闻到市场上没有腌制过的新鲜奶酪的香味，看到农夫们那些套着聪敏的小矮马的两轮马车。每逢中午，几乎毫无例外，所有的马儿都会驮着自己的主人走上回家之路。究其原因，许多人连日饮酒至酩酊大醉，马儿不得不在毫无监管的情形下自寻归途。后来，当摩托车问世时，有家代理商进驻当地并试图卖给农夫莫赛德一辆摩托车。据说，莫赛德打着酒嗝盯着对方说："听着，如果你卖的车可以载着醉醺醺的我安全回家，我保准买一辆。"

伴随马儿们离去的，还有喜悦，星期六的下午沉闷且无聊。我们在灰色的街道上闲逛，时常在沿途的沟槽里寻觅着自以为是的宝物。有一次，萨米·克拉克宣称他找到一便士，可是，就我们能够做的搜

---

1　燕尾榫，一种平板木材的直角连接节点，能防止两块平板受到拉力时脱开。

寻来看，并没有捡到过钱。以我为例，印象中入手的最珍贵的宝物是一把扳手坏掉的玩具手枪。有时镇上的乐队会进行公开表演，我们就一路行走一路欣赏音乐。记得有一次，我和克鲁尼跟着乐队一路走到缪尔市场，路程之远已超出小孩的行走限度，也把熟悉的家远远甩在身后。结果，我遭遇到一些卫生方面的小事故，回到家时，愤怒的母亲径直把我拽到户外的清洗室，褪去布满泥土的罪恶的裤子，在我的臀部狠狠地打了一巴掌，疼得我逃入房内。虽然这是我六岁时的经历，当时那种唯恐被人看到光屁股的惧怕却不曾消散。而我的母亲似乎从中感到一些乐趣，多年之后她论及我的跑步速度时，曾以我那天的迅捷作为参照。

星期日，在我们小孩子的印象里是郁闷的一天，大家被要求套上安息日的装备：浆洗过的硬邦邦的领子、袖口。我们尼尔家的孩子对此却习以为常，因为母亲引以为豪的情形恰是她的儿子们即便在平日也会穿戴这些得体、僵硬的领子。母亲总是挖苦那些懒惰的贫妇，看不惯她们用平常的防水布领子装扮儿子。

前往教堂的预备程序令我们深恶痛绝。穿着笨拙的硬袖口，我们挣扎着、气急败坏地站在那里任由母亲把橄榄油揉进我们的头发。就这样，每一个尼尔家的孩子都被打扮得无处可去——无论如何都无法前往我们真正想去的任何地方。我心知肚明，横在前方的是无比乏味的九十分钟：端坐在硬木长凳上——只有富人才拥有软垫，听着无趣的诗篇和赞美歌，还有一场由凯伊牧师宣讲的永无止境的布道。在这幅灰暗阴沉的画面中，唯一的亮点是坐在我们前方的一位拥有软垫、穿着紧身衣、不苟言笑的妇人。她那黄蜂一样被勒紧的腰身，代价显然就是腹中空空的叽里咕噜声。于是，布道期间默数那些咕噜声的间隔时长成为我们消磨时间的自娱方式，尤其遇上布道延迟时，只要忍住不笑出来就足以应付拖延的时光。偶尔，我会想象，从那段被系紧的腰间发出的咕噜声被我们嘈杂的欢欣雀跃淹没。鉴于那位妇人时常转过身来送给我们一些薄荷油，她大概并不知晓我们对她投以的粗鄙关注。

不幸中的万幸，正当我快要到年龄上主日校的时候，乡村学校的宿舍（也就是我们的新家）竣工了，于是我们迁往金斯穆尔。显而易见，父母并不认为送我们去两英里之外的主日校有什么必要性。然而，此前当我们住在福弗尔时，为了去乡村学校，五岁的我每天磕磕绊绊地被父亲牵着手步行两英里。父亲总是疾步如飞——他在年高七十五岁时依然把我甩在身后——可以推想，年幼的我的步履一定令他极为恼火过。

儿时的我并没有得到父亲足够的关注。印象中他对我的态度总是很粗鲁，所以我从小就对父亲产生了某种特别的恐惧，这种恐惧直至成年也不曾全然克服。如今，我倾向于理解为：父亲终其一生不曾喜欢任何一个子女；他与子女缺乏联结；他不懂得玩耍，也从未理解孩子的心思。他欣赏的男孩子，只是那些能在功课上出类拔萃的男孩子；而我对功课历来毫无兴趣，也不会学习，所以自然没有可能博得父亲的欢心。鉴于此，回想那段书写基本字母的时期，也就是我以一个幼童提前入学的时期，站在父亲的立场上看，我不过是一个致使他迟到的拖累罢了。那时，父亲有一位女助手，双腿修长，与父亲并肩行走如同竞赛。幼小的我每当跌倒在后面，都啜泣着怕就此被遗弃——那情形至今历历在目。

那段时期的另一种恐惧是关于牛的。福弗尔每周一举办牛市集，大街小巷满是被驱赶的牛群。很快，我发现父亲极为害怕这种驱赶的场面，有时在路上遇到一头看似危险的家畜都会跳开。与所有的男孩子无异，我本以为自己的父亲能够抵挡一群狮子，当亲眼看到他一溜小跑越过墙头只为躲避一群木讷的牛时，这必然会破坏我对他的信任。所以，如同他的父亲之于他，父亲在我眼中也是一个胆小鬼。

老威廉·麦克尼尔怕黑，年轻时尤甚。他追求祖母时，俩人每次约见都不得不在两个村庄之间步行穿梭，非常耗时，因此对黑暗的恐惧很不合时宜。我的父亲也对夜色心存胆怯，当他从爱丁堡搭乘子夜的邮车回家时，总会要求我和哥哥凌晨两点前往车站迎候。

相比之下，母亲反而无所畏惧，部分原因也许是她不像我父亲那样富有想象力。记得有一次她去镇上，家人以为是去采购，可是当她回来时，我们才发现她把那些突出的牙齿都拔掉了。要知道那个时代麻醉在当地还未普及，只有富人们才支付得起麻醉用的气体。

我们家当然算不上富裕，父亲一年的薪水从未超过一百三十英镑。而这种条件下，他们是如何抚养八个孩子并把其中的三个送进大学的呢？想一想就觉得神奇，恐怕只有自我牺牲能够解释其中的奥秘。母亲为了贴补微薄的家用，额外做着给羽毛染色、卷曲的零工；父亲则几乎没有任何个人消费。我从未见过他吸烟或者饮酒，其他教师业余时间有的打打高尔夫、有的玩玩保龄球，我父亲从未参加类似活动，也没有任何嗜好。有那么一次，父亲打算参加村里的套圈比赛，不料我的母亲态度很鲜明，她说："乔治·尼尔，考虑一下你的身份！你可不能自降身价去和农夫、铁路工人打比赛。"

我担心，正是母亲对社会地位的强调束缚了我们天性的发展。例如，学校里所有的孩子都赤脚上下学时，唯有尼尔家的我们不得不穿着袜子、靴子闷热难耐——不可思议地还穿戴着那些僵硬的衣领。

母亲酷爱清洁衣物，无论清洗还是熨烫，她都是一把好手。换言之，如果家庭成员里有哪一位衣着不整或不洁，仪表有失淑女或者绅士的标准，那一定不是她的过失。在家里，我们被要求说英语，但是在外面，我们主要讲当地话——安格斯语。这种切换自如的动机显而易见：谁也不想看上去像个冒失鬼。所以，以长筒靴的发音为例，当我们和乔克·布鲁恩讲话时，会从家中所说的"布茨"自动转换成"贝茨"。

我们感受到的另一种委屈是不被允许和普通孩子一样劳作。在土豆丰收的假期，其他孩子会去农场帮助收获新鲜的土豆；在草莓季，他们无一例外会去采摘草莓；而"贵族气"的尼尔们却不能获准参与这类如同仆役的活动。然而，终于有一天，经济环境击垮了绅士作派，我十三岁时被家人派往草莓采摘和土豆收获现场，结果却是怨恨上了这种劳累。为什么那一年我们的绅士作派不见踪影？因为威利彼时进入了圣安德鲁斯大学并挥金如土。

迁居金斯穆尔的新校舍拓展了我们看待社会的视野。之前，我们的参照物只有教会；之后，一切都更加深远了。房间里新鲜木头的气味每每吸引着我返回室内，在我们小孩子看来，那栋房子就是天堂。它对于我，更是后续多年的世界轴心。克鲁尼——我深深喜爱的玩伴，她死的时候就躺在那张小卧室里我使用多年的床上。我们结为密友，还要归功于我有两个常常排挤我的兄长。奇怪的是，当我现在驻足凝视那校舍时，心中已毫无涟漪。我并不感伤于过往，也许这恰到好处，因为流连过去常常是对现在失望的表现罢了。如果我们返身寻找曾经的感觉，会发现总有哪里不太对劲。同样的错位感也会发生在展望未来，即指向另一个世界的祈福中。

我们住的校舍在道路的一边，正对面就是父亲的学校。房子里有客厅、餐厅、厨房和五间卧室，我们使用的土质厕所在花园的尽头。搬家带给我们的直接变化就是抬脚跨过门前的街道就能抵达学校，无需像之前那样步行两英里上坡路。兄弟姐妹们是否欣喜于这种转变，我已印象模糊。如今看来，当时的我也许比较喜欢这个变化，但哥哥们未必，因为他们很快就要进入福弗尔学院，该校距离新住所两英里。换言之，他们即将如从前一样早出晚归。

当时，前轮大、后轮小的老式自行车已经问世，但深居乡村的我们对此所知甚少，称其为"高"自行车。这种自行车的轮胎采用固态橡胶，大大提升了安全性，并且和婴儿车一样配置了软坐垫，轮胎更厚也更结实。我不记得打气筒是何时出现的，但隐约记得看到过著名的自行车选手吉莱杰骑着一辆轮胎饱满的自行车，鼓鼓的轮胎看上去和现代的低压汽车轮胎一样厚实。当然，在那个时代，自行车对于清贫人家来说尚属奢侈品，所以我的兄长们不得不步行上下学。

福弗尔学院可以说是通向大学的第一步。在我父亲的观念里，积极生活意味着奋发求学。我们势必都要争取学位，而长兄威利首当其冲。在该学院，他有多门课程遥遥领先，并获得了金奖——与学校里一个名叫克瑞克的男生齐名，克瑞克的父亲是当地重要的黄麻生产者。然而，我的母亲坚定不移地认为克瑞克榜上有名归功于他那有权有势的父亲，这是她唯一能够对此释然的思维方式。毫无疑问，威利成为全家的希望，他在学业上的天赋也有目共睹。威利在十六岁时顺利进入大学，又陆续赢得多次嘉奖，升学前后也几乎看不到他做什么额外的功课。威利的拿手绝活是临时抱佛脚，即用一条湿毛巾系在额头上，全神贯注三个通宵，可见他的记忆力多么强大且惊人。

威利的天赋对其他孩子造成了压力。位于他与我之间的另一个兄长尼尔也去了同一所学院，尼尔的学业并不突出，当老师们不怀好意地拿他的成绩与威利对比时，二哥尼尔表现出了非凡的镇定。

轮到我长大时，家人并没有送我就读学院。我是家里唯一没有进入学院的孩子，原因令人沮丧，大概送我去也不过是浪费时间，因为我不擅长学习。那时，父亲依然很少关注我，反而时时揣想：这孩子显然是一个残次品，与学业成功的传统格格不入。自然而然地，我也接受了自己低人一等的现实。例如，切面包时，如果有特别干硬或者看上去让人毫无食欲的部分，父亲会连着一些丰润的部分切一份给自己，然后把剩余的添加一些丰润的部分切下来，漫不经心地朝着我的方向丢过来，说："这一块给阿利。"

克鲁尼一直对我的处境深感不满，但她始终没有勇气就此挑战父亲。印象中，看到我被要求穿威利淘汰的衣服时，她曾奋力抗议。回想起来，当时真应该悄悄告诉她少管闲事，因为小小的我对威利欣羡不已。就公平公正而言，我至今仍不明白为什么其他孩子都被送去学院读书。克鲁尼是很聪明，可是她并没有获得任何奖项，其他兄妹也在学业上毫无过人之处。

就这样，我成为唯一那个在父亲的村镇学校从起始年级读到毕业的孩子。这实在是莫大的不幸，这种处境迫使我不得不与那群老家伙长期周旋，延误了我接近镇上久经世故的男孩子。这么说，并非我认为福弗尔学院将会改良我可以接受的所有教育教养；恰恰相反，我非常清楚，在那里，我只会是在各年级当后进生。

# 2 /

# 早期校园生活

金斯穆尔学校的教学楼是一幢双间建筑，两个房间一大一小，分别供高年级和低年级的师生使用。大房间分配给我父亲带的四年级至六年级预科。所谓六年级预科，是由年龄大于十四岁依然未结业的一些男孩子组成。小房间属于米茜老师及其他低龄学生。

以父亲的教室为例，如果他着手给五年级教授地理课，通常先让一名男生把地图挂在黑板上；与此同时，他把数学测试卡分发给三年级学生；六年级学生在阅读时，四年级学生则跟着学习拼写。至于六年级预科的学生在做什么，恐怕只有老天知晓。父亲站在地图旁开始授课时，隔壁班的我可以听见地理班学生们整齐洪亮地跟读："利斯、布拉福德、哈利法克斯、韦克菲尔德。"几分钟后，这些学生开始自习，父亲转而指导六年级的阅读。毫无疑问，这样的教室总是嘈杂不宁。学生们多数时间都在说话，或是在各自的石板上写个不停。说起那个乌七八糟的石板，清理的方式有必要提一提：往石板上吐一点口水，然后用掌心擦拭。我们总是不厌其烦地翻转悬挂着的石板，以至于挂绳都被扭得又细又紧。

　　总体而言，这是一所令人愉快的学校。有的时候，父亲会放手使用皮带这种"教具"。他的薪水依赖于输送的合格五年级学生的数目，所以对于某些顽劣的学生，皮带的使用更为频繁。不知何故，五年级成为顽劣生的营地。随着督查日一天天临近，父亲变得越来越暴躁，皮带也跟着越舞越娴熟，越挥越用力。为了避免被投诉存在偏袒，他对自家的孩子一视同仁，严加惩罚。在我入学期间，"得益"于这种公平，因吵闹和恶作剧赢得的鞭打次数刷新了尼尔家的记录，也因此深深领会到：身为尼尔家的一员，我应该也必须远离那些坏男孩。

　　那时，我非常惧怕父亲，尤其讨厌他习惯性地揪我的面颊或是使劲掐我的虎口。我的胳膊经常被父亲掐得疼痛不已，鉴于其他兄弟姐妹得到的待遇明显公允得多，我推测儿时的自己一定是有什么缺陷才如此令父亲嫌弃。例如，我很笨，一天到晚只惦记着衣服兜里的碎铁片；相貌平平，令人忍无可忍。我那两只天生的支棱着的耳朵为我博得了一个"飞碟"的外号，而我的双脚倏忽间就发育成了如今的长度。还记得那些硕大的长筒靴令我深感难为情，我的脚趾勾着鞋底，走在路上，两只大靴子交互碰撞着发出咔哒咔哒的声响，不绝于耳。显然，在一位追求高学业成就的父亲眼中，我近似一个毫无指望的儿子。他的这种教育目标也体现在家庭作业方面。家庭作业并非人人必做，家住乡村的学生——注定长大后劈柴、挑水的孩子们——没有任何家庭作业。而我们尼尔家的孩子天生与众不同，每天傍晚，当我们和村里的伙伴们正玩到兴头上时，父亲就出现在院子后门，吹响训练狗的哨子提醒我们即刻回家。这种粗鲁的干扰真是令人沮丧。

　　更扫兴的是，伙伴们也跟着起哄："小狗们遛弯结束啦！"然后，小狗们——内莉、克鲁尼和我夹着尾巴转身走回家去。至于威利，他有自己的节奏，不需要被驱动或训导。除他之外的所有孩子都鱼贯进入房间，努力把心思从几分钟前的"偷运双轮车"切换到艾伦出版社的《拉丁语法》。

我恨极了那本书！写到这里，我的眼前依然会浮现出早年的一些笔记："与格，连用的词汇有给予、告知、嫉妒、花费、允许和相信"，并可以再添加词汇："求助、复述和请"。诸如此类的语法对内莉和克鲁尼来说不算难，对我就苦不堪言了。当她们已经被获准回到小伙伴那里继续玩耍时，我依然不得不静坐着咬文嚼字。

星期天轮到母亲监督我们，必须自学一首诗或一段《圣经》才能出门。我依然是最后一个完成任务的孩子，常常一边啜泣一边无望地自言自语。有时，我亲爱的外祖母辛克莱尔会悄悄塞给我一些她存储的薄荷糖，以此表示我们是盟友。我糟糕的拉丁语学习进度激怒了父亲，而难以学会仅有两行字的诗句的事实带给母亲的只是无限忧伤。她对我的愤怒在于，我每次去镇上办事都记不全她的"吩咐"。原来，身为家里唯一没有进入学院的孩子，我独享一份"殊荣"：每天清晨跟着"福弗尔大军"步行前往福弗尔，他们去学院，我去采办日用品。

"现在，你确定可以记住采购清单了？"出发之前，母亲如此追问以示确认，接着小声说："一磅牛腩，一根棒骨，两磅糖，芥末，一瓶醋，还有一瓶水。"那时，我们所说的水指的是威士忌，最好是去梅尔文店里享用。但是，当祖父前来探访或是学校董事会的秘书唐纳德·麦金托什上门时，就需要买回家来。威士忌在当时是奢侈的物品。

如此便不难想象我拖着硕大的靴子长途跋涉的样子。不幸的是，每次走到东港口，我就已经彻底记不清要采购的清单了。有时我大胆地猜想着行事，结果却把计划中的盐换成糖带回家，然后不得不忍着痛苦编造一番诸如"林赛和劳斯家的糖恰好卖完了"之类的谎话。等母亲给我派发书面清单之后，新的问题出现了——走着走着就把清单走丢了。

拎着一堆自己也觉尴尬的包裹回家，那可不是什么轻松愉快的经历。说起来也奇怪，当时竟然没有人发明背包之类的物件。虽然随身挎了只篮子，但那更像是姑娘们的装备。我挎着沉重的篮子，奋力行走在每一段坡路上，时不时停下来看看是否有威尔·克鲁尼家的牛奶车经过，期待着搭坐一程。威尔对孩子们总是友善和蔼，每次遇见我都会捎我同行。

然而多数时候看到的是空载的两轮马车，而我的搭载请求——"嗨，伙计，能捎我一段路吗？"——往往会落空。这些安格斯农夫是那种不友善的严厉寡言者，他们中的绝大多数人甚至不会同意"悬挂"搭载——抓住马车的后挡板跟着奔跑。

这些农夫中的大多数人早已去世，但是他们的做法对我影响深远，以至于后来有了自己的机动车，路遇儿童或者老年人，我大多会停下来捎上一程。如果是长途旅行，比如前往苏格兰，我通常会搭载流浪汉们，部分原因是想路上有个伴儿，但更主要的缘由则是年少的我受够了与自私的司机打交道。

我就那么在坡路上一脚深一脚浅地跋涉着，直到威尔·克鲁尼经过并施以援手。可是他离开小镇的时间比较晚，我回家的时间也因此延后，父亲为不能及时拿到他的《苏格兰报》而恼羞成怒，禁止我在路上等候牛奶车。

这类前往福弗尔的"出行贴士"不仅烦琐，而且是切实的警告。任何一个男孩进入别人的村庄都会被视为"敌人"，如果有来自里塞姆的男孩经过金斯穆尔，我们也都全副武装。具体而言，我们会一路追着对方并猛扔石子。当然，在福弗尔，我们这些金斯穆尔的"突击队员"同样会受到类似敌人的礼遇。

通往镇上的是赫恩大街，它的名称与这个内陆小镇多少有些不协调。赫恩街上有一些帮派，因此，这条路上时时刻刻危机四伏。我不记得自己被痛打过，可能因为每次看到他们我都如同见到鬼一样撒腿狂跑；相反，我隐约记得有几次自己被友善对待，我猜是极尽阿谀和谦卑所致。

因此，在很小的时候，我已经非常熟悉人对于异己的这种憎恨。当地富裕农夫家的一些孩子骑马去学院，随身带着租用马匹的零钱，我总是忍不住会用木棍和石头袭击他们。为什么呢？我也不太清楚，也许因为他们是那种毫无抵抗反击之念的良民吧。

金斯穆尔和兰纳海德是福弗尔地区仅有的两所学校，又被统称为兰多尔德学校，共享同一个校董事会。就是这个校董事会，他们在1897年举国庆祝女王即位六十周年期间做了一个愚蠢透顶的决定——两所学校联合起来进行野餐。当从各自的地盘排队走到指定的野餐场地时，学生们站在那里阴沉着脸怒视着对方。兰纳海德学校的家伙们又高又壮，所以当被其中的一个盯着问"笑什么，是不是想让你的脸翻起来把头发盖上"时，我吓得立刻耷拉下眼皮。不巧的是，我们这边的大力勇士杰克·汉顿当天不在，他此前几周已经辍学离校。后来，当对战开始，双方以拳打脚踢宣泄敌意时，我们看着兰纳海德学校的"突击队员"，禁不住互相耳语："唉，要是杰克·汉顿在这里该多好。"

忽然，一个小个子男生跑向我们告密，说他不但找来了白天做工的杰克·汉顿，还把另一位拳击好手戴维·瓦利也叫来了。一瞬间，我怯怯地意识到，这些看上去身材更小、体质更弱的同伴表现得太窝囊。等对方扔掉外套、卷起袖子，扬言要把我们"打成肉酱"时，伙伴们也备受刺激，打算结结实实地痛击粗俗的兰纳海德人。我们微笑着给我们的"突击队"传递信号，终获大胜。兰纳海德学生落荒而逃，装作没有听到杰克在身后的叫板："一只手就能随便收拾你们五个……"

杰克·汉顿是后进生，打架是他唯一的天赋，打起架来像斗牛犬。在金斯穆尔，只要提一提他的名字就能震慑住任何一个男孩。他对我喜爱有加，自愿充当我的保护神，有那么几个月我过得舒适无扰，仅仅因为魔咒般的一句话："如果你敢动我一根汗毛，我保准告诉杰克·汉顿。"

尽管很少真正生气，但小伙伴之间依然打斗频繁。例如，我可能莫名其妙地就和乔克·布鲁恩发生了争吵，起因也许是一枚弹球或一片滑石。然后，我会作势要打他的鼻子，而比我年幼的乔克就会反击说："有种你去吓唬戴维·瓦利啊。"

我当然知道瓦利，他是个肌肉发达的少年，拳击好手，能够几秒钟就把我揍得呆若木鸡。可是，当乔克如此含沙射影地挑明我害怕瓦利的事实，迫于自尊，我自然当场表示自己才不怕什么瓦利。于是乔克就会转告瓦利，而瓦利必定满教室搜寻我，当面把拳头凑到他自己的鼻子上，吓唬我说："等着鼻子开花吧！"就这样，当天下午四点，我别无选择，前往后面的堤岸直面"突击队员"瓦利，在打斗开始之前就饱受惊吓和绝望地输了。直到今天，那句"等着鼻子开花吧"的粉碎感依然清晰可辨。

没错，就像祖父和父亲一样，我也曾经是个胆小鬼，但我和他们又有所不同。父亲怕黑，我也怕黑，但我并不刻意躲避黑暗。早年，对黑夜的恐惧常常浮现心头，尤其是我必须从福弗尔步行两英里夜路才能到家时。整条路上只有一户人家，房主是两位年老的妇人。这栋小屋子对于我，无异于逃离危险的避难所。每当想到自己被传说中"戴着缝有切刀标记的帽子"的男子持刀追赶，我都会毫不迟疑地认定那两位老人能够保护我。这个传说中的男子名叫吉姆·克瑞克,已成年。据说,他绑架农夫的惯用语是:"要么交出你的钱,要么交出你的命!"他习惯出没在威尔顿布雷南部一带。毫无疑问,我从未遇见过他,因为这是艾克·史密斯杜撰的人物。

随着夜色临近,我的恐惧与时俱增。在冬季,六点之前大约都比较安全,一路上有工厂下班的女工;七点钟也还可以忍受,总有那么一两个女工会因在镇上采购而上路较迟,此外,部分情侣有时也会溜溜达达走出金斯穆尔。记得有一天晚上,我遇到一对刻薄的情侣,认为我跟得太近是为了偷听他们的对话。虽然被一顿呵斥,但我自始至终都没勇气告诉他们真相。真相就是我太害怕了,不敢独自行走。

最糟的是每次不得不离开镇子,独立上路。我总是缓缓地走向银行,惴惴不安地离开镇上的汽灯灯柱,路过最后一盏路灯时,我会不由自主地停下片刻,向前呆呆地望着等待我踏足的黑暗,又满怀希望地扭头看一看有没有马车跟上来。并非希望搭载,而是如果有马车尾随,冲入夜幕时,我将在马车超过我之前尽己所能走出足够远的距离。而且,当马儿转向威尔顿布雷时,我可以一路小跑跟上马车。一旦走过沟渠,就能看到远处金斯穆尔的第一缕灯光。不管怎样,传说中的大刀客不曾在渠岸上游出没。

如果说福弗尔之行有着我可以回想起的大多数恐惧,那么,还有一些小慌张与短途夜路有关。差不多每天晚上,我需要去哈奇森奶奶家取牛奶。她的住所位于小路拐角处,去的路上毫无恐怖可言。可是,等我踏上返家的路,仿佛全世界的恶人都在我的身后。同样的感受也发生在去水站的路上,或者去厕所的路上(花园的尽头)。夜色令外出的我不安,我总是不由自主地猜想,不知道会有什么人正在前方等待。返程则简单得多,像风一样狂奔即可。有时,打一盏灯笼无疑是个办法，微弱的灯光的确会起到保护和陪伴的作用；可是另一方面，灯光也会向大刀客暴露你的位置，难道不是吗？

不久之后，我从中有所发现：在夜路上独行时，驻足小便利大于弊。我只有在听到脚步声时才会停下来，当然，动作比较慌忙。不过，这的确是一个吸引同伴的可靠办法。

拔腿就跑大概是我逃离恐惧的主要方式，不过我记得自己也有所武装。威利不知从哪里带回来一只真正的粉碎钳，尺寸正好能放入外套的口袋里。我自己还有一把加米奇水枪，里面被我装满了红辣椒水，只是从来没有机会使用。这多少有些遗憾，至今我也不知道它对坏人的眼睛到底有着怎样的杀伤力。后来，我的装备里增加了一名卫兵——博洛特，虽然它做保镖差强人意，但它的加入使我的装备完整无缺。当我去镇上时，博洛特总是紧跟左右，可实际上这一路我并不需要帮助。一到镇上，这家伙就自顾自地走开，了无踪影，每每数小时后才迷途知返。当它大汗淋漓、满身泥污地回到家，常为自己的迟到深深内疚。

尽管如此，博洛特还是给了我不少灵感。例如，路过最危险的地段儿——威尔顿布雷的低洼入口处，我要假装一边吹口哨一边呼喊着想象中的狗，狗的名字顶好是"野狼"之类的，目的是为了警告那戴着大刀标记的土匪当心我有一条猛犬。又例如，只要我觉得附近有危险，就扭头对想象中的同伴大声喊："快点儿走，乔克。"

我并不知道其他的孩子是否有着与我相似的恐惧。伙伴之间也从不提及这类事。每个人都心照不宣：身为懦夫是最大的社交耻辱，而且这种耻辱就像抵抗圣灵之罪一样永远不会被饶恕。我也从不清楚我们的这些观念从何而来，想必多少与我们的文化难脱干系，毕竟四周有着各种各样俯拾皆是的恐怖传说。

在学校里，我们的读物往往指向道德勇气，讲述英雄的故事。记得其中一个故事的主人公是远在边陲哨所的英国军官，他被当地人的长矛戳中了腿，伤口腐坏甚至生蛆，因此高烧不退。这名军官面对的是一众揭竿而起的部落，对方所持的武器远非信奉上帝和维多利亚女王的他所能了解的。故事的结局当然是英雄凯旋，可是我已想不起获胜的细节，只记得奄奄一息的他不忘感谢上帝，并且表示自己忠于职守，死而无憾。我总觉得，当时的我们更喜欢的是恐怖传说中的无神论英雄。

如今，年轻一代已经很难想象 19 世纪末期的乡村生活。现在在乡下，任何一个男孩出门不多远就有电影院；他要么拥有一台收音机，要么能够听到广播；他平常的娱乐是看电视，观赏世界的交通工具有私家车、卡车和公共汽车。

而八九十年前，也就是我的童年时代，生活节奏缓慢，人们的交通工具是马车、自行车。至于娱乐，要么是偶尔在学校教室演奏的音乐会，要么是一场巡回出现的变戏法表演。另有一些时候，不常洗澡、有着一股酒气的老汤姆森带给我们许多欢乐。他通常一大早就来了，然后父亲通知我们准备好下午的入场券（半便士）。我们每次闻讯都欢呼雀跃，期待着看他的拿手好戏。例如，从口中抽出丝带，长度可以一直拖到地面；在乔克·布鲁恩的口袋里找到好多鸡蛋。每次等他吞吃了用彩色纸团做成的纸球并喷出火焰时，我都又激动又惊慌。直到现在，遇到变戏法，我依然只能像一个乡巴佬一样瞠目结舌地看着，徒劳地猜想着其中的窍门。

学校每年举办一次野餐，无疑是一场盛事。我们需要搭乘农夫的运货马车，因此，农夫会耗费好几个晚上打磨他们的马具，喂养好马匹。可以说，在一年中，野餐日犹如天堂，次日就一落千丈，如同地狱。学校野餐结束的第二天，我都会毫无例外地体验到深切的绝望感，不加掩饰地啜泣不已，仿佛欢乐就此一去不复返。为了延续野餐的美好感受，我会把对野餐的向往迁移到相关的人身上。例如，我曾经坐的一辆马车的车夫名叫杰克·肯尼，于是杰克在随后的几个星期里就成为我秘而不宣的英雄。我依稀觉得，杰克与我紧密相连，永不分离，因为我们的灵魂曾经共享了一段精彩的精神体验。

在金斯穆尔，除此之外的 364 天真可谓乏善可陈。除非遇上婚庆或者丧葬之事，否则，那种单调将周而复始。当然，无论是婚礼还是葬礼，我们小孩子都乐意其发生，而且更喜欢前者。婚礼通常连带着庆典，其中一个风俗是新婚夫妇需要"在缔结婚约之前切分婚庆蛋糕"。有时，会有小孩子见证亲生父母的婚礼，这在金斯穆尔，并不是什么有伤大雅的事情。

婚礼吸引我们的部分是在新郎新娘退场之后，并非我们对新人毫无兴趣，而是只有他们退场，才轮到我们最期待的人——发喜糖的家伙——登场。通常，他拎着一个装满糖果的袋子，袋子里有时还放入一些铜币。当马车载着新人扬尘而去时，他就把袋子里的宝贝们撒向街道，我们抢作一团，在尘土或泥泞中争夺宝物。坦白说，品尝那些糖果的感觉并不美好：得先从马粪中拣出来，再丢进嘴里。我曾经忍不住把第一口甜水吐出去，结果旁边的一个伙伴立刻提醒我，吐掉任何东西都是令人感伤的浪费。

吸引我们前往婚礼的动力还来自于得到铜币的诱惑。在那个时代，金钱对我们是罕见之物，谁也没有如今的大多数孩子惯用的钱包。得到半便士就足以令那一整天光彩夺目。之后，我们就跑向南希·泰姆家的小店，一个挨着一个挤在展柜前，鼻子紧贴着玻璃。说起来那个展柜也称不上丰富，所摆的货物包括：一排甜水，一些蕾丝带，糖果条和贴纸，一两个幸运包。我最喜欢买幸运包，虽然从没有得到什么幸运物，却始终心怀期盼，憧憬着打开薄纱般的纸包装会发现一枚簇新的、金色的半便士铜板。后来过了几年，幸运包里面统一加入了细条纸包裹的红色的太妃糖碎片。我真的曾经有一次得到过幸运物，但随后就把那枚金灿灿的半便士铜币弄丢了。

我们玩的各种游戏都对应着时节。例如，三月份扬尘的季节玩弹球，晚春的时候抽陀螺。我们每个人都有自己的弹球和陀螺，还有被我们称作"girds"的铁环，可是我不知道这些东西都是从哪里网罗来的。要知道，在当季之初，商店里的弹球价格不菲（一便士十个），穷人家衣衫褴褛的男孩子们会突然满口袋塞满弹球地出现在你面前。我知道至少有一些是从南希·泰姆的店铺里偷来的，我不止一次帮忙突袭过她家的煤棚，那里有她存放的空柠檬汁瓶子。我们把偷来的瓶子拿到黑暗的角落，然后打破瓶颈取出里面的弹球。我们用橡皮绳做成粗糙的弹弓，用来打弹球。这些小聪明并未危及贫困的南希的生意。回想起来，弹球最初可能是来自更富裕的农夫家的儿子们。

不记得我们有过其他的偷窃企图。我们曾经向南希索要她存放在厨房的食物，并在她离开厨房时火速干掉不请自取的软糖或者巧克力，不过我认为这些小玩闹算不得犯罪。有一个送牛奶的男孩时不时送我一些怪诞故事或者幽默笑谈之类的书，他有好几套抢劫报亭的精细方案。坦白说，虽然我有些许好奇，但从没有询问过他这些想法的实效性。原因很明显，我可不想参与过多从而产生共谋的罪恶感。我们成为货真价实的胆小鬼，主要原因还是在于的确没有什么值得我们铤而走险。收获季节，我们照例会突袭果园。依照我们的道德尺度，偷窃金钱是极其可耻的犯罪，而偷袭果园不过是纯洁的消遣。

成年人每年有两个星期六必定会考虑金钱——五月和十一月的某个星期六，也就是开学的时候。作为生存大事，这两个日子会被农夫们早早标注出来（我从小生活其间的语言环境有许多词汇、短语既不被英国人熟悉，也不被美国人所了解。例如：fee, public roup, ashet, ground to feu, avizandum）。因此，在一年两次的集日上，雇主和男人们汇聚到镇上协谈生意，农夫们必定一项项条款依次商讨过去。但我不明白为什么他们要频繁更换主顾，就我所知，报酬有着统一的标准（非常低廉），而且几乎所有的农场都会提供肉和牛奶作为额外的福利。在我们孩子眼中，只要是集日，都意味着娱乐。每逢周五，当我们发现商业街正在搭起的货摊、帐篷、竹马和摇摆的船只时，总是兴奋不已，由此生发的想象几乎使每一个星期五成为不眠之夜。

在集市上，农夫家的孩子们总是有许多零花钱。例如，亚当斯家的孩子似乎人人拥有半克朗（合计二先令六便士）。相比之下，我们尼尔家的穷家伙们，人均零花钱从未超过六便士；即便是六便士，父母也已为此竭尽全力。有时，我会满怀深情地问候亚当斯夫人"您的风湿性关节炎最近好一些了吧"，由此多得一些零用钱。她总是如此友善地对待小孩子。因此，在每一个集日，我总是对农夫及其妻子的健康表现出过度担忧，并顺利地使我手中的六便士增加为八便士，或时而九便士。然而，消费是件颇为棘手的事。前面提到的竹马乘坐一次需要一便士，乘坐摇摆的船也需要一便士。吉米·莱文站在他的拳击场前门，嚷嚷着招揽生意，称任何男人只要击倒他的拳击手就能得到五英镑奖金。可惜门票太贵，我不得不走自己发现的捷径——当吉米·莱文聚精会神地盯着拳击比赛时，我神不知鬼不觉地从帐篷的底部溜进会场。当然，从来没有任何人赢得过那五英镑。陆续涌入的农夫们甩着臂膀的样子就像是在晃动连枷[1]，经过训练的拳击手只用左手

---

1　连枷，农忙时用于脱粒的农具。

直勾拳，三两个回合就轻而易举地把他们一一击倒。

我在集市上的消费方式比较保守，具体说起来，过程都差不多：首先直奔莱恩家的商店买一支两便士的铅笔，笔的一头是红色铅芯而另一头是蓝色的；接着花一便士买冰激凌；然后沿着坡路走到竹马那里，战战兢兢地爬上去坐好。每当竹马启动后机器开始轰鸣，我总感觉末日来临。燃烧的热油散发出的浓郁气味削弱了我的愉快，我忽然心生恐惧：担心机械会突然失灵，木马会载着我永不停止地转圈。这种恐惧和兴奋交织的感觉实在太妙了，于是我会不假思索地继续坐着，再享受一便士——一个也许无法支付的便士。荡那个船时我就毫无紧张感，不过每当看到喝得酩酊大醉的农夫试图荡过头顶时，我也会感到某种杞人忧天的震颤。最终，我总是大失所望，如同每一次雷雨降临，自始至终并没有任何人丧命。

多么美好的一天！尽管每个人的钱都荡然无存。集市日始终令我兴致高昂。我对潜在的麻烦有着异常灵敏的嗅觉，遇到鼻青脸肿的两方剑拔弩张时，总是有办法及时挤到人群最前排观战。

小镇的十字路口有一个公共广场，那里时常有一两位兜售便宜货的小贩，主要卖一种18K金表，号称"绅士们请随意开价"。这些人的销售手段经久不变，首先，他们对围观的人说："我来这里可不是为了赚钱，是给你帮忙来啦。这个半克朗的钱币，哪位绅士愿用一便士换走？"由于他们所说的半克朗的确是真的，因此一些愚蠢迟钝的家伙们就定定地站在那里，目瞪口呆地望着他。然后，他熟练地迫使某个围观者用一便士买下那枚钱币。接着进入建立信任的第二阶段，以两先令的售价再卖出一套纯金领扣，说辞一般是："这位先生留步，您家中的每一个男子都值得拥有这些饰物。"就这样，买主得到了领扣而把刚刚所得的钱币又退回到了小贩手中。每次我都会在一边长时间地琢磨这门技术，难点在于搞清楚这个愚弄乡下人的把戏的起点在哪里。一开始买主得到了钱币，接着得到了一块金表和一套精美的金质饰物；然后接下去，随着时间的推移，买主只是用几英镑换回了一块毫无用处的表而已。

记得有一次集市日到来时，我的储蓄已多达半克朗。于是我把购买红蓝铅笔的惯常念头搁置一旁，径直走到那个路口。当天，小贩兜售的是钱包而非手表，当我走近时，他举起一个钱包说："这个漂亮的钱包只要半克朗。没人买？好，看我怎么增加它的价值。"话音未落，他开始逐个往钱包里放入先令，然后大喊："现在，依然售价半克朗，有谁要这个钱包？"当时的我激动得几乎要疯掉，握着半克朗的手心已攥出汗来，可惜缺乏勇气。毫无理由，我就是没法冒险行动。只见一个农夫买下了那个钱包，而我像疯子一样懊恼地盯着他清点钱包里的钱币，有十先令之多。看到小贩在往另一个钱包放入银晃晃的钱币时，我立刻挤上前去递上我那枚湿漉漉的半克朗。他把钱包递给我，同时警告说没有他的允许不能打开看。我紧紧握着鼓囊囊的钱包挤出人群，一直跑到城边才打开，里面竟然只有三便士铜币！顷刻间我才意识到小贩根本不是来帮助福弗尔居民的，他一点也不善良。这时，克鲁尼找到了正在掉眼泪的我，见状就把她剩下的硬币分了我一半。尽管她当面发誓说会保密，但到底还是出卖了我，因此，我不得不再忍受一次羞辱——被我的兄弟们戏弄和嘲笑。

到了十三岁，我认定自己在发明方面有天赋。那时，我有了一辆弹性轮胎的二手自行车，花了大量的时间进行拆装，小心翼翼地把钢珠放在盘子里，不过每次都被我的狗博洛特打翻。一度这辆车的前轮只有四个珠子，我骑着它四处溜达。我之所以热衷于拆卸，因为有着坚定的目的。当时我正在研究自行车，想看看是否能够改进其工艺。

有那么几年，我认为自己已经发明了手闸，然而如今知道那纯粹是一场幻觉。我确实也有所发明，那是带有制动钳的手闸。随后，我去一家专利机构介绍自己的发明，工作人员的记录表示这是一项了不起的发明，但需要我提交一张写有十四英镑的支票供他使用，于是我不得不考虑其他的处理方式和途径。

那时，威利在位于贝克斯利黑斯的预备学校讲授夏季课程，结束后他回到家里向我们提起一个名叫博登的男孩子。我不禁竖起了耳朵，插嘴道："是博登制速器的发明人吗？"

没错，威利确认那个男孩子的父亲就是博登制速器的发明人。我一言不发地坐下来开始给贝克斯利黑斯的博登先生写信，随信附上一份相关发明的素描。一个星期之后，我果真收到了回信。我的双手颤抖不停，颇费了些时间才拆开封口。那是一封友善的来信——非常友善，乍一看很难意识到那些内容并非我所期待的回答。博登先生之所以回信，只不过很好奇我是怎么知道他的地址的。更糟糕的是，他并非博登制速器的发明人，只是该发明人的远房亲戚，并且对机械一窍不通。大约一年之后，我在自行车年鉴上看到了一种制动钳刹车装置。

那一刻我真是沮丧极了，但并没有被击垮。此后我的发明志趣转向自行车的动力装置。研读了杠杆原理之后，我得出一个结论：踏板曲柄长达 3 英尺时，驱动力最大。其中的难点在于如何使两根长曲柄不触碰地面，解决的方案我也想了，只要机械师采用伸缩工艺，使得曲柄在尾端触地时自动收缩即可。这些想法被一位工程师狂笑一通，并解释说绝无可能实现之后，我才最终放弃了在动力方面的发明。

可是，关于动力装置的想象，始终盘旋在我的大脑中。有一天，一位精通机械的亲戚，闲聊中提及未来的自行车的运转可能要依赖压缩空气，这种新观念再度激发了我。刹那间，我的眼前一亮，设想出一种自行车的充气装置：自行车的后车轮自带一个气泵，在下坡时，该气泵可以自动给气囊充气。这样，在上坡时，一个杠杆会触发空气接口，已经压缩了的气体推动一个小动力设备，从而驱动充气装置产生动能。这一次，又有一位无聊的、碍手碍脚的操作工程师吹灭了我的发明梦，他不厌其烦地向我论证该装置产出的力永远不可能大于输入的力。至于我所说的下坡时向气筒自动充气，该工程师认为充气本身就会致使装置怠工。回想起来，那大概就是我最后一次问津发明。

放弃发明期间，还有一件事令我记忆犹新，就是信箱里开始充斥大量的商品目录，其中来头最大的是佳米其店。从此，浏览广告成为我的一大要事，那些用以购买免费试用品的优惠券更是深得我心。我开始给各个公司写信索要发展说明书，尤其是那些提供培训并附带保证受训者会找到年薪数千英镑工作的公司。我这么做其实与勤勉没有什么关系，动机很简单：尽快脱贫致富。

与此同时，内利正沉溺于健身。每天清晨，他用桑多哑铃和器械勤奋练习，身上的肌肉日益发达强壮。我就给桑多公司写了一封措辞友好的信，表示无法承受广告中标价六几尼[1]的健身课，但是非常乐意参加任何免费的课程。出乎我的意料，健身教练并没有回信。暂且不论是否存在欺骗性广告，我发现自己依然秉持着人性本善的信念，认为人们总是满怀爱心并时刻乐于向穷人和需要帮助的人伸出援手。

---

1 几尼，英国旧币单位。

我时常有种一闪而过的念头：某个百万富翁收到我写的优美感人的信之后大驾光临，慷慨地为我建立了一所新学校。实际上，我从未写过类似的信，也没打算写，这恰好证明了一个残酷的现实：岁月无情地剥夺着人的预期。想一想我对信箱里那些广告信件的浓烈兴趣，就不难理解我有多么期待一封来自百万富翁的回信了！

但我的确给桑多公司写过信，后来有一个男孩给我讲了关于桑多先生的一件事：桑多在美国遭遇了两个流氓，打斗中他把那两个家伙扔出墙外，摔伤了背部。这个传说令我对自己在信中的表达心生不安，开始隐隐担忧桑多先生是否会从五百公里之外的北方赶来，然后轻轻松松地把我也扔出去——以此教训我的无礼。

几乎也是在这个时期，还有一家公司引起了我极大的焦虑。那家公司的主要业务是教授人们如何撰写广告。我曾经去信索要公司的简介，目的只是为了确认一个可怕的事实：学费居然等于我父亲两个月的薪水。没有想到，对方坚持不懈地寄来措辞严厉的信函，非要弄明白我迟迟未申请就读的原因。这对我的刺激着实不小，仿佛看到自己在法庭上被罚以难以计数的罚金。于是，终于有一天，我把这件事告诉了威利，他立刻着手处理，给该公司写了一封气势汹汹的信。就这样，我那些致富的尝试从此画上了句号。

一想到少儿时的所作所为，我完全赞同父亲的激愤。一个连拉丁动词都学不通顺的男孩，长大以后怎么可能以自行车发明家或者裤子纽扣创新者的身份闻名于世呢？记得父亲一次又一次地对母亲说："玛丽，这个孩子将一事无成。"而母亲看上去也并无异议。然而，极其偶然地，我有那么一次成为众人眼中的"学者"。金斯穆尔学校设立了一项特殊的数学年奖——安格斯俱乐部会员，我一直为之努力着，尽管我的密友弗兰克·克瑞克的加法比我厉害。这是一场漫长的没有硝烟的战争，最后，我取得了胜利。奖状至今还保留着，那是一张镶着金边的卷轴，抬头写着"弗迪南德和伊莎贝拉"，可是接下来第一段的内容，说实话，我从未读懂过。

小时候，我很少看课外书，也不记得内利有过大量的阅读。如今，我阅读，但数量很少，空闲时间更喜欢在工作间做陶艺。童年时，我读的书不是威利推荐的，就是妹妹克鲁尼介绍的。威利阅读面很广，找到什么就读什么，而且他在年幼时就对书情有独钟。克鲁尼虽然比我小一岁，但她是一个不折不扣的书虫，在我的阅读水平尚处于低俗怪诞故事时，她就在读狄更斯[1]、萨克雷[2]的作品以及《简爱》。经由他们的引导，我才得以知道威尔斯[3]、雅各布斯[4]、安东尼·霍普[5]和亨利·哈葛德[6]。我很喜欢霍普写的《曾达的囚徒》，读了《她》之后，我断定自己将来应该去中非发展。我读了玛丽·科雷利[7]的作品，并

1 查尔斯·约翰·赫芬姆·狄更斯（Charles John Huffam Dickens, 1812—1870），英国维多利亚时代的伟大作家，以反映现实生活见长。

2 威廉·梅克比斯·萨克雷（William Makepeace Thackeray, 1811—1863），一位与狄更斯齐名的维多利亚时代英国小说家，最著名的作品是《名利场》。

3 赫伯特·乔治·威尔斯（Herbert George Wells, 1866—1946），英国著名小说家，也是新闻记者、政治家、社会学家和历史学家。他创作的科幻小说影响深远，如"时间旅行""外星人入侵""反乌托邦"等，都是 20 世纪科幻小说中的主流话题。

4 威廉·瓦马克·雅各布斯（William Wymark Jacobs, 1863—1943），英国短篇小说家，一生创作了大量幽默作品。

5 约翰·安东尼·伯吉斯·威尔森（John Anthony Burgess Wilson, 1917—1993），笔名安东尼·霍普，英国小说家、评论家及作曲家，也是活跃的歌词作者、诗人、编剧、新闻工作者、小品文作家、旅行作家、播报员、翻译和教育家。

6 亨利·莱特·哈葛德（Henry Rider Haggard, 1856—1925），英国小说家。英国维多利亚时代颇受欢迎的小说家，以浪漫的爱情与惊险的冒险故事为题材，代表作为《所罗门王的宝藏》。林纾译有哈葛德的小说。哈葛德常年住在非洲，担任过南非纳塔尔省省长秘书。

7 玛丽·科雷利（Marie Corelli, 1855—1924），英国作家，真名玛丽·麦凯。她的小说词藻华丽，多愁善感，很受维多利亚女王的喜爱，在当时非常流行，如《两个世界的故事》（1886）、《塞尔玛》（1887）、《撒旦的悲伤》（1895）。

且与克鲁尼一致认为她是最棒的在世作家，不仅如此，我们俩在给她的一封信中诚恳地告知了我们的感受。假如她当时回赠我们一张她的签名信，我保证我们会至死珍藏。然而，她没有回信，不久，我们兄妹两对她的作品日渐挑剔起来。

如今，只要收到指认我是当代最伟大的人之类的来信，通常我都会认真回信。这并非为了假惺惺地表示谦逊，而是希望每一位来信者有他或她的幸运未来。玛丽·科雷利因为不回信而失去了两名热烈的慕名者；我的追随者本就不多，我不敢失去任何一个。如果有年轻人认为我比莎士比亚和萧伯纳组合起来还伟大，我也虚心接纳，在我看来，任何反驳都充满残忍和恶意。少年时期膜拜的英雄总是令我大失所望，尽管也许是我的表达方式有问题。例如，之前在给科雷利的信中写道："亲爱的科雷利小姐，你不能总是写得那么无聊，故事中的人物都是一个模子刻出来的，而且你的观点毫无价值。"我坚定地认为那个小小的自己应该得到一封回信。要知道，对于批评尖锐的来信，我总会答复。不幸的是，追随者们的来信常常被搁置数周，有时难免丢失。

小时候的我纵情于偶像崇拜。在家里，长兄威利就曾经是我多年膜拜的对象。日常生活中，我不时地把自己想象成他。在学校里，我在各个阶段都有保护神——通常是一个愚蠢透顶的家伙。我们的合作方式是，我辅导他数学，作为回报，他会替我收拾任何一个欺负过我的学生。似乎所有成绩不好的学生都是天生的拳击好手，反之亦然。这些家伙们不习惯用大脑较量，他们习惯的回应方式简单而粗暴："施之以颜色"——用今天的话说，就是用拳头解决争端。

我心目中的英雄还包括一些爱开玩笑的农夫，他们总是在傍晚聚集于桥头。坦白讲，我的确模仿过他们走起路来摇摇摆摆的样子。此外，有一件令我深感遗憾的事：母亲为我做马裤时从来不肯缝两个前兜，而我欣赏的农夫的马裤无一例外都有前兜。母亲的解释是，这种裤兜不仅"普通"而且略带粗俗。记得有一次她告诉我们，男式长裤的前裆开口有失雅致，而且她父亲的长裤从来都是暗裆口。过去我们把前裆开口处称为"裤门襟儿"。

吉莱克是当时举世瞩目的明星，摘取了自行车赛的大多数桂冠。每当有自行车手骑过桥头，当地的机灵鬼们就会在身后大声地喊"加油，吉莱克"，或是"车轱辘飞起来啊"。我总是不厌其烦地使用后者，或者与之相似的话，"嘿，笨蛋，你又被超了一圈！"毕竟，当河岸上坐着多位农夫时，独自过桥可是一大考验。也许我有着巨大的恐慌，所以才耍了这么个小聪明。

我在各种比赛中都毫无潜质，在足球运动方面更是能力平平，当双方以投掷硬币的方式选队员时，我常常是最后一个候选人，每每令我羞愧不已。鉴于此，我不记得自己有过体育运动领域的偶像。差不多十四岁时，我逐渐迷上了饶舌，并借此获得了些许尊重。依稀记得，我曾轻而易举地逗得同学们哄堂大笑。坦白说，他们的要求并不高。在地理课上，河流的名称"波江"被我们当作如厕的粗话——这就足以让我们心怀内疚地品味整整一堂课。

与大多数孩子一样，我们也很少留意到季节的变迁。童年时最具恨意的记忆大都与冬季有关，那时的降雪似乎多于现在，我们就在道路上滑雪，磕磕碰碰犹如青蛙。有时候大地冰封，我们就试着去当地的池塘溜冰，然而无一例外会扫兴而归。这部分归咎于我们的溜冰鞋，它在马车碾压过的道路上欠缺锋利，几乎抓不住冰面。我们也特别怨烦那些连夜在雪道上撒融雪盐的老头和老太太。

在我们小孩子看来，春季的首要特点无非是尘土。伴随着三月的春风，尘土四处飞扬，然后才是掏鸟窝的乐趣。虽然人人都存有鸟蛋，但无论已经收藏了多少种类，都依然不会放过任何一个偶遇的鸟窝。搜寻鸟窝的过程充满乐趣，其关键之处在于逾矩，因为猎场看守员会凶猛地吼叫着恐吓我们。至今，我还能想起那种惊恐的烦恼。当我预备爬树，忽然听到一声大喊："天杀的你在那里要做什么？"伙伴们都听过守林员痛打男孩子的故事，但那些故事十有八九只是传说，事实上猎场那些五大三粗的男人们从未动过我们一根毫毛。身为一个胆小鬼，我的职责多数时候是为大伙儿站岗，那绝对是一件比实际行动更危险的任务。

夏末秋初，为了偷覆盆子，我们再次与守林员狭路相逢。略有不同的是，这类偷袭的阻力明显有所降低，究其原因，可能是守林员明白这也是家长们默许的事。例如，我的母亲每年会储备足够多的覆盆子果酱，而此举具有显而易见的经济价值。除了覆盆子，丛林里还有其他的浆果可以取用。当地的乡绅出于傲慢，并不承认自己禁止人们采摘浆果，他们的理由是采果子的家伙们打扰了山鸡和鹌鹑的休养生息。

总之，覆盆子之征乐趣无穷。我们盛装覆盆子的器皿有篮子、平日里装牛奶的罐子，并且用卷心菜叶子铺衬在内部。我从来不会吃自己的战利品，每逢在回家的路上看到艾克·弗雷泽一点点啃咬他罐子里的浆果，我都报以轻蔑的嘲讽。到家之后，当不得不向他那愤怒的母亲呈交所剩无几的空罐子时，他就谎称是被守林员没收倒掉了。

浆果丰收的季节是我母亲一年中颇为劳顿的日子。熬制果酱的炉火几乎不曾熄灭，飘溢的果香是小孩子的大爱。不得不承认，母亲是一位了不起的主妇。直到今天，我依然好奇：她究竟是如何做到每次储备的浆果数量恰好够我们享用一年。母亲为自己的果酱技艺自豪不已，不仅如此，全村没有第二位妇人能够像她那样做得一手浓稠的草莓酱。此外，清洗、熨烫也是她的拿手本领。记忆中，母亲总是在洗衣盆和熨斗旁忙个不停，她使用的是木炭式熨斗。一直以来，我对蒸汽式洗衣店的效率持怀疑态度，这大概与母亲对麻织品的清洁标准之严苛有关。

在我还是小男孩时，母亲就已承受着胆结石带来的剧痛——或者说苦痛，可是她从未以身体有病为由逃避家务。我想，星期天的早上是母亲最为荣耀的时候，她站在花园门口，注视着我们出发前往教堂：父亲身穿浆洗过的衬衣，头戴高顶礼帽；男孩子们穿着整洁的拉绒外套，系着坚挺的领子；女孩子们身穿熨烫平整的套装。劳累的母亲身体并不强壮，除了教堂有特殊活动，如圣礼日，她很少亲自去镇上。

# 3 /

# 少年时代

　　就在我们迁往金斯穆尔不久之后，奥尔德教堂完成了翻修，焕然一新。一位福弗尔的老住户提供了一架精美的四指联弹的风琴，教堂内部的设施也得到改善，走廊前面增加了靠背长椅。从此，前往教堂对于我们小孩子而言，快乐不再止于悄悄计数细腰女子腹中咕噜声的间隔时间。供儿童使用的新座位显然占据了教堂里的最佳位置，从那里朝下望正好能看到牧师布道时的情形，教徒们点头的样子，或者当牧师讲道从《阿摩司书》[1]跳跃到《但以理书》[2]时找不到经文的神态，或者在奉献环节投放硬币的动作。目睹这一切所产生的趣味简直乐不可言。在圣餐日，我们更是激动，盯着看到底有谁在传递圣餐杯时会不慎失手跌落，至于谁浅尝了一口、谁喝掉了近乎半杯，都尽收眼底。风琴洪亮的轰鸣声令我们如痴如醉。无论是什么曲风，我总是静静地

---

1　《阿摩司书》，《旧约》中的一卷。

2　《但以理书》，《旧约》中的一卷。

听完最后一首独奏才离开空荡荡的教堂。自然而然，风琴弹奏者成为我的周日偶像，我的志向也变作成为唱诗班的一员。

少年时期，宗教如影随形，然而在某种意义上，这似乎又与每周的教堂之行并无干系。星期天去教堂做礼拜更像是一种社会交际，意在展示我们的着装，以及和周遭的人们保持联系。教堂里的布道不曾触动我分毫：凯伊牧师诵读了所有的祷词，但听上去他本人对之缺乏足够的确信。在少年的我看来，牧师的祷告不过就是语词的堆砌，刻板且教条地描述着喷泉中某个破裂的瓦罐或者已经松动的某条银丝线。回首往事，我很好奇，是否真有谁在那间教堂里体验到了宗教情感。作为青少年，与童年时相比，教堂对我来说确实变成了崇拜的场所——那些在走廊另一侧的前排座位上坐着的少女就是我们心中膜拜的神，她们是那么冷漠、可爱、不可企及。就我个人的体验，教堂主要留下两个印象：性与死亡。我记忆中最深刻丰富的画面，一是唱诗班的姑娘们娇媚的面容、雅致的帽子；二是丧亲的人们在葬礼后做安息祷告时无言的黑纱，全家人穿着黑衣坐成一排，寡妇则戴着厚厚的黑色面纱。

我们最热衷观看的是牧师在布道末尾做点评时人们的反应。牧师的点评通常这么开始："最后，请允许我再次表达悲伤之情，这种悲痛缘于新近故去的我们的老朋友、老邻居。约翰·布朗，他是……"带着一种与哀伤无关的情绪，我们一拨少年目不转睛地看着人们陆续取出手帕。一般而言，丧亲家庭中的年轻人看上去比较享受抛头露面，而年长一些的则对此倍感痛苦。离开教堂，随后那一家人会前往墓地。也有些家庭似乎一年四季都不曾褪去黑纱，比如克瑞克，他与不计其数的叔伯姨姑、表兄弟姐妹生活在同一个镇上。换言之，其中当然也包括他们故去的所有亲戚。

星期天实在是阴暗又无趣，大人们禁止我们自由玩耍，唯一被准许的娱乐就是穿着得体的衣装还有挤得脚趾生疼的紧口靴子长途跋涉地往返教堂。然而比较矛盾的是，此行能够将我从阿兰的《拉丁语法》中暂时解救出来，因此，我也比较期待星期天的到来。同样的一次解放发生在每周三的晚上，我的父亲，身为教会的长者，每周三晚上要去参加一个聚会。通常，他在临走前会给我们布置一些自习的任务，比如阅读几页阿兰或者凯撒。可是，当他走出去不过一百米时，我们就已经溜出去和伙伴们嬉耍了。母亲这时每每恐吓我们说她要告诉父亲，实则从未提及。终于有一天，父亲发现我们根本没有温习他预留的功课，可惜我已经不记得他当时的所言所行了。那段时期，妹妹克鲁尼勇气大增，时常与父亲对峙；我的另一个妹妹玛丽则时不时对父亲发号施令，而且每每奏效。由于玛丽沿袭了祖母的名字，我们其他几个兄弟姐妹一致认为她是父亲最宠爱的孩子。玛丽一向清楚自己所需的，她的心愿也极少落空。这种性格自然令母亲烦恼，在玛丽还是小女孩时，她常常忤逆母亲的要求，使得母亲认为她是一个"固执的疯丫头"。时过境迁，虽然我已回想不起具体的细节，但依稀记得一些场景：满脸通红的玛丽气呼呼地坐在客厅，不远处，母亲正站着向她咆哮"你必须做……！"而她的回答是刺耳的"我说了我不想做！"然后，她当真没有照办。

威利和玛丽都惯于我行我素，两人也大获成功；而我们其他几个害怕管教的胆小鬼，对父母的要求言听计从。我有着服从的天性，然而长远来看，我的乖顺总是事与愿违。例如，服从的天性使我盯着阿兰的语法书，内在却有个声音消极抵抗这种乖顺，其惯用伎俩正是拒绝掌握任何语法规则。

我总是尽力自觉地服从父母的训导，试图在回忆他们时不带一丝感伤。童年时，我对母亲的感情很深，非常非常爱她，对于父亲，我却爱不起来。在一个小男孩看来，他过于严格，缺乏亲切感。父亲为我们树立了不少学习榜样，他最常夸奖的是一个戴着眼睛、弱不禁风的小不点，那家伙是一个从不参与任何游戏的学习狂人，实际上，他会因为错失班级第一而哭泣。我们都讨厌这个家伙。他长大后成为火车站搬运工。

许多年之后，我才感受到自己对年老的父亲的爱。他已不像从前那样对我们野心勃勃、期待满满，相反，他逐渐接受了子女本来的样子。然而在他的青壮年时期，父亲对我们男孩子的态度一向颇为冷淡，也从未和我们谈及他的童年。直到去世前两周，八十四岁的父亲才对我讲述了他人生的第一场悲惨经历。在他年幼时，我们的祖母死于霍乱。老父亲对我说："我悲伤极了，好几个星期郁郁寡欢。"说着说着，他的眼眶湿润起来，我也忍不住跟着落泪。

为什么父亲在我们年幼时如此紧张严肃，原因已不得而知。毋庸置疑，他以极不恰当的方式，努力为家人做着他力所能及的一切。我相信经济条件会对人有所影响，但绝不是什么根本性的影响。举个例子，尽管报纸上常常把破产作为轻生者离世的理由，但我认为人不可能因为失去财富而自杀——对此我非常确定。金钱对于许多人都是姗姗来迟之物，它所扮演的角色的重要性也因此大打折扣。父亲最年幼的弟弟，我们的一位叔叔，他几乎一无所有，然而总是快乐无比。也许，对生活的担忧和日常生活中的失望感滋生了父亲的悲观。显而易见，他把自己的人生宏愿转移为对我们的殷殷期望。

他几乎就是诚实的化身，我觉得一句小小的谎言就足以难倒他。他在工作中恪尽职守，我猜想他对于自己未能得到应有的回报早有觉察。父亲的薪酬倚赖于教育视察报告，而当时的皇家督学是一个尖酸刻薄、心胸狭隘的家伙，他对我父亲的任何成就都充满嫉妒，宁可呈交一份报告吹嘘相邻社区的学校——英瓦尔瑞提学校。父亲工作之初在那里做过助教，实际上，英瓦尔瑞提没有任何一位教师的教学素养比得上我的父亲。

所以不难理解，视察日是让父亲极为痛苦的一天。我曾亲眼目睹他面色苍白、神色慌张地盯着窗外，看着一大早从火车站来到这里的皇家督学及其助手。父亲的恐慌也影响了我们，以至于我们面对强势的权威时也局促不安。这位督学的测评技能低劣，他无视我们的已知却揪住我们的未知不放手。他在随身携带的笔记本上记录个不停，在场的所有人，包括我父亲，无一例外都认为那该死的笔记纯属一派胡言。

下课之后，苛刻的督学去校舍享用午餐，气焰稍有收敛。我的母亲厨艺精湛，每逢学校视察日，她都会为来客预备拿手的布丁，但小孩子无缘与督学同桌共餐。直到现在，虽然当代的督学比他们的前辈温和多了，我依然无法平静地接待任何一位皇家督学。

督学有一种特殊的测验卡，通常粘在粉色硬板上。视察工作以巡查的方式依次在各个学校进行，多米尼·迪伊斯学校的视察日比我们学校早一周，有一次，测试卡在这所学校被盗，然后父亲在我们的课堂上呈现了那些考题。除此之外，我不记得父亲违背过他的诚实信条。然而作弊自有其报应，一周后，检查员带了一套新的考题来到我们学校。我现在的推测是，检查员离开多米尼学校时遗失了一些测验卡，他不愿因此而节外生枝。

后来，我们学区来了一位新的助理督学——亨特·克瑞格。升为督学之前，亨特是一名小学教师，这种背景与他的前任截然不同。之前的督学自牛津毕业之后，一辈子也没有站过一天讲台。亨特和蔼可亲，既不令人害怕也不迫人仰望。任何人都可以与他平等交谈，所以人人都喜欢他。

父亲是如何忍受校董事会对他的管理的，我也一无所知。董事会成员多数是当地的农夫，记得董事会主席签到时会在签到纸的底部写上"出席序号：98"。在皇家督学视察之后，学校会例行举办一场名为"测评"的奇特活动，时间一般在暑假前、学年末的最后一天，主要内容是颁发各种奖项。那一天，农夫的妻子们带来成捆的花束；学校董事会的董事们则齐刷刷坐在堆满书本的桌子后面；我父亲需要确保每个学生都有奖品。每次轮到杰克·汉顿时，父亲都会抓一抓杰克的头发，然后递上一本小书，扉页上写着"赠予杰克·汉顿阅读"。

董事会主席颁奖的风格像是商业作秀，他的开场白是："詹姆士·扬恩，地理第一名——不错，吉米，我很为你在学习上坚持不懈的精神骄傲。"不过，发了几本书之后，主席就摈弃了这种个性化的点评，简化为发奖时只念得奖者的姓名。这个测评日在我们看来是一年中最闪亮的一天，可谓后续数周自由生活的前奏。暑假里，我们可以整日在后沟捉鲦鱼，或者去更远一些的维内尝试"石缝摸鱼"，即徒手抓鲑鱼，不过从未成功。我们不曾想过使用钓鱼线或鱼钩，而且这些工具对我们来说也太过昂贵。

多年以后，我骑着自行车路过维内时，远远地看到我的弟弟波西守着鱼竿站在桥头，于是上前问他站在那里有多久了。"两个小时，"他回答，"竟然连一点儿钩都没有咬。"

我立刻说："来，让我教你怎么钓鱼。"满怀着身为兄长的自豪感，我甩出鱼线。果然有一条鲑鱼上钩，我迅速收线钓起。

"瞧，钓鱼要像我这样。"说完，我扬长而去。那是我这一生中钓上的第一条也是最后一条鱼，不过，我敢打包票的是，波西至今仍认为我是钓鱼专家。

少年时期，我们用来捕鲦鱼的工具一直是厨房里晾放餐具的铁丝框。捉到的鲦鱼被我们一条一条塞入空果酱罐子里，回到家时，大部分已经被闷死在罐中。人人都知道乐趣在于捕捉的过程，然而，我不甚明白为什么从没有谁把战利品放回水中。眼睁睁看着一群棘鱼或者红色的笨家伙在铁丝网里挣扎，会令我一阵激动。不过，换作现在，我会放生。

夏季远足，我们常常抄近路。穿越田野时，大家警觉地注视着路边的牛群，以防混有一头公牛。没有一个人对公牛心存幻想，人人都把公牛视为残忍可怕的动物，即使在它们安静时也不能掉以轻心。另一种危险的动物是农场的狗，遇到凶狠的柯利犬冲我们龇牙咧嘴，那实在是远足探险中的惊险一幕。这时，常有一些友善的农妇，站在自家花园门口大声喊："它不会伤害你们的！"一来二去，我们渐渐习惯了这一切。说起来，我在人生的早期就知道狗具有强大的记忆力。那时，弗雷泽家里的柯利犬还很小，我用半块砖把小狗打得不轻。此后多年我一直无法顺利进入弗雷泽家门，可见这只狗从未忘记我带给它的疼痛。

刚搬到金斯穆尔时，我家有一只纽芬兰拉布拉多母犬美特尔；或者说父亲以为自己买了一条纽芬兰拉布拉多犬，带回家后才发现是杂交品种。它在发情期间会不厌其烦地玩一种游戏：我帮着收集一堆石头，然后兴高采烈地丢向来自附近农场的求爱者——其中有一些不远两英里而来。我们投掷过大量的石头，但的确不记得曾打中过任何目标。

虽然我们的所作所为略显残忍，但是与那些扭断小鸟脖子、把稻草杆戳进蛤蟆肛门吹气的变态家伙相比，不过是小打小闹罢了。我们从未像其他男孩那样踢死过刺猬，最大的恶作剧只是跟着凯斯犬[1]博洛特追赶贝尔·艾格斯家的猫而已。此外，我们也会围观当地阉牛的风俗，跟着牛夫们用树枝抽打公牛犊。在福弗尔，赶牛人惯用的做法是粗暴地将两条牛的尾巴系在一起，牛会经历一段痛苦的时刻。幸而这种做法后来被立法禁止了。

我们对周遭事物的反应非常迟钝，总是后知后觉。比如牛群，虽然随处可见，却从没有将它与赚钱联系起来。我们的乐趣只是撺着柯利犬追赶牛儿们，用木棍戳一戳它们鼓胀胀的肚子就足以令我们精神抖擞。实际上，我们眼中的牛群如同玩具或者游戏物。在这一点上，猪则另当别论。大家都知道玛莎·拉姆齐畜养的那头猪最终会成为培根和火腿，当人们把猪赶向屠宰场时，我们也会在第一时间抵达以便围观。

清晨的薄雾中，煮沸的水在桶里热气腾腾，捆缚牲畜的梯子已靠墙摆好，埃伊和乔迪·米歇尔手拿屠刀站在梯子两旁。接着，人们齐心协力把待宰的畜生拖出猪圈，刺耳的猪叫声响彻四方。如果猪的体积过大，人们需要耗费更多的时间和力气才能将它翻倒在地，以便屠夫切割它的喉咙。当猪血喷涌的一刹，紧抓着它的人会松开双手迅速跳开。可怜的畜生踢动着四足挣扎不已，有时会踉跄几步。等大量的血流淌出来，猪才轰然倒地，令我们紧张亢奋的第一幕就此翻页。然后是激动人心的第二幕：围观马歇尔为温热的尸体开膛破肚，这时每个人会分得一些恐怖的任务。

相形之下，目睹母鸡被大人扭断脖子是司空见惯的事。大概十四岁时，母亲要我宰杀一只母鸡。此前，我在福弗尔圣诞大卖场幕后曾目睹专业人员宰杀过成千只鸡。杀鸡看上去易如反掌：杀鸡者抓住鸡

---

1 凯斯犬，一种苏格兰种长毛短腿猎犬。

头，轻松地扭一圈，然后把颤抖着的鸡甩到地上就成了。可是，当我亲手抓着一只鸡，徒手握住鸡头，预备扭一圈鸡脖子——至少打算这么做——时，那只鸡不知怎么就扑棱着身体越过了圆白菜地。而我站在原地，手中捏着一个血淋淋的鸡头，猛然间胃部一阵翻滚，感觉恶心至极。

大多数乡下人都能够面不改色心不跳地杀死某种动物，我却从未掌握果断并麻利完成屠宰所必需的冷漠。当家中的猎狗博洛特衰老得一只眼都瞎了时，母亲交代我用氯仿[1]帮它结束生命。我从药剂师那里要来一瓶氯仿，把博洛特和浸透了药剂的手帕一起放进一只旧行李箱。不一会儿，行李箱里传来可怜的老狗与挥发的药剂斗争的呜咽声，吓得我手一松，药剂瓶跌落脚下。也就在那时，我知道自己无法用氯仿杀死一条狗。幸运的是，手帕上的药剂足以让博洛特昏迷，于是，我抬来一桶水，把它的头按入桶中，直到不再冒出汩汩的气泡。那实在是一场恐怖的经历。我在一个死寂的夜晚顶着狂风暴雨埋葬了博洛特，之后忐忑不安地回到家里，平生第一次感到自己像是一个谋杀者。可以说，动物们在被屠宰时表现出的绝望与无助令我心碎。

不久之前，我的一只猫身体内严重发炎，终日痛苦不堪，以至于我不得不结束它的生命。最终我使用的是煤气，这是我所能采用的唯一无痛的方式。尽管我明白死亡对这只猫来说必要并且仁慈，可是一想到自己对弱小的生命施加了暴行，我的心里依然按捺不住地升起不可名状的内疚。

人们的确更珍视自家的动物，之所以自己家的动物与其他牲畜有别，原因可能是它们拥有主人的特点。印象中，我的妹妹希尔达有一

---

1 氯仿，三氧甲烷的俗称，可作为麻醉剂使用。

只宠物羊，当它长大后混在羊群里被送往屠宰场时，我的亲身体验是——就像我们全家人的体会一样——觉得宰割它的刀子比宰杀其他羊的刀子来得重。尽管我非常讨厌这只被宠坏的牲畜，但这一点区别感是千真万确的。在所有的动物中，宠物羊可能最令人厌烦。在它天生愚笨的外表下，有一种离奇的、不可理喻的傲慢。我认为大型动物绝不适宜当宠物。我还见识过宠物马，它们常常任性不已，反复无常；而宠物牛，长大之后极具危险性；至于宠物猪，由于我从未见过，所以不甚清楚它们的邪恶习性。

小时候，我们养过普通的宠物，比如兔子。与多数孩子一样，我们在最初的日子里会悉心喂养它们，几天过后就把它们置之脑后。众所周知，兔子是最无聊的宠物。我们真正的兴趣在于观看兔子交配。有时，我们会养些豚鼠，后来也养过信鸽。内利对信鸽颇有研究，放飞信鸽曾带给我们极大的乐趣。不过，我们明白，这种鸽子的传信本能有被夸大的嫌疑。信鸽需要训练，最简单的方式就是沿着铁路线向同一个方向放飞，首先从近处的车站开始，然后逐渐增加距离。具体而言，任何人都可以训练好一只从卡莱尔飞抵兰兹角的鸽子；但如果放飞的方向相反，也就是说，向着北方而不是向着南方放飞，那么虽然距离相同，这只鸽子却无法从爱丁堡飞回卡莱尔。我认为信鸽在飞行中，它的视觉比所谓的本能发挥了更大作用。当然我不是这方面的权威，这也只是猜测而已。

养鸽子期间，有一件趣事是突袭其他的鸽棚。有时候，我们会在木匠芬德利家的墙头鸽棚惊喜地看到一只戴着脚环的可爱的鸽子。于是，我们会找到芬德利，对他说我们有一只鸽子误入了他家的鸽棚，并且问："我们可以把它抓出来吗？"芬德利本人对鸽子兴趣不浓，所以并不清楚自家鸽子的数目，每每都会同意这个要求。然后，在某个漆黑的夜晚,我们爬入他家的鸽棚偷走那只戴着脚环的鸽子。这通常是一只在比赛中迷路走失的家伙,虽然本身毫无价值,但在我们看来却是一只受过正规训练的纯种信鸽。难道不是吗,有谁会给杂交的鸽子配一个银质的脚环呢?因此我们兴高采烈地捧着它凯旋而归,没想到第一次放飞时,它抵达的目的地竟然是芬德利家的鸽棚。想必,芬德利早已厌倦了我们的深夜抓捕行动。

我们曾在海滨度过了孩童时代最欢乐的时光。首先,搭乘火车前往阿布罗斯,继而抵达东港。虽然小时候我们并不清楚东港的具体位置,但一见到它我就不假思索地爱上了它。毫无疑问,东港在我们的童年世界里犹如天堂。我们的房间散布在渔夫一排排的木屋里,那种当地传统的盒式小床非常原始,价格也极其便宜。直到现在,我每次去北方依然会探访赫恩,那是一个很小的海湾,从前的沙滩上泊有许多渔船。

那实在是孩子们心往神驰的地方,其中有一处浅滩蔓延开来形成一片潮池,岩石的洞穴里满是海螺、贝壳,运气好的时候还能抓到龙虾。除此之外,我们也在那里洗澡——母亲会穿着长袍加入其中。她喜欢戏水,但始终不学游泳。由于外祖父意外地死于溺水,母亲总是警告我们不要离海岸太远。她对水的矛盾态度传染了我们,直到成年后我们才学习游泳。就我而言,虽然会游,但从未感受到游泳好手们惯有的那种自信。我显然继承了母亲对水的恐慌。记得七八岁时,我每次站在沙滩上都会尖叫:"快回来,妈妈,你会淹死的!"父亲从来不参与海浴,他对水深恶痛绝,连涉水都极其罕见。同样不喜欢海浴的还有威利,其他兄弟姐妹则都非常享受海水。

现在回想,东港的日子对于父亲来说一定乏味无聊。他唯一的乐趣是在退潮时寻找玛瑙形状的小圆石,但鲜少找到真正漂亮的。我玩够了海水的游戏之后，也会加入寻找圆石的行列，并且往往比父亲走得离海岸更远，所以会得到被海水打磨抛光得最好的石头。

克鲁尼和我有着不可告人的野心。我们的第一个心愿是在水里发现一具人类的尸体，而且，这具尸体要足够长，其中的一半最好已经被鲨鱼吞食。的确，我们是一对小神经病。这样的尸体从未出现，于是，我们退而求其次，寄希望于埋藏在海底的奢华大帆船里的宝藏有朝一日会被浪花冲上沙滩。我俩甚至为想象中的宝藏在沙地里选好了临时储存处，打算逐一卖个好价钱。当然，这些幻想也从未有机会实现。

寻找埋藏已久的财富充盈了我少年时代的日常生活。记得当时读过一本书，叫《喋喋不休者》，其中有勇敢的小男孩探险的故事。他在自己的房间里发现一条秘密通道，然后在妹妹的陪同下，顺着楼梯进入地下室，在那里找到了一些满是灰尘的骨架，以及大量的财宝。克鲁尼和我可没有愚蠢到会以为我们住的新校舍里也有类似的通道或者密室。我们都知道附近有一所古旧的城堡，或许某天我们会……但实际上，我们对自己要做什么或寻找什么始终感到迷惑。因此，东岸那瞬息万变的潮水总是令我们浮想联翩，也许明天一个大浪就可能把财富或者溺水的尸体冲上岸来吧。我们也曾试图从当地的渔夫那里打听关于沉船和鲨鱼的奇遇，然而事实证明，他们不过是没有任何探险经历的无趣之辈。倒是有一位老人给我们讲了一些与沉船、海盗有关的荒诞故事，从中我们只得出一个结论：他这一生从未出过海。

在东岸，时间是凝固的。一周或者两周的假期似乎有一百万年那么长。少年时的我无论在哪里都感觉不到时间的流逝，由于我们时时刻刻沉浸在当下，一年好像变得极为漫长。我们的日子只有两种色调：黑和白，没人知道灰色的模样。我们的心境要么高亢要么低沉，情绪不是欢乐就是忧伤。

论及黑色，母亲经久不愈的病痛使我体验了不少黑暗的岁月。我是那么依赖她，所以当她生病时，我就无法玩耍。印象中母亲每次肝病发作前，会感到剧烈的恶心并呕吐，继而面色变得蜡黄，疲倦的目光中满是苦痛。即便如此，除非母亲病得极重，不然我们不会轻易请医生上门。对于穷人而言，求医问诊是不得已的最后一步。我们小孩子罹患流感时，通常都是母亲照料和处理，几乎不曾看过医生。然而，当母亲病重时，去福弗尔镇上请韦德伯恩大夫的差事通常落到我头上，这实在令小小的我非常沮丧。韦德伯恩大夫是一位德高望重的老人，他出门自带车夫，车夫的马匹奔跑起来极为迅捷。我们家的孩子都由这位大夫接生，他无一例外地对新生儿大加夸赞，对母亲说她生下了一个他见过的最健康的婴儿，因此，母亲极为推崇韦德伯恩大夫。

我非常害怕母亲会离我们而去。她给我们讲过的有关继母的可怕故事使我坚信继母是魔鬼的化身。我不由自主地想：母亲去世之后，父亲会不会迎娶村里最可恶的女人呢？奇怪的是，我从未想过父亲也可能选择一个善良的女人；或者即便如此，我认为就算是最好的女人也会抽打她的继子。所以，坐在母亲的床前，我的泪水浸湿了她冰凉的手。握着这双手，我隐约意识到，自己的悲伤并非看上去那样毫无私欲。年少时的我一边绝望地啜泣，一边不停地刺激病榻上饱受折磨的母亲："妈妈，您会死吗？"

有时候，我欲哭已无泪，凝神陷入对死亡的思索。有一天我对母亲说："如果您和父亲都进了天堂，而我们兄弟姐妹去了地狱，那岂不是太糟糕了？"

"不会，"母亲干脆地回答，"因为上帝能改变我们的心。到时候，我们将互不在乎。"

母亲的回答对我的触动极大，但却丝毫不曾动摇我心底的一个成见：小孩子都人手一张已预定好的地狱门票。虽然我极为怀疑其他成年人在死后是否能得到救赎，但对于父亲和母亲的归宿，我从未怀疑过。记得杰克·威尔森去世时，就他灵魂的去向，克鲁尼和我低声地展开了一场秘密讨论。克鲁尼说："我确信他去了天堂，因为他生前经常出席圣礼，有时还去教堂参加服侍。"

"啊，克鲁尼，"我几乎要喊出声来，"但是他骂过人！"

克鲁尼稍加思索，回答："没错，我知道他骂人了，但他不是故意的。"

她的看法令我心安，我也确信杰克去了天堂。然而紧接着，克鲁尼又冒出一个吓人的念头，她又提起老生常谈的话题——世上并没有天堂，或者可能也没有上帝。通常，在她意欲发表类似亵渎神灵的演说之前，我就毫不迟疑地溜掉了。

# 4 /

# 性的煎熬

少年时代，我接触到的苏格兰宗教是一种改良的加尔文主义[1]。印象中，不记得有谁教过我们宿命论的教义，换言之，那是一种不顾

---

1　加尔文主义（Calvinism），16 世纪法国宗教改革家、神学家约翰·加尔文毕生的许多主张和实践及其教派其他人的主张和实践的统称，在不同的讨论中有不同的意义。所谓加尔文主义五要点，严格来说，应该称为"加尔文主义救赎论五要点"，或"加尔文主义对亚米念主义五要点之回应"。加尔文和加尔文主义者未曾主动归纳出这五要点。在一次重要的国际教会会议中，对于亚米念主义者提出的五个关于救赎论的论点，加尔文主义者根据《圣经》一一加以驳斥，而后写成《多特信经》。后世的加尔文主义者为了便捷记忆、了解《多特信经》对亚米念主义者的回应，遂发展出加尔文主义五要点及 TULIP 的背诵口诀。

· 全然地败坏（Total depravity）或完全无能力（Total inability），人类由于亚当的堕落而无法以自己的能力做任何灵性上的善事。

· 无条件的拣选（Unconditional selection），上帝对于罪人拣选是无条件的，他的拣选并非因为人在伦理道德上的优点，也非预见了人将产生的信心。

· 限定的代赎（Limited atonement），基督钉十字架只是为那些预先蒙选之人，不是为所有的人。

· 不可抗拒的恩典（Irresistible grace），人类不可能拒绝上帝的救恩，上帝拯救人的恩典不可能因为人的原因而被阻挠。

· 圣徒恒忍蒙保守（Perseverence of the saints），已得到的救恩不会再次丧失，上帝必能保护并引导圣徒在信仰的路上得胜。

---

当事人的意愿而生硬地把人分为绵羊和山羊的教义。与此相反，我们拥有自由意志。也就是说，我们可以自己选择上天堂还是入地狱，只是进入天堂之前有一个条件：信奉上帝或者耶稣，并且接受救赎。这么一来，通往地狱的路极为简单，任何一个不信神的人都会走向地狱。

我对宗教的情感源自家庭，并非来自教会。凯伊牧师既不鼓吹天堂也没诋毁地狱。没错，他阅读了不少教义，由此我在教堂里听说了虫不死、火不灭的地方。可是老凯伊并未从中提炼出任何精神或道德。他认为，基督教信仰是个人社会地位的基本组成部分。凯伊留给众人的印象是绅士，因此，他的宗教信仰也具有绅士风范：传统、肤浅、不触及罪与罚的现实苦痛。

如今，我认为促使父母信教的外力是我的奶奶。在她老人家看来，一切都简单明了。既然上帝的话语鼓舞人心——自始至终的确如此——人只需要"相信"就能安然去往天堂，那为什么不信呢？随着年龄的增长、心智的成熟，母亲和父亲对这种宗教的信仰日渐式微，之后有许多年可谓"堕落"到不闻不问，最后在唯心论中寻求灵魂的解脱。

我们都没有受过专门的宗教训练，宗教就像空气——与生活相对的空气一样无处不在。只要母亲在场，父亲一定会主动在饭前祷告。依照母亲的惯例，她在给我们挨个儿盛好菜汤之后总会停顿下来示意。例如，她会说："开始吧，乔治。"然后父亲乔治就会感谢上帝的恩赐。写到这里，我耳旁依然能回响起她在说这句话时的音调变化："开始吧，乔治。"那声音使我联想起 BBC 的一位播音员——在幸灾乐祸地报道了中国遭遇洪水之后，忽然声线一沉地继续："我们非常遗憾地获悉死亡……"

周日晚上，全家会做一番睡前礼拜。大家把椅子摆成一圈坐下来，先听父亲朗读一段《圣经》,接着齐声唱一段赞美诗或是《圣经》片段;然后都跪下来,与此同时,父亲感谢上帝对我们的关照和恩惠,并请求上帝保佑我们日常的所作所为。最后这一环节,我们总是需要强忍着才不至于发笑。为了互相提醒,内利会掐我,而我则负责掐克鲁尼。大家为了避免爆发笑声,不得不使劲低着头,用椅子狠狠地抵住嘴巴。

星期日也是神圣的一天,只允许做必须要做的事。我们的课外阅读在这天被严格督查,只能在一本"好"书的掩护下阅读廉价的吸血鬼故事。我们的奶奶有着敏锐的观察力,时不时把我们抓个现行。除了阅读,任何嬉耍都被禁止。步行很少带给我们真正的乐趣。门外的道路上,村里的男孩子们用空罐头瓶作足球在踢比赛。但即便如此,这些异教徒们也不被允许进行"真枪实炮"的正规比赛。

无须被告知,我们也清楚外面那些"走向毁灭"之路的家伙们的特征。他们过着滥交、偷窃、撒谎、爆粗口,以及亵渎上帝的生活(最后一点几乎涵盖了所有令人享受的活动)。至于另一条路上——窄的、小的、"引向永生"的路上——是否标记着服从与尊重,我已印象模糊。无论如何,"不服从"或者"违逆"从未出现,训练有素的我们连做此尝试的念头都不曾有过。

在我十三岁那一年,金斯穆尔来了两位推行"信仰使命"的传道士。这是两位性格活泼、富有感染力的乐观主义者,总是充满智慧和欢乐。实际上,如果不是偶尔插入的那一句"愿主怜悯",与之对话的人很容易就忘记了他们"拯救者"的身份。不知何故,这两位朝圣者免费寄宿在我家。也许我们并不喜欢他们,记得每当博洛特叼住其中一个更爱笑的胖家伙的大腿时,我们都不可遏制地欣喜若狂。

这两位传道士在学校组织了传教聚会,全家人都去捧场。传道的福音本身很简洁:人生而有罪,注定会经历世俗的痛苦。不过,人人皆有一条出路——唯一的一条出路。到场的所有人被要求站着虔诚地说"天主，我信你"，然后挨个儿机械地在预备好的羊血里接受洗礼。父亲先站起来，母亲也跟着起立，然后朝圣者们开始赞美上帝。克鲁尼也得到了拯救，可是我努力了几次都没能站起来。聚会之后，回到家里躺在床上，我充满担忧地反复自言自语："哦，天主，赐予我信心吧。"

有人曾跟我打了个比方，说人的心脏犹如一个绷有上万条弦的提琴，心弦细如蛛丝，一旦有一根弦断裂，人就会立即死去。当我意识到自己无法心生信任，忽然间就想起了这个比喻，在恐惧中顿觉浑身冰凉：也许天亮之前，在能够承受拯救自我的考验之前，我将死去。在此后一次又一次的聚会中，类似情形一再上演，我始终未能使自己得到拯救。克鲁尼却很快对救赎失去了兴致，转而对整个事件讥讽不已。当村里的混混们讲述自己的受洗经历时，她和我在下面偷笑。在朝圣者离开我们不到一周的时间里，整个村庄又回转到原有的苦难轨道，每个周六的晚上，都能听到酩酊大醉的老戴维跟跄在回家路上的歌声。

然而，有一个人例外，那就是我的父亲，他的确有所改变。他从二手书店里买来所有可以找到的布道方面的古老读物，并宣称每个星期天要在学校主办救赎聚会，所有人都必须参加。可是，家人都知道他缺乏原发的朝圣热情，同时也不具备布道所需的快速而机智的应答才能。与此同时，尽管非常遗憾自己丧失了对老教堂里那一套的信仰，父亲并没有放弃自己的长老身份。大概持续了一年，周日的聚会才宣告终结。自然，父亲也没有得到救赎。我猜，这多少与爷爷的去世有关。

老威廉·麦克尼尔终生没有宗教信仰。之所以这么确定，是因为我见过他在一个星期日磨自己的刮胡刀。所以当爷爷去世以后，联想到他的去向，我产生了小小的烦恼。一次晚间祷告时，我小心翼翼地向父亲提及此事。

"爷爷会去天堂吗？"我问父亲，"我知道爷爷是一个好人，可是他不会得到拯救，对吗？"

"也许……"父亲尴尬地犹豫着，"也许这个世界上还有许多事不为我们所知。你爷爷一生正直、冷静，从未对任何人说过一句恶言恶语。"就在那一刻，我忽然领悟到：父亲开始对所谓拯救的功效产生了怀疑。

死亡向生者投下了一片漆黑的阴影。生活在小村庄的人们，更是感到葬礼之频繁。作为公共事件，葬礼更像是残酷的娱乐仪式。

装饰着羽毛的灵车，以及紧随其后搭载物品的马车，都务必在丧亲者从教堂返家之前准备就绪。最开始，神职人员照例站在客厅念一段简短而催人泪下的悼词，与此同时，人们把棺材搬移到灵车上。如果住户的房子是小木屋，棺木因过大而无法穿门而出的话，经常需要拆卸一扇窗。丧亲家庭的女人并不前往墓地，而是站在大门外红肿着泪眼目送最后一辆马车消失。连村里的盲人都会闻讯而出。拉开窗帘，妇女们站在自家门口，轻叹一口气表示："唉，这可是独一无二的人呐。"据我观察，即使逝者生前是村子里公认的恶人，她们也会说同样的话。

印象中第一次参加的葬礼，是送别我的兄弟乔治。他罹患一种被诊断为脑部水肿的怪病。我不记得自己与乔治有着怎样特殊的情感，可是，当看到葬礼上众人的哭泣时，我不禁感到一阵难过，鼻子一酸也跟着落下泪来。当第一铲泥土洒落在小小棺木上发出空洞的回声，我不由自主地浑身发抖。相比之下，去利斯的罗斯班克公墓埋葬外祖母的经历实在是愉快得多，几乎等同于一趟搭乘火车前往爱丁堡的旅行。外祖母最心疼的小儿子——我的舅舅——尼尔是禁酒主义者，因此，他无缘葬礼之后的酒吧聚餐。在酒吧里，总有那么几个奔丧者喝着喝着就欢快得忘乎所以。作为小孩子的我当时只被允许喝柠檬汁，但是依然被那些大人的快乐所感染。正如我在前面提到的，在亲人的葬礼之后，我会被笼罩在一种愉快和释然交织的情绪中。这种情绪出现在我们离开墓地时，随后当我返回那间曾经摆放棺材的房子，看到之前架放棺木的两把晚餐椅仍在原处，愉快和释然随之增强。

说到死亡，令我们不安的并不止于墓地的阴冷。死亡意味着最终的裁决，一种类似"学校视察"的评判，而后者对于我几乎是命中注定的失败，我所有的作业本都错误百出。了解到自己死后将永远遭受地狱之火的烘烤后，我试图厘清"永远"到底有多久。思考的结果令我大惊失色：我居然可能持续燃烧数百万年！

青春期早期，我突然对疾病产生了莫名的恐惧，每次盯着医学书看时都禁不住对号入座。例如，杰罗姆·K. 杰罗姆[1]，一位戏剧作家兼滑稽演员，似乎患有每本书里描述的疾病，而我会把自己脸上的丘斑怀疑成天花。当时，学校里恰好有一个学生死于肠炎，回想起来应该是阑尾炎——可惜那时这种疾病不为人知。于是，有一次肚子痛时，我立刻据此推测上帝将以同样的方式处死我。

为了澄清救赎，我一度疯狂地翻阅奶奶的宗教读物。碰巧读到一则详述了生前做尽坏事的家伙在弥留之际痛苦不堪的故事，更加剧了我对自己未来去向的不祥之感。

"痛苦很快就会结束。"可怜的坏人一边说一边哽咽着。

"不，"站在临终者床前的神职人员面无表情地回答，"痛苦才刚刚开始。"

---

1 杰罗姆·K. 杰罗姆（Jerome Klapka Jerome，1859—1927），英国作家，知名作品为《三怪客泛舟记》。

虽然我们都了解宗教中提及的邪恶灵魂，但它对每个人的影响截然不同。究竟为何如此？我常常百思不得其解。例如，它似乎对威利毫无作用。威利后来加入了教会，但并非因为他多么虔诚，而是因为教会聘用了他。我从未见他表现出对死亡和地狱的任何忧惧。内利——我的另一位兄长——好像也免除了宗教的恐怖影响。而克鲁尼，前面已多次说明，她简直就是怀疑论者。我孤立无援，独自负担着整个家庭的罪过。

我对死亡的恐惧之中混杂着某种奇怪矛盾的冒险冲动。附近的铁路有一段高架桥叫黑盒子，桥下是深渊峡谷，男孩子互相比赛，看谁敢跑着穿过黑盒子。虽然明知从桥上跌落不是丢掉性命就是严重受伤，我还跟着他们，一次又一次地穿越黑盒子，奔跑着并试图冲上那伸展在空中、两英尺长的枕木。我们还在轨道上冒险，互相吹嘘能在火车靠近之前坚守的时长，然后俯身蹲在轨道上直到最后一秒才跳开。我们任性大胆地爬树，直到有一天，艾克·哈琴在偷芬德利家的野生樱桃树时折断了脖子。这件事无疑增加了我们对树的恐惧。我和弗兰克·克瑞克就艾克死后的归宿有过严肃的争论，弗兰克认为艾克这么好的人一定会去天堂，而我认为那不一定。送别艾克那天，灵车刚刚出发，忽然电闪雷鸣，接着下了一场可怕的暴雨。于是弗兰克表示我之前的判断是对的，他认定那场暴雨就是上帝送艾克去炼狱的征兆。

年幼时，我也害怕暴风雨，这与早年从奶奶那里听到的说法有关。她非常肯定地告诉我，雷是上帝发怒的声音，而我会识趣地认为正是自己激惹了上帝。所以每当电闪雷鸣时，我总是像受惊的兔子一样撒腿就跑。父亲在雷雨天会剧烈头痛，家里的气氛常常变得微妙起来。我猜想，父母多少也有些害怕打雷闪电吧。雷雨来临之前我心生恐惧，雷雨过后呢？我又为无人丧命其中而感到失望。这种变态的情绪来自于克鲁尼的影响。有时，我们俩会鼓捣出一张清单，上面罗列着有可能被闪电干掉的家伙的名字。

糖果店老板的妻子，年老的南希·泰姆号称她曾经看到过一起闪电伤人事件：闪电顺着烟囱进入房间，碰巧击中了熟睡的婴儿。我还记得她绘声绘色的描述："婴儿瞬间就鼓得像一团棉絮，摸上去柔软如黄油。"她拿着一个软垫给我们示范："来，用手指按一下这里，就像闪电击中后婴儿的皮肤。"我们喜欢这段故事，并且憧憬着如果村里最胖的妇人被闪电击中，那么，我们需要用多大的力气才按得动她膨胀的皮肤。就这样，我们虽然害怕死亡，却时常拿死亡说笑。

在对死亡的所有恐惧中，最让我担惊受怕的是突发的离世。理由很明显，逝者将没有时间忏悔。按照这个逻辑，死于肺病是理想的，毕竟有数月的时间悔悟生前的行径。不像可怜的艾克·哈琴，赶去见造物主之前甚至没有哭喊的时间："哦，上帝，请饶恕我所有的罪过。"

死神降临之前，生命如同与魔鬼的嬉戏，其中有一半是在平息对死亡的恐惧。然后，赶在上帝改变宽恕之前，人们带着一闪而过的忏悔溜进天堂的金色大门。在这方面，十字架上的囚犯是我们的典范。在天堂之门外平息对死亡的恐惧犹如平息自身的恐惧，我们在与魔鬼的对决中，从未感受到自由意志带来的愉悦。尽管如此，下意识猝死的念头仍无法被根除，此外，我们与魔鬼的较量也从来不是灵魂的自由嬉戏。

这里所说的魔鬼就是性。

关于性，我最早的记忆与幼年时的一次事故有关。当时我六岁，克鲁尼五岁，玩耍时俩人脱光了衣服，带着极大的好奇和兴奋互相观察对方的身体。忽然，门被母亲打开，见状二话没说，抄起棍子一阵暴打，并勒令我俩跪在地上请求上帝的宽恕。父亲回家之后，捡起棍子把我俩又收拾了一顿，然后把我单独锁在空旷漆黑的餐厅。自那以后，我懂得了一个不言而喻的道理：在所有的罪行中，性最令人憎恶。

此后多年，这件事不仅迫使我把性与罪恶联系起来，另有一个影响是我对克鲁尼有了成见，认为她就是那枚被禁食的苹果。我与克鲁尼还有过几次性方面的冒险，可事后她总是做贼心虚地告诉母亲，结果，我每次都难逃鞭打。印象中只有一次例外，那一次威利也参与其中——事实上他指挥了我们并且指挥错了。由于威利是年纪最大的那一个，所以等克鲁尼讲完事情的经过，母亲只责备了威利。要知道，威利是父母最疼爱的儿子，从未因任何事被惩罚过。

又过了几年，我进入了新阶段：时不时和女孩子躲在教室的门后悄悄探索。虽然大多数男同学都对此心知肚明，却从不曾出卖我们，因此我们没有一次被抓个现行。实际情形是，女孩子事后传说被我咯吱得最舒服，所以男生格外嫉妒我。大约十一岁时，我曾试图和一个非常性感的女生发生关系，当然，没有成功。

坦白说，我们从家庭没有获得任何性教育。尽管母亲接二连三地生育，我们却一直想当然地以为婴儿是医生带来的。这当然是母亲的解释，而母亲怎么可能说谎呢？直到后来，其他的男孩告诉了我们真相，或者说真相的一半。加上饲养兔子、观察农场的各种动物，我们才知道新生儿都是各自的母亲生的。然而，谁也没有把这些知识用在我们自己母亲的身上。大约八岁时，有一天我看见父亲走进洗澡间，当时的第一反应是惊讶，因为知道他当天并没有做什么脏污的劳动。我呆呆地盯了一会儿，终于得出一个结论：他肯定是去清洗那个房间。所以，后来当被告知男人在造人方面的贡献时，我完全无法相信。我的父亲、母亲是那么神圣、纯洁，他们永远、永远也不可能做出那样的事！

威利去爱丁堡念书时，假期回来总是给我们讲各种各样污秽的故事。我们都自认为已久经世故，却依然无法直面自己的父母也有性欲这个事实。终日谦逊过人的他们，若是赤身裸体该多么恐怖！除了克鲁尼，我也没有见过其他姊妹的裸体。当我在卧室更衣时，若有人碰巧进来，我会匆忙随手抓起一件东西遮挡自己。很久以后，作为爱丁堡二十五岁的大学生，我养成了清晨洗冷水浴的习惯。因为家里没有浴室，放假回家时我会坐在一个盆里，请母亲给我身上浇一桶冷水。母亲乐此不疲，然而克鲁尼告诉我，父亲对此事的态度是强烈反对。

在学校，无论是何种性过失，父亲的处理一律是暴打。记得他曾用木杖揍了乔克·罗斯六下，起因不过是乔克把手奄拉在桌下，假装把石笔掉在地上以便伺机碰一碰近旁女同学的裙摆。

少年时期，我不记得有谁提到过手淫，也许因此而没有亲身经历过。生活中有一些关于手淫的俚语，可惜我们从未有机会知晓。如今我拥有了足够的心理学常识，意识到自己早年也许在这些方面有所忽略和压抑。但就记忆而言，我们的确没有手淫过，无论是独自一人还是互相之间。

不过，男孩子之间却有一种自称为"瞧瞧"的把戏。具体而言，就是让比较小的男孩平躺下来，然后拉开裤子的前档。不过这是集体参与式的游戏。从七岁半开始，我与威利、内利共用一张床，他们对我的加入极其反感。此前我和妹妹克鲁尼睡在一起，然而有一次我在床上当着克鲁尼的面晨勃，怒不可遏的母亲又一次发现我们做了不该做的事，于是将我安排到兄长的床上。两位哥哥毫不掩饰他们的不欢迎，也毫不讳言整件事的背景。

手淫之于我，情形大同小异。记得有一次我让博洛特跳到我身上，为此被父亲臭骂一顿。还有一个模糊的记忆：内利和我把自己反锁在房间里，舅舅尼尔在外面叫门。我们允许他进来后，他色眯眯地看着我俩说："啊哈，在玩小弟弟！"我们听后格外气愤。在那种情况下，任何深谙自尊的心理分析师都会明白我们的愤怒源于羞耻。

当然，由于生活在农村，对于阉割羊、牛和马这种事，我们已司空见惯。当地的农夫把阉割称作"骟"，有些农民时常恐吓说要"骟"我们，这也是他们热衷的玩笑。大多数孩子能感受到这种恐吓背后的笑声透着股兴奋劲儿，只有吉米·巴克利——村里有名的笨蛋，每每被骟人这种威胁吓得惊慌失措。

我觉得其他的同学在性方面远没有我们尼尔家的孩子压抑。有的同学在家里经常听到父母讲一些粗俗的话；有些同学本身就是非婚状态下出生的，也不甚紧张婚育之事，毕竟在金斯穆尔，私生子从未低人一等。然而，那些恪守贞操、背负最为沉重的道德包袱的女性却在村里备受谴责，她们常常妄自菲薄。

有一首淫荡的民谣《基里缪尔的舞会》，讲的是某个混混在酒里下春药的情景，当时的我们都能听出歌中饱满的情欲。这首民谣鲜明地展现出伊丽莎白时期的淳朴民风和无处不在的性气息。原诗可能不失淫秽，但是，相比那些诡辩的商旅者的故事，该诗的下流显然更接近生命的本质。

这一时期，我个人的处境相当不易。一方面，出了家门的我讲方言，通过方言与村里的家伙们分享关于性的开放态度；另一方面，一踏进校舍或家门，我转说英语，就变成了尊贵的保守分子，丝毫不会涉及与性有关的言语或经历。就这样，我尽力同时侍奉着家里的上帝和村里的魔鬼。换言之，要在原始的性欲和理想主义的性王国之间自由切换，我显然做不到。

# 5 /

# 谋 生

十四岁时，父亲决定派我和内利外出打工。当时的内利在学院里学习马马虎虎，而我在金斯穆尔学校毫无所获。父亲问我们长大想做什么，内利回答"牧羊人"，我的答案是"司机"。父亲听后难掩嫌弃，不容置疑地说："啊，你俩都必须去坐办公室！"

按照母亲的说法，父亲是那种逃避之辈。他不断地改变对我们就业的期望，而且所有的建议都近乎无效。派特·克瑞克当时在伦敦做布料批发做得有声有色，他回家度假时，父亲闻讯表示"贸易值得做"，由此打算让我们兄弟二人成为衣料织品商。可是，一个星期后，活跃在行政机构的威利·阿达姆回乡度假，于是父亲忘记了贸易的好处，转而要求我俩预备男秘书的入门考试。我和内利因此特别不欢迎威利·阿达姆的来访，他的出现意味着将有数星期乏味枯燥的功课：做算术、阅读晦涩难懂的手抄资料、死记硬背地理知识。公务员考试竞争激烈，父亲心里非常清楚我和内利永远考不上。因此，他又改变主意，让我们预备成为贸易秘书。

虽然纳闷，当时却并不知道父亲要我俩工作的迫切心情从何而来。原来，罪魁祸首是在圣安德鲁斯大学挥霍的威利。一身笔挺衣装的他出席舞会、特殊晚宴，与神学院的其他学生举杯豪饮。他时不时发电报给家里，内容简洁明了："再寄些钱——威利。"随着越来越多的存款消减，父母的性情变得越来越乖戾，对我们发脾气的次数也明显增加。

记得有一个星期六，父母买了打折车票去圣安德鲁斯。威利事先并不知情，同时又忙于各种周旋，竟然只同父母说了一分钟话就匆匆跑开。父母的怒气直至回家也没有消散，母亲则为一件鸡毛蒜皮的事狠狠揍了克鲁尼。由于明白了家里糟糕气氛的起因，我们都对威利隐隐生厌，尤其是克鲁尼，她对威利的铺张浪费怀恨在心。是的，与其他兄弟姐妹相比，她看待事情一向更加敏锐犀利。

从此，我和内利不得不出去做工的理由真相大白。先是内利在利斯面粉厂谋得一份秘书的差事；三个月后，我投给《苏格兰人》的无数应聘信终于有了回复。那时，我的书法相当工整，手写的申请信一笔一划，几乎随时可用于铜版印刷。如今，只要我乐意，依然能够写出美观的铜版体———种遭到当代年轻人嘲笑的字体。

铜版体之所以备受谴责，主要的理由是这种书写不能体现个性。问题是，书写应该体现书写者的个性吗？我收藏着来自伯纳德·肖的一张明信片、芭芭拉的两封信，如果笔迹真能显示主人的性格，那么肖大概处于一名顽固的教师与一个愚笨的十岁男孩之间，芭芭拉则是白痴。优美的书写犹如一切徒有其表的事物，与之相对应的评价标准来自于那些终生不知艺术为何物的吹毛求疵者。

言归正传，按那封回信的说法，我得到一个非入门级的中等秘书职务，东家是位于爱丁堡的一家名为 W. & B. 考恩的煤气表生产有限责任公司。当时我的心情比较复杂。一方面,我从此可以名正言顺地逃离拉丁语法,但卸下学习重担的同时也意味着远离嬉耍、掏鸟窝和捉鲦鱼。最终,我还是鼓起勇气出发了。我与内利住在利斯,他每星期能赚十五先令,而我只有六先令。当时与我俩共用一间卧室的还有房东的儿子,那是一个对生活充满悲观情绪的年轻人。

考恩的办公室位于爱丁堡另一端的巴克鲁大街,距离我们租住的地方两英里,大多数路段是上坡。即使一大早出发,我也总是迟到,所以不得不经常乘坐有轨车。那个年代,有轨车统统是"马拉车"。我所面临的难题是手头拮据。本来我可以承受三便士的午餐,但如果坐了有轨车,留给午餐的就只有一便士。为了解决这个难题,我一度颇费心思。根据观察,驾驶员会在车离开皮尔瑞格时去一趟车的顶层,假如我能恰好在他起身时跳上车,就有希望混半程抵达利斯步行街站,若慢半拍在楼梯口撞见他的话,就只能乖乖下车。因此,每次动作迟缓时,我就要求买一张去利斯的票,对方会说"方向错了",然后我假装吃惊地"哦"一声,迅速跳下车,在原地等待下一辆以便抓住驾驶员去顶层的空档。不幸的是,驾驶员们逐渐识破了我的把戏,我不得不放弃了这种便利的交通方式。

考恩的经历无异于一场无止境的折磨。劳作的地点并非书信里所说的中心办公室,而是车间中部一个办公间漆黑、恶臭的角落。在那里,我必须忍受混杂着焊接、油漆和煤气的臭气,最欢乐的时刻莫过于被派出去寻找某位工人。而与工人闲逛一通再回到办公地点后,我经常要遭受一顿臭骂。这份苦差的唯一补偿在于其身份:办公室人员的着装。所有的秘书都会打扮得形同某某先生,无一例外戴着硬边帽。而我的帽子没有帽檐,因此为人所不齿。

也就是在这一时期,我平生第一次体会到乡愁。我不断地给家里写信诉说自己悲惨的遭遇，终于，母亲花了两天时间来探望我。一见到母亲，我就抱着她哭个不停，乞求她带我回家，可是被告知绝无可能。母亲走后，我的思乡病更加难以忍受，写商务信件时忍不住鼻头一酸，泪水打湿了信封。当时的主管威尔森是一位和蔼可亲、富有同情心的前辈，他对我颇为友好，见状就把信拿过去帮我补写上地址。

没过多久，内利被解聘，这足以证明那份工作远非十六岁少年力所能及的。失业使他得以返家，从此留下我一人独自应付生活。大约在爱丁堡劳作三个月之后，我被批准可以在新年期间探亲四天。然而，在家的四天我丝毫没有放松下来，思绪完全被返回爱丁堡要继续面对的苦难所控制。终于，七个月后，我得以永远告别那家工厂。因为羞于自己的半途而废，返家时的尴尬我至今记忆犹新。记得有个农夫对同伴聊起我们时说："尼尔家的小子像狗肉一样端不上台面。"这令我和内利面红耳赤。

为什么我会被遣送回家呢？我也不清楚。虽然可能存在其他的原因，但有一点毫无疑问，即父母厌烦了我那些透着绝望的家信。我曾经写信给父亲，向他说明在考恩公司得到升迁的机会极其渺茫，如果能回家刻苦学习，准备公务员考试，前途将明亮得多。有了爱丁堡地狱一般的经历，我才发现，整日坐在金斯穆尔教室的日子简直堪比天堂。而且我的确深信不疑，一旦有机会回去，自己将发奋读书。

就这样，我和内利再次坐下来备考。然而，正如历史不以人的意志为转移，噩梦重复上演：我们无法集中精力。一天晚上，失望透顶的父亲一边把教科书扔向我俩，一边气馁地对母亲说："玛丽，这两个孩子是废物。"

之后，药剂师约翰斯顿需要一名学徒，父亲又重振旗鼓，认为我应该从下周一去那里干活。可是星期一还没到，听说当地一家工厂——

安德森和斯特洛克布料商——发广告招募学徒工，父亲立刻改变初衷，决定让内利去做药剂学徒，让我去当布料商家的学徒工。于是，星期一的清晨，我俩"一二一"地走向福弗尔，开始各自的新工作。

　　每天上午我的职责包括：先从经营者那里取到店铺的钥匙，确保八点及时开门营业，接着与另一个学徒工清理店铺。我俩用水壶给地面均匀地撒一层水以避免扬尘，我还渐渐懂得了反向使用扫帚（逆着扫帚的毛刺）可以达到更佳的清扫效果。大多数时候，我的任务是传送包裹。一天，镇上有位上流阶层的女士买了价值一便士的别针并表示自己无力携带，为此我走了一英里。经验告诉我，绝不要奢望从富人那里得到小费，穷人反而常常会因为我帮忙送包裹而递上一便士或者两便士。坦白地说，我对自己从事零售工作深感羞耻，每当看到有自己尊重的人路过，我都会躲在玻璃窗后不易被看到的地方。

　　同一时期，我的绅士气派也开始体现在对女性的理想化认识上。换言之，我对平常的姑娘不屑一顾；我的眼光相当高，被我爱上的女子常常是我可望而不可及的，其家庭所处的社会阶层远远高于我的。福弗尔与世界上任何一个小镇一样有着自己的社会结构，各个阶层之间有着异常清晰的界限。如果一个姑娘就读于史密斯小姐的私立学校，那么毫无疑问她来自上流阶层。身处如此底层职位的我，日常生活自然与她们并无交集，于是，我在客户中寻觅自己的崇拜目标。所谓"目标"，意味着我仰慕的对象从不固定。今天或许是齐斯·克瑞克，明天也许换成基恩·格瑞。

　　这些单相思与性毫无关联，连性幻想都不曾发生。我从未想过亲吻她们，我只是满足于观看她们穿越街道。倘若我欣赏的女孩恰好朝我所在的方向瞥了一眼，我内心的喜悦就已满不可言。记得有时我会故意绕道罗尔大街，希望可以瞅一眼基恩·格瑞。有一天还真叫我碰见了，她戴着一顶宽边太阳帽迎面走来，看着她那俏皮的鼻子和清澈的眼睛，我觉得她美得无与伦比。我推测当时的自己一定兴奋得一脸惨白。

不得不承认，恰是童年因所谓的裸体遭受暴打，后来才导致这种理想化的想当然。不过，即便在这一时期，我也没有停止和乡下姑娘进行粗俗的探索。但她们如菊花一样，不曾发展成玫瑰。坦白说，菊花和玫瑰从未相遇，她们生活在各自的空间，或者说，分别存在于两个毫无交集的世界。

我一点也不喜欢自己参与的布料生意。每天我从早晨七点半一直站到晚上八点，收工后还要走两英里才能到家。由于穿着一双沉重的靴子，我的大脚趾关节开始发炎，并渐渐变得僵硬——这种情形持续至今。鉴于脚的状况急剧恶化，我被迫放弃了那份学徒工。这一次，我兴高采烈地对父亲发誓，一定勤奋准备公务员考试。可怜的内利没有借口逃脱药剂师学徒的差事，在将近四年的时间里，他每天来回奔走，终日牢骚满腹。

江山易改，秉性难移。不久，我的复习备考又一次搁浅。我依然无法集中精力，迫使父亲第三次对我大失所望，并坦言他不再对我抱有任何期待。那一刻，我感到前途渺茫，自己一无用处，生怕会活得像普通的农夫那样失败。说起来，我也有自己的人生抱负，其中之一是如威利一样成为神职人员。我幻想着自己在教堂的讲坛上做着精彩的演讲，面前座无虚席，虔诚的信徒挤满了厅堂。然而只有我知道布道的对象，那就是太阳帽下美轮美奂的基恩·格瑞，她的光彩攫取了年轻英俊的传道士的纯洁仰慕。苏格兰知名作家兼诗人维奥利特·雅各布[1]的《泰姆在教堂》是我的大爱，诗中深情地总结了苏格兰宗教信仰中一系列的性事件。简而言之，梦想并没有被现实扰乱——现实即唯有通过漫长且勤勉的学习才能获取神职。

我的父亲时不时忧郁地对母亲说："这孩子没什么出息。"

母亲鼓起勇气表态道："也许他可以当老师。"

"好吧，看来也别无其他选择。"父亲忧虑地附和，依然不苟言笑。

就这样，在父亲已经放弃我之后，母亲挺身而出。她大胆地指出，父亲比任何教师负责的班级都多，她说："真的，乔治，你需要一名实习教员。"我很清楚，父亲并不喜欢母亲的建议，但的确可以说是母亲促使他向校董事会秘书提及此事，然后非常及时地，我被任命为金斯穆尔学校的实习教师，一做就是四年。实习期间的事情已非常模糊，但我一定为父亲分担了工作压力，我记得自己用看图说话的方式教小男孩和小女孩阅读。也是在实习期间，我才发现学习的最佳途径竟然是教别人学。很快，我就能够轻松地串起差不多世界各地的城镇、海岬与河流，也极为熟悉秘鲁的出口业或中国的进口业。我认为自己的职业训练很成功，几乎是父亲的翻版，而他的确是一名优秀的教师——就擅长拓展学生的思维而非填鸭而言。表面上，父亲依然不喜欢我，而且他更像是把我当作学生而不是实习教师。所以，尽管父亲从未在学生面前斥责我，我内心里对他的畏惧却丝毫未减。

根据实习教师相关规定，实习两年结束时，实习教师可参加第一次考试——由督学实施的小测试；之后，在第四年的年末，有机会得到国王奖学金或者参加一次教育测试，以确定是否成为合格的学员。标准测试成绩排在前三分之一的人自动成为合格学员，能够前往格拉斯

---

1 维奥利特·雅各布（Violet Jacob, 1863—1946），苏格兰女作家、诗人。

哥或爱丁堡接受为期两年的专业培训；如若有足够的空缺，中间三分之一的人也有机会进入培训班；排名最后三分之一的学员则直接被淘汰。

我实习两年期满时参加的那次测试并不理想，记得测试报告上写着"该实习生的表现在许多方面存在缺陷"。父亲对这个结果的反应，似乎羞耻多于愤怒。

又过了两年，我以接近倒数第一的成绩排在后三分之一。我那时大约十九岁，至今还记得发榜之后的星期天，那个十九岁的自己坐在教堂里的长椅上，呆想着旁人会如何看待我这个劣等生。一旁的父亲毫无体贴之意，他碰碰我的胳膊，告诉我诺拉·斯图尔特就在唱诗班里，诺拉之前参加了同样的教育测试并直接晋级。

每次经历不幸时，克鲁尼都给予我极大的安慰。这次教育测试受挫之后，她送我一份长长的名单，罗列了有史以来在考试中失利的所有伟人。至于她自己，在学习上一向轻车熟路，没想到也在一年后的教育测试中失利。这些未能如期进入教育培训学院的人就成为"前实习教师"，如能通过另两项考核，就能够得到教师资格证书——又一套包含初级、二级或三级的进阶文凭，从而成为经权威认可但未经专业培训的教师，比那些教育学院科班出身的教师位低一等。若是以标准测试成绩排名后三分之一的背景，努力通过了资格认证考试，那么，这类教师的地位就犹如教育花园中最低等的虫子。这类教师没有升迁的机会，极有可能终生拿着微薄的助理级薪水。

时至今日，实习教师期间的印象于我几乎一片空白，只剩下早年照片中戴着高高硬领的、呆板的身影。回首过去，我可以体会当时的难处，即在活出自己的特有的角色之前不得不站在权威一边。当然，这是任何一个男孩假装成为男人的必经之路。

# 6 /

# 适应社交与文化

大约十七岁时，我的社交志向变为寻找大型商业实体。身为教师的孩子，我们的社会地位非常卑贱，福弗尔那些上层家庭完全不知道我们的存在。更进一步说，贫穷的我们无力参与娱乐社交活动或者发挥社会功能。我们意识到自己如同局外人。威利和内利对此并不在意，他们都非附庸风雅之徒，而且威利在大学里有他自己的社交圈。我与他们的不同之处在于我的眼光甚高。内利和我加入了一个自称"绘画艺术俱乐部"的小团体，内利的确有艺术天赋；而我，纯粹为了给自己一个踏足社交的机会。我很少自己画什么，多数时候会临摹查尔斯·丹纳·吉布森[1]的女人像，所以从来不曾自称艺术家，过去没有，后来也没有。我们用木炭在棕色的纸上写生，模特一般来自贫民窟。俱乐部里有位女士对我有些兴趣，她还有一个姐妹，两个人都非常友

---

1 查尔斯·丹纳·吉布森（Charles Dana Gibson, 1867—1944），美国插画大师。他笔下的"吉布森女孩"是后来许多艺术作品的素材。

善，曾经邀请我去她们的住所玩槌球、共进晚餐。我在社交礼仪方面一无所知，就餐时除了尴尬，了无乐趣可言。在我看来，餐桌上刀叉的数量着实异乎寻常。出于礼节，匆忙中我买了一本书送给主人，然而似乎适得其反，因为整本书几乎都在介绍如何写信给主教和王子。许多年之后，一场丰盛的晚宴再次令我紧张不已。首先是洗指钵，我以为碰一下这个器皿就得撒手，庆幸的是总算没喝那杯子里的水；另一个麻烦来自装在半月形盘子里的沙拉，我以为那是用来搭配面包的，于是吃了一些，等到发现它的真正用途，就憋红着脸一直端坐到宴席结束。

绘画室的行为方式完全超出我的经验，我几乎不曾留意当女士进门或出门时有人起立，也不知道在下午茶时，应该端着那放有一小块蛋糕的托盘而不是搁在膝盖上。不过，我逐渐汲取教训，学会了在女士弹奏完肖邦华尔兹之后喃喃地寒暄一句"谢谢"。

这些社交演练的背后有着不尽为人所知的小算盘：我迟早有一天会遇到自己心仪的姑娘。她的名字随着时间变迁而变化，然而其出身的阶层却毫无动摇。写到这里，我不禁开始反复念叨丁尼生家的莫德，她具有小镇上所有上层姑娘的优点，几乎就是美丽的化身。不幸的是，莫德家族没有人对阅读或者音乐感兴趣，所以，我从未得到机会结识他们。但我的确向可爱的基恩·格瑞做过自我介绍。说起来，那真是一个扫兴的开始，相互的接近竟然掠去了基恩原有的金色光环，从此，我不得不另寻一个真正可望不可及的目标。

纵观自己的一生，这段时期的我大概是令人厌弃的伪君子和骗子，其后果影响至今。在那个没有唱片、没有收音机的年代，我平生第一次听到了优秀的音乐作品。当时，聆听肖邦或者舒曼是件非常正经的事，但我也的确体会到了音乐本身带给我的愉悦。除此之外，我不记得其他的什么文化活动带给我更多的收益。当与人闲聊时提及课外阅读，我通常的对策是安坐倾听，以免在言辞间暴露自己的无知。有一次被问到最喜欢的作家，我记得自己回答的是"大仲马"[1]，在场的一位高年级同学立刻纠正："你说的是'杜马'。"[2]我的脸瞬间红到脖子根，默默在心里踢了自己几脚。我从未读过大仲马的只言片语。尽管如此，我终于慢慢地在家里养成了独特的文学品味。威利带回家许多诗歌——被我们称为现代诗选。他向我们介绍了弗朗西斯·汤普森的作品《神的爱》，使我领略到壮丽之美；以及梅雷迪斯在其作品《山谷之爱》中表现的奇特且令人难忘的韵律。

　　威利是一个多才多艺的天才，对我的人生发展影响极大。他的绘画个性鲜明又略显生硬，圣安德鲁斯大学的校园期刊曾多年采用他署名为"尼尔"的原创作品做封面。他会写纯正的三行诗、十四行诗，散文也写得很优美。但是，他无法从大量的阅读中汲取观点。威利对政治或科学都毫无兴趣，也无意与人讨论或争论问题。此外，他也缺乏幽默感。不管怎样，许多年里我一直暗自崇拜他，希望成为他那样的人。例如，如果他是牧师，那么我也想当牧师；如果他在圣安德鲁斯编辑校刊，那么我就想在爱丁堡编辑我的杂志；如果他用新式钢笔作画，我绘画也要使用同样的钢笔。威利纷杂的兴趣爱好中只有一样我无力效仿，那就是写诗。有生之年，我不曾写出一句诗。

　　十七岁时，我为成为钢琴演奏家而做的努力达到了顶点。家里其他的孩子都曾参加音乐方面的学习：威利学拉提琴，其他兄弟姐妹弹

---

1　亚历山大·仲马（Alexandre Dumas, 1802—1870），被称为"大仲马"，19 世纪法国浪漫主义作家，著有《基度山伯爵》。

2　尼尔将"大仲马"（Dumas）的音发成了"杜马"（Dumah），省略了末尾的"s"。

钢琴。其中，内利上了将近四年的钢琴课，最后也和其他人一样，随着课程的结束，再未亲近过钢琴。唯独我没有被送往任何音乐培训班，原因不得而知。不过时不时，我会打定主意自学。有一阵子，参考着买来或者借来的一本《赫米教程》，我会笨拙地自行练习单指短曲《每一个好男孩都值得善待》。到十七岁时，我刷新了自己的纪录，足足用了一周的时间确信在音乐方面，我的任何努力都将无济于事。之前，我总是肤浅地认为要是自己有专人教导就好了，然后逐渐了解，假如自己真有强大的音乐细胞，自然会排除万难认真学习。同时我也明白了：无论如何，我至多成为一名普普通通的音乐家。

在做实习教师的岁月里，我遇见一位使我在数学上开窍的良师：本·汤普森。他是学院的数学主任，后来成为院长。当时我去他那里寻求个人辅导，被他表现出的对数学单纯的喜爱所深深吸引。这使我也愿意搭乘一站地的火车前往他那里研习代数和几何难题。本是一位可靠的朋友，他免费教授我许多课程，并在多年后通过邮件继续耐心地为我解答学科疑难。他处理数学的方式别具一格，遗憾的是他不曾编写任何教材。我总是对他说应该写一本书，最后一次提议是在他突然去世之前的几天。在本任职期间，福弗尔学院毕业了许多出色的数学家。

如前所述，我并不是一个合格的阅读者。然而，在实习期间，我的确阅读了大量书籍，从附近的梅番图书馆借阅过不计其数的读物，当然绝大多数都是小说。其中，巴里[1]作品中稀奇古怪的情感令我着迷，对号入座地把自己当成他笔下多愁善感的汤米。我一次又一次地骑行

---

1 詹姆斯·马修·巴里（James Matthew Barrie，1860—1937），苏格兰小说家及剧作家，世界著名儿童文学作品《彼得·潘》的作者。巴里1882年毕业于爱丁堡大学，曾担任过记者；1895年移居伦敦，开始创作散文、小说及剧本。

到他书中的索朗姆斯（七英里之外的基里缪尔），然后坐在溪谷边，尝试着以书中主人公的方式与人交谈，效果勉强凑合。值得一提的是，基里缪尔位于前往梅谬斯的途中，而梅谬斯有一处叫作自由教会区的地方，恰好是克瑞格家族的居住地。克瑞格家的姑娘们野性，非传统，时常卖弄风骚但又不可企及。她们笑容可掬地与人保持一臂之距，虽不是好的爱慕对象却也不失为好的伙伴。其中最年长的伊丽莎白·克瑞格后来成为传说中的家庭主妇，她是全英国主妇公认的烹饪专家。自从实习期满之后，我就再未见过她。

根据威利的观点，世界上的姑娘无外乎两大类：一类需要向他人转介，另一类可供自己挑选。而且在他看来，后者显然更加有趣。每逢夏季，姑娘们两两作伴地在卡诺斯蒂海滩或者基里缪尔街道上游玩。若想从中区分出哪一对适宜自选哪一对适宜转介，当事人非得具备丰富的经验不可。举例而言，如果上前问候"晚上好"，对方只是报以傲慢鄙夷的一瞥，尽管深知有一类姑娘恰是以令人无望的策略激励我们的追求，但通常我们会自我判定英雄无用武之地。几乎无一例外地，成双结对的姑娘们总是一个长得相当漂亮而另一个相貌平常；而无论我和哪一位兄长同行，都会被想当然地认为应该去搭讪相貌平平者，这种先入为主的假设并没有考虑我的真实感受。有时，我会抢先一步上前与漂亮的那一位搭讪，代价则是骑车回家的路上与兄长激烈地争论所谓的运动员精神。友谊第一，比赛第二。

此类搭讪大多数不过是表浅的接触，比如一起坐在路边长椅上，在暮色的掩护下拥抱或亲吻。真实情况是，我们极少与自己挑选的姑娘成功约会。究其原因，也许是我们看上去又穷又土气，或者真正有吸引力的姑娘拥有许多慕名追求者而无需寻求浪子吧。住在距离城镇两英里之外的我们不认识几个姑娘，这些挑选经历既是异性交往的需要，也是性饥渴的集中体现。

大约也是在此时，我读了一本理查德·勒·高丽安写的伤感小书《名流女郎的诉求》，故事的主人公是妓女。我挑选的姑娘没有一个属于交际名流，甚至连一般的交际花都算不上。她们对爱并不认真，大多都害怕关系进展得太快。她们留给约会的时间大同小异，到一定程度就急不可耐地找借口，称已经到回家的时间，然后头也不回地跑远。我猜想，对方的本意大概也是寻找精品男子，没想到现实中的我们是那么令人失望。身为小伙子，我们对这些情场的失意轻描淡写，深夜骑车回家时依然自觉无比雄健和欢乐。明天，太阳照旧升起。明天，我们可以尝试与蒙特罗斯、阿布罗斯开始一段新的罗曼史。许多年后，当我和内利谈及这一段经历，我们一致认为最快乐的记忆是蹬着自行车缓缓爬上位于科塔奇的朱比利阿姆斯，满心期待着到坡顶之后可以俯瞰拜斯底谷。那时的我们还没有吸烟；尽管啤酒非常便宜——大概一瓶三便士，但不记得有闲钱品尝过；当时一瓶威士忌售价三先令，金缕丝香烟则是每盒（二十根）六便士。

这一时期，我的野心似乎荡然无存，整个人得过且过。所谓"未来"，于我形同虚设。为什么？或许是自己不敢想象那种毫无晋升希望的失败教师之未来吧。那时的白日梦也遗失在了岁月中。直到那时，宗教对我而言也只是虚空的身外事，前往教堂的唯一目的就是看姑娘。那时，我也在唱诗班待过，对音乐足够敏感，任何曲调都唱得准。但非常可惜，我的声音虚弱乏力，所以从未转为固定成员。我很喜欢每周一次的合唱排练，总是精神饱满地演唱低音的部分，可是总怯怯地慢十分之一拍。换言之，我总是担心：在完整的颂歌演唱中，自己进入的节点有误。优秀的管弦乐演奏师知道我的情况之后表示，这是不可救药的梦魇。

# 7 /

# 年轻的乡村教师

教学实习结束后，我四处投简历，最终被爱丁堡附近的邦尼里格学校聘用，年薪五十英镑。该校的校长麦金利是个老姑娘，长相酷似鹰，信奉严格的管教。之前，我在父亲的学校闲散惯了，初到该校看到这里禁止孩子在课堂上交谈，猛然间备受打击。我被要求鞭打违反课堂纪律的学生，即便那个孩子只是低声耳语。由于的确怕极了那个老女人，我当真照办了。在这所学校坚持了两个月后，我得到一个更好的机会，前往法夫郡的金斯科特尔执教，薪酬一年六十英镑。

如果说有什么区别的话，那么，金斯科特尔学校的纪律比邦尼里格更残酷。后续的三年里，我被迫成为全校最严厉的教员。我的办公室与校长考尔德的房间被一扇玻璃隔挡分开，任何风吹草动都逃不过他锋利的视线。就这样，整整三年，我惴惴不安地工作。考尔德从不放松戒备：他与我保持一定距离，无论我怎样试图触及他人性的一面，都会被他顽石一样的目光击退。不过，奇怪的是，我觉得他喜欢我。同样奇怪的是，虽然心存惧怕，但我也喜欢他。考尔德的教学方式令我大开眼界。例如，在课堂上测试数学，他会先慢条斯里地在黑板上演算每一道题目，然后孩子们在自己的作业本上解决同样的问题。在这种模式下，除了那些极其愚笨的孩子，多数人都会交上正确的答案；答错的孩子自有上帝教会他们——领受校长硬皮带的使劲抽打。充满讽刺意味的是，学校据此保持最佳的考试记录，所以皇家督学给予了考尔德校长优秀的评价。

金斯科特尔在我的记忆中始终像一场噩梦。当然，三年中一定也有愉快的时光，但大部分记忆都围绕着同一种情绪：害怕。例如，害怕早上迟到，害怕考尔德监考我的班级，害怕撞见他用皮带抽打那些不会学习的可怜虫。毫无疑问，假如我是他的学生，必定每天挨打。相比之下，我的父亲简直仁慈得多。的确，父亲也经常体罚学生，并且有时打得很用力，但他的学校存在一定程度的自由，学生们可以自由地笑、聊天，可以在课桌上刻自己的姓名。在金斯穆尔，我们从未被要求像士兵一样列队出入。

金斯科特尔学校对于我，无疑是一个奇异新世界。当考尔德校长屡次三番地戏虐一名学生时，全校绝对听不到笑声，所有学生的举止都如同军队的士兵，包括我在内的每个人都表现得极其虚伪、残忍、可怕。可以说，考尔德校长是我平生接触的第一位真正的军事化教育者。此前我只是听说福弗尔有那么一类臭名昭著的男人，他们的共同特点是身材矮小。可笑的是，考尔德校长惯于用铜版体极其缓慢地书写。而且即便是铅笔便条，他的笔迹也无可挑剔。事实上，这所学校的每一名学生也都书写工整。

我接手考尔德所带的高年级绘画课时，他常常站在讲桌前让学生签到，整个教室一片死寂。当他走出教室回到办公室后，学生们立刻乱作一团，而我则面对混乱束手无策。但我从未在事后向校长举报带头闹事的学生。我以花朵、树叶为基本要素试着讲解设计，结果有些学生画出了非常优美对称的壁纸图案，这些设计差不多就是该校硕果仅存的原创活动。此外，即便是一篇散文，也必须先由考尔德先生写在黑板上，然后勒令全班学生逐字逐句地照抄下来。

考尔德的身体算不上健康，脖子后面的疖子令他疼痛无比，因此很少可以持续工作数周。在他病休期间，我就代为接管全校事务。坦白讲，我很享受类似时刻，尽管让一切有效运转并非易事。并不是说要为此竭尽全力，我很清楚，只要考尔德返回工作岗位，他的军事化纪律体系会在瞬间不费吹灰之力地控制每一个淘气包。

我寄宿的农家小屋每周需花费十四先令，农夫的妻子陶德夫人提供的服务远超所值。首先是美食——至今我还能想起她做的奶酪，醇厚得必须用茶勺才能挖出来。陶德夫妇有两个儿子、一个女儿，全都视我如同家人。男孩中年长的威尔在外出海，实际上，他是个失业的船上工程师。我称呼他"哲学家"，他给任何人或事都赋予成规。威尔坚信，倘若谈话没有达成"明智"的结论，那么就是一通毫无价值的闲聊，这使我对他刮目相看，深以为他是智者。每当听他谈论起航海中的见闻，以及在外国港口犯下的过失时，我都感觉自己是一个十足的不懂世故者。现在回想起来，我当然倾向于认为当年的他只是夸大其词罢了。

威尔的嗓音低沉浑厚，他的妹妹艾姬也有一副好嗓子。我特别喜欢听兄妹俩合作演绎的那首《冲出黑暗》，通常是威尔唱，艾姬钢琴伴奏。不幸的是，威尔小时候曾从一辆飞驰的火车上跌落，心脏受到影响，所以每次刚唱完第一段，剧烈的咳嗽就会使他不得不停下来。威尔比较早就去世了，同样早逝的还有他的弟弟华尔德。如果说威尔像是那种见过世面的人，华尔德则单纯得多。我喜欢华尔德，他常常试着用一种低沉的破锣嗓音演唱,然后唱着唱着就停下来一通大笑。少年华尔德可亲又可爱。在我离开科特尔后不久,听说了他离世的消息,禁不住满心哀伤。

沃蒂当时是童子军,他说服我也加入。每周一次的活动非常有趣。我们穿着卡其色制服,坐着四人轻便马车前往几英里之外的一个指挥部,或是去福克兰群岛的靶场。多数情况下,乔迪·亨德森做我们的车夫,他是当地一家旅馆的老板,极具个性。我们总是笑话他竭力模仿知识阶层讲话的样子。例如,科特尔农场发生火灾时,承担消防队队长责任的他,为了招呼童子军们前往现场抽水救火,喊话的方式竟然是:"快,绅士们,快步走,去响应呼救。"

第一次去靶场,我兴奋不已。平生第一次打靶的我,趴在距离目标一百码之外的地方瞄准,竟然打中了四次靶心!负责现场的军官见状异常激动。"终于,"他大喊着,"我总算遇到一名神枪手。走,到后面五百码的地方射击去。" 傲气十足的我,起身走到五百码处立定,举着枪托,瞄准了许久,但并没有击中目标,后续几发子弹也无一例外打飞了,直到失望的上尉恼羞成怒地制止,说不能再平白浪费弹药。

野餐是童子军常见的活动,八月份开始,我们每两周进行一次露营。然后,我们经历了一场磨炼意志的拉练,晚上回到营地时,感觉身体像散了架。对于我们来说,露营更像是社交活动,领队是一个爱开玩笑的家伙,并没有严肃对待我们的军事练习。我所在的营里有一些比较独立的法夫郡人拒绝向军官敬礼。记得有一次,我看到陆军上尉拉尔夫·安斯特拉瑟当众拦住一个矿工,质问对方不敬礼的原因。他严厉地说:"难道你看不出来我是一名军官吗?" 对方耸耸肩回敬道:"我不是不知道你是谁。" 矿工接着说:"我这辈子从不向任何人敬礼。"说完，矿工跺着步子扬长而去，留下气馁的上尉气急败坏地站在原地。不过，上尉在晚饭后增加了一场特殊的敬礼训练，希望从中得到心理补偿，而我们，原本应在同一时间去卡娜斯蒂大街上与姑娘们闲逛，这下不得不来来回回迈着方步，向着路灯苦练敬礼、礼毕。

由于热切地渴望当兵，我搞到一本《步兵训练手册》——布尔战争之后刊印的新版本——并认真研读。后来我顺利通过测试，但由于我来自科特尔但注册于兵团，所以始终没有得到上士军衔。值得欣慰的是，在童子军期间，我赢得了一枚奖章——射击奖章，简直令人难以置信！获奖时颁奖人问我想要什么，我选择了两本书：一本是《直线与三角》，另一本是三角法教材。递书给我的是上尉的妹妹，记得她扬了扬眉毛兴奋地说："啊，是名学生！"那神态令我自豪不已。当然，那两本书从未开卷，只有天晓得我挑选它们的理由。

另一个深刻的记忆，当数爱德华七世在爱丁堡的女王公园检阅四千名童子军的盛况。多么难忘的一天！我们在凌晨两点钟离开科特尔，一路向公园挺进，然后在那里站了大约四小时。当队伍走过国王的看台时，只听到他说了句："棒极了的好兵！"我们自豪不已，直到后来得知走在前面的纵队也得到一模一样的评价。至今，我能够回忆起来的关于爱德华七世的所有印象，除了他蜡黄的面庞，就是写满一脸的不快乐。

在科特尔逗留期间，我再次萌生了从事神职的志向。激励这一愿望的是当地的牧师，尊敬的埃涅阿斯·岗恩·戈登。他是一位高挑身材、笔挺、相貌堂堂的加拿大人，留着厚厚的胡子，鼻子神似鹰喙。听说我的心愿之后，他当即回答："你需要神的引导。每天早晨八点准时到牧师宿舍，我来教导你。"就这样，我加入了他的团体。

戈登熟读荷马的作品，潜心钻研，并且以他的方式进行讲解。很快我就能自己阅读《奥德赛》[1]的前两本和《希罗多德》[2]的一部分。有时候他饮酒过度，这仅有的瑕疵也不曾影响到我的志向。现在我还能回想起来：一天清晨，他照旧正确无误地引述《荷马史诗》中的原句，而手中的原著因醉酒而被拿反了。他的阅读面虽然很广，消化吸收的能力似乎并不强，相应的谈吐就更少了。因此，尽管他在仁慈与善行方面无拘无束，布道时却呆板无趣，对话内容也多是老生常谈。但毋庸置疑，在他的带领下，我对文学有了一定的兴趣。有一段时期，他总是大声朗读《失乐园》中的篇章，由此，我对弥尔顿的风琴音乐渐生欢喜。戈登还指导我阅读了但丁[3]、塔索[4]的诗歌，以及麦考莱[5]的作品，我被后者深深吸引，平生第一次对文学风格有了自己的体会。当时，我正在与一位格拉斯哥姑娘恋爱，在频繁的通信中渲染着自己的写作风格。回想起来，那些书信段落中华丽的措辞恐怕超出了她的

1 《奥德赛》（*Odyssey*），又译《奥狄赛》《奥德修记》或《奥德赛飘流记》，是古希腊最重要的两部史诗之一（另一部是《伊利亚特》）。《奥德赛》延续了《伊利亚特》的故事情节，据传由盲诗人荷马所作。一般认为，《奥德赛》创作于公元前 8 世纪末的爱奥尼亚，即今希腊安纳托利亚的沿海地区。《奥德赛》主要讲述了希腊英雄奥德修斯（罗马神话中称为"尤利西斯"）在特洛伊陷落后返乡的故事。十年特洛依战争结束后，奥德修斯又漂泊了十年，才回到了故乡伊萨卡。人们认为他已经死去，而他的妻子珀涅罗珀和儿子忒勒玛科斯正面对一群放肆的求婚者，这些人相互竞争，以求与珀涅罗珀成婚。

2 《希罗多德》，由希罗多德编撰的《历史》，又称《希腊波斯战争史》，古希腊史书，成书约在公元前 5 世纪下半期。原书用伊奥尼亚方言书写，内容包括古希腊城邦、波斯帝国阿契美尼德王朝、近东、中东等地的历史文化与风土人情。本书还叙述了著名的希波战争，是西方历史学中首部较为完备的历史著作。

3 但丁·阿利吉耶里（Dante Alighieri, 1265—1321），全名杜兰提·第·阿利吉耶罗·戴尔·阿利吉耶里，著名的意大利中世纪诗人。他是现代意大利语的奠基者，也是欧洲文艺复兴时代的开拓人物，著有《神曲》。

4 托尔夸托·塔索（Torquato Tasso, 1544—1595），意大利 16 世纪诗人。他的作品有《里纳尔多》（1563）、《阿敏塔》（1573）、《被解放的耶路撒冷》（1581）等，对欧洲文学产生了重要的影响。

5 麦考莱（Thomas Macaulay, 1800—1859），英国著名历史学家、政治家，著有《英国史》。

意料。如今，论及我的表达风格，除了极个别例外，总体而言非常简单：重点在于陈述的内容，而非陈述的形式。

戈登结婚时，我做他的伴郎。根据婚礼的安排，我需要穿上父亲的长礼服、斜纹裤子，这些衣装挺适合当时的我。然而我一大早准备赶火车时——当时正在金斯穆尔度假——发现找不到黑皮鞋了。我留意着嘀嘀嗒嗒行走的钟表，徒劳无果地东找西找，不知道鞋子被姐姐阿达送去修理了。只有另一双黄色的靴子，颜色艳丽如蒲公英花。然而别无选择，我就穿着长礼服，戴着高高的礼帽，搭配着那双可怕的靴子出了门。在邓迪换乘时，走在站台上，迎面遇上从其他火车上下来的纽波特的家伙，他们盯着我并且乐不可支的样子至今清晰可辨。登上南下的列车之后，我竭力把双脚藏在座椅下。

伴郎的职责带给我诸多困扰。我知道主要任务是给教堂附近的孩子们分发糖果和钱币，只是我兜里仅有九便士。婚礼结束时，按常规，由伴郎为苏格兰庆典仪式致辞。因为囊中羞涩，我不得已从一开始就省略了抛掷钱币的环节。基于同样的理由，第二天清晨我也没有补发。新娘为此大为恼火，对我的解释也不屑一顾。自那以后，她再未正眼瞧过我。考虑到自己的确认真对待了那场婚礼，她的这种态度颇令我忿忿然。如今回想起来，她之所以不喜欢我，可能因为戈登对我喜爱有加。十三年之后，我骑着摩托车登门拜访过他们一次，她的态度相当冷漠。我猜想，戈登在婚礼之后的漫长岁月中一定滴酒未沾。

我大概是在金斯科特尔初次用托德的枪去射杀野兔和小嘴乌鸦。1903 年，一个周六的早上，我打下来几只小嘴乌鸦。当天夜里，路过那片田野时，我听到一声微弱的鸟叫。循声找去，我看见地上一只可怜的小嘴乌鸦奄奄一息，内脏已暴露体外。我几乎是忍着恶心，伸出脚碾死了它。那天以后，我再没有射杀过任何鸟类或者小动物。

我始终未能真正了解金斯科特尔一带的人们。东法夫郡有一种令人费解的民俗，且世代相传，难以打破：不允许任何人介入私人生活。我现在定居的东沙福郡也有类似的情况。相比之下，格拉斯哥的居民比爱丁堡东部的人友善许多。然而，我一直不明白为什么东部和西部存在这种差异。也许，西部的和风煦雨不过是虚情假意或无稽之谈，但给人的感觉的确更为舒服。在金斯科特尔，我常常感觉自己是局外人。当地可谓音乐之乡，既然我是一名歌手，理应备受欢迎。可实际上，对于我仅有的背诵才华，当地人也丝毫没有放在心上。

说起唱诗间隔中的朗诵，那真是既痛苦又滑稽。流行这一做法时，我大概已经十八岁。那个时代应邀参加常见的娱乐活动时，惯例是每个人都参与其中，有所贡献。例如，有的人唱，有的人弹奏钢琴，还有一个人负责纸牌魔术。我常常是在演唱之间朗诵的那位。一开始，朗诵的是美国的诗集《哦，天哪！》，不多久，我越发有信心，逐渐开始尝试更艰深的书。演说类的图书一般都含有便于朗诵的摘要，如《鲁宾斯坦的戏剧》。这本书的作者据说是住在边远地区的牛仔。回想起来，它的有趣之处在于讲述了一位业余艺术家对自己戏剧才能的幻想。有天晚上的经历我至今想来仍觉羞愧，当时就如同鲁宾斯坦附体，我扯散了自己的头发，上下挥舞着双手假装在弹奏钢琴。毫无疑问，观众是一群粗人，从未听说过鲁宾斯坦，也几乎没有听说过钢琴戏剧，所以很自然地，现场的他们一脸茫然。由于憋着一股子亲近戏剧的心劲儿，我的确也体验到些许成就感。例如，在某杂志里有一则"羊的展示"，演说的背景是一只害羞的小羊在它的婚礼上得到同伴赠予的礼物。表演时，我假装小羊喝醉了，借机在朗诵中加入了炫目的表现，大获成功。

金斯科特尔也是我涉足政治的起点，当时的房东托德是保守党党员，他的政见对手是阿斯奎斯，后者的选区包括东法夫郡。托德曾给我读过《苏格兰人》上刊载的鲍尔弗的演讲，听得我热血沸腾，很想加入他所在的保守党。因此，当阿斯奎斯游说时，其傲慢和乏味显得更加突兀，我顺理成章地加入了反对者行列。大选那天，我特意在衣领上别了条蓝色的丝带，这一举动令保守党的另一追随者戈登大受鼓舞。

这段时期，我也经常去剧院。我生平看的第一场戏剧是在爱丁堡皇家剧院上演的《一夜狂欢》，当时我十二周岁。此前我从未亲历如此生动绚丽的视觉盛宴，所以那个晚上于我无异于天降福祉。舞台上的女主角美得惊人，超出了我印象中的所有异性。具体情节已一片模糊，我隐约记得那可爱的姑娘受到一些折磨，不过最后的结局很圆满。

第二次看剧，恰逢内利在爱丁堡学医。记得当天开演前，我俩在艺术馆的过道里排队等候，两个小时后，在一片拥挤中抢到一个前排的位子，坐着又等了半个小时——十九岁的我像小男孩一样坐立不安——终于看到了出演过《铃铛》和《滑铁卢》的著名演员亨利·欧文。当天的表演中，台下的我一直兴奋地合不拢嘴。时隔多年，今天的我再审视欧文时，却认为他是世界上最逊色的演员之一。趾高气扬的他举止夸张，过度渲染的不仅是《铃铛》中马塞厄斯的多情，还有《滑铁卢》中老糊涂的感伤。当然，也许我不该因剧中人物的缺陷而批判演员。可以说，在20世纪初，我的人生字典里还没有出现"批评"二字。换言之，生活尚未玷污我孩子气的憧憬。

当教学薪水达到年薪七十五英镑之后，我申请了纽波特学校的一个年薪一百英镑的工作。之后有一天下午，大约四点，两个陌生人来到金斯科特尔学校，邀请我出去喝杯茶。其中一位是纽波特学校的校长 H. M. 威尔舍。会谈以我被录用而结束，转身我就打包了自己简单的行李，踏上了新的征程。威尔舍先生与考尔德可谓天壤之别，他的管理很随和——不介意学生讲话——所以进入纽波特的第一天我就爱上了这所学校。在这所位于邓迪南部郊区的学校，我待了两年，也可以说度过了当时可能最为快乐的两年。

从泰布里奇或者泰费里斯都可以抵达纽波特。纽波特适宜居住，底层劳动者多从事着市郊的日常工作——零售商、道路清洁工等，因而学生来自各个社会阶层。上流阶层的家长会把男孩子送往公立学校，而把女孩子送去私立学校。我所在的学校里，学生多来自较低阶层或工人阶层的家庭。

对于我而言，纽波特使我有机会实现自己的绅士梦。从前在福弗尔以及其他任何地方，我的阶层身份被束缚着；可是在纽波特，我看到的情形是，威尔舍、其他教员都与优雅的市民友好相处，而我虽然是没有大学学位的前实习教师，也同样有希望处于良好的阶层。实际上，当时的我已经通过了最后的教学测试并拥有了代理教师资格证。这也就很好理解为什么当时我可以赚取一百英镑的年薪。

不管怎样，我决定抓住一切机会读大学。在金斯科特尔工作时，我曾发愤图强，某天一大早骑着自行车前往圣安德鲁斯大学参加预备测验的第一阶段考试——共有英语、数学两门课。尽管之前本·汤姆森在通信中对我有所指导，这次数学我依然答得一塌糊涂，第一卷的难度就已远远超出我当时的水平。我沮丧地走出考场，边走边想着要不要放弃整场考试，即放弃下午进行的第二卷。午餐时我偶然遇到一位讲师，也是威利的老朋友，就把自己上午的考试失利告诉了他。他听完之后热情地拍了拍我的背，说："你现在需要一杯白兰地苏打水。"

然后拉着我走到小酒店。在此之前，我从未品尝过白兰地，当时感觉味道很好，喝完又要了一杯。下午走进考场时，虽没有一路欢歌，也是满心欢喜。关于第二卷的考题，我已经毫无印象，但两门课的初试得以通过。就这样，抵达纽波特时，我还有一个身份——大学半预备生。为了准备第二阶段的考试，我开始学习拉丁语和物理。

在纽波特，我遇见的第一件事是恋爱。我发现自己疯狂地爱上了一名学生，她叫玛格丽特，当时十六岁，而我二十四岁。她的嗓音质地甜美，令我痴迷。在我眼中，她就是可爱的化身，有着长长的睫毛、藏在睫毛下方的是靓丽的双眸。我发现自己无力直视她看我的目光。如果她没有到校，那一天会变得黯淡无光、冗长且难熬；而她在校的每一天，时间都消逝如飞。多年以后，我当面说起从前的她对我的意义，她显得非常惊讶。可是，对人的动机和行为有了更多了解之后，现在的我认为她在当时一定有所觉察，而且毫无疑问，对于那些战栗于她惊鸿一瞥的羞怯和青涩的年轻人，她善于利用自己妩媚的双眼折磨他们。她的美丽对于当时的我不可触摸，却是梦幻般的寄托。所以，我当然止于礼而并未更进一步，向她求爱的重要性也远远不及对她的默默迷恋。

玛格丽特在我心里历久弥新，这大概是这段暗恋最为显著的后果。随着时间的推移，其他姑娘大都淡出我的记忆，唯独玛格丽特持续多年出现在我梦中。我深知，其他男人的"梦中的玛格丽特"不断以梦的形式回归他们的生活，也懂得女人拥有她们各自的"玛格丽特先生"。但是关于这一点，我始终感到迷惑。在很长一段时间里，我任由多位专家对此做过心理分析，但玛格丽特现象令他们困惑无解。根据他们的猜想，大概是她给我的第一印象使我联想到自己的母亲，不过她更加年轻，更有吸引力。接着他们又推测，她很可能替代了克鲁尼在我心中的空缺。所有这些解释听上去都无关痛痒，而我自己有一种强烈的感受：玛格丽特与众不同之处恰恰是她本身的魅力。显而易见，她并不崇拜我，可是，在我告别纽波特学校的前一天傍晚，她突然伸出手臂环绕着我的脖子，说了句："尼尔先生，您很可爱。"你看，这是多么要人命的姑娘！换作其他人，这种言谈很可能引起尴尬，可是由她讲出来，反而令我比以往任何时候更加对她心生向往。

之后许多年间，我都没有听到关于玛格丽特的任何消息。最近，听说七十岁的她失去伴侣，我给她写了封信，并亲自登门探访。再见时，昔日闪耀的眼眸已黯淡下来，长长的眼睫毛也不复存在。自那以后，我经常写信或者打电话给她。我能感受到她一个人生活的孤独，据说她之前轻微跌倒过，不久又重重地摔了一次，所以忍受着跛足的苦痛。终其一生，她一直处于中产阶层不太丰沃的群体中，与新锐思想毫不搭界。她听到我说一些粗话时吃惊的样子引起我一阵大笑。随着时间的推移，年老的玛格丽特也开始有所变化，用她的话来说，就是"你为我打开了一个新的世界"。尽管她极为坚守自己的习惯而难以吸收新观念，但的确是个和蔼的老太太。一个星期天的晚上，我打电话给她，电话没有接通。不久，邻居们发现她已经昏迷。

可怜的玛格丽特。我们一致认为，假如我俩早年组成家庭的话必定是一场错误，而且对于她是否能够接受在苏格兰郊外超越自身传统的生活方式，我也深表怀疑。可是，这一切的猜想又有何补益？她是我年轻时的梦中人。年轻人的梦幻无外乎他认为如果一个姑娘很美，那么她最好也具有同样的美德。感谢上帝，我的玛格丽特才貌双全。她天性真诚，善解人意，厌恶冒犯他人。

对玛格丽特的痴迷丝毫没有妨碍我追求其他姑娘的兴致，不知不觉间，通过接触勒恩家族，我获得了一种令人满意的社交生活。约翰·勒恩爵士是邓迪最大一家报业的创办人，他的妻子勒恩夫人是那种友善的老年女士，他们养育了多个孩子，其中一个小男孩的家庭教师恰好是我。自从受邀参加了他们组织的一次舞会，我的一个梦寐以求的愿望油然而生——进入上流社会。

唉，对于我这样一个从未学过跳舞、没有一件晚礼服的年轻人，这谈何容易！凭着一百英镑的年薪，我不可能负担得起优秀的裁缝。于是我回到金斯穆尔，问那里的裁缝能否为我做一套晚礼服。他含糊着挠了挠后脑勺，表示如果能在《裁缝》杂志上找到相关说明的话也许可以试试。最后，我通过邮局得到了礼服的成品，而且愚蠢至极地没有试穿。当我踏入舞池开始人生第一支舞时，才发现两个裤腿大概需要剪掉至少两英寸。

我的私人裁缝推荐的这款礼服用料极为厚重，导致此后许多年间我在舞池里挥洒的汗水大大超过所必需的，大多数汗水都源自华尔兹。一般而言，体态略胖的男子会随身携带三条可替换的领子。据我猜测，轻快八人舞的旋转会把其中一条转成湿漉漉的软布，而华尔兹和四人组舞能消耗掉另外两条。

当然，在解决道具之前，我必须学习跳舞。邓迪有位年轻教师，他给我上了三节华尔兹的课——"一、二、三，转圈，四、五、六"。这些步法我很轻松就掌握了。同样，我快速地学会了错综复杂的轻快八人舞和四人组舞，并且胜任了四人组舞的首席位置。

依照那个时代的风尚，舞池里的姑娘们都手持自己喜欢的曲目站列开来，穿梭其中的男子犹如在市场上选购牛羊的农夫。有时，伴着华尔兹的乐曲，某个曾经快被玛丽扭断胳膊的小伙子不得不假装没有看到迎面站着的玛丽，而是扭过头望向另一边毫无节奏感的简。然而，这些小伎俩有时也会失算。最抢手的姑娘常常会提前预定她们喜欢的曲目。某个通宵舞会上，深受服装困扰的我选择舞伴时，目标仅仅锁定在相貌平平的壁花小姐身上。这在当时几乎是我前所未有、最具英雄气概的举动，如今，我对自己当时的动机颇为好奇。

这一时期的生活不仅使我体会到了社交的乐趣，而且增进了我对文化的理解。校长哈里·威尔舍成为我的音乐导师。由于与生俱来的音乐天赋，威尔舍先生还担纲当地报纸《邓迪》的音乐评论人。有天傍晚，听说我格外喜欢埃尔加[1]的名曲《爱的礼赞》，他坐下开始弹奏。弹完之后，他一言不发地又弹一遍。接着，他问："需要我再弹一次吗？"我回答说不需要。他听后笑着说："尼尔，这就是我今天想教给你的：优秀的音乐作品可以被反复聆听，而低劣的的音乐哪怕只重复一次也会激起人们强烈的反感。"这番话给我留下深刻的印象，以致如今，如果我不得不连续聆听十次自己钟爱的曲目——比如《玫瑰骑士》[2]中的三重唱——我会有想把歌手毙掉的冲动。

也是在这一时期，我初次接触话剧和歌剧。说起来，那些剧目并非一流，但对于非一流的音乐爱好者而言，也算是上乘作品：《浮士德》《唐怀瑟》《卡门》。得益于某些人的组织天赋，我只需花费一先令就能欣赏星期六的音乐会，在那里慢慢熟悉了帕赫曼[3]、帕德雷夫

---

1　爱德华·威廉·埃尔加（Edward William Elgar，1857—1934），英国作曲家，代表作包括《谜语变奏曲》。日本动画《我们这一家》的结尾曲便是以其作品《威仪堂堂进行曲》改编。

2　《玫瑰骑士》（*Der Rosenkavalier*），理查·斯特劳斯的歌剧，共分三幕，时长将近 4 小时，于 1911 年 1 月 26 日在德国德雷斯顿市首演。故事叙述十九岁的单身伯爵与三十二岁的元帅夫人发生外遇，伯爵又阴错阳差地担任了夫人表亲的"玫瑰骑士"，向一位富家女提亲并爱上她的故事。

3　弗拉基米尔·德·帕赫曼（Vladimir De Pachmann，1848—1933），俄罗斯钢琴家，以演奏肖邦作品而著称。他还以在表演时讲笑话和故事闻名。

斯基 [1]、西洛蒂 [2]、埃尔曼 [3]，以及同为苏格兰人的拉蒙德 [4]。坦白说，相比他们的演奏，他们的名字留给我的印象更深些。而且几乎可以确切地说，如果现在有人请出他们中的任何三位分别弹奏一曲肖邦的波兰圆舞曲，隔着不透明的屏风，我根本区分不出究竟是谁弹奏了哪一曲。这种说法或许有些夸张。我大概可以断定华尔兹的弹奏者是帕赫曼，依据仅仅是除了华尔兹，他没有演奏过任何其他风格的作品。在管弦乐方面，我也同样无知，而且至今保有一个疑问：不同的指挥家之间存在的差异是否真的与其中一位缺少音乐教育有关呢？因为，即使是一名非音乐人士，对于自己心爱的曲目也能够区分出表演的优劣。例如，我很喜欢《叶甫盖尼·奥涅金》[5] 中的一段波兰舞曲，虽然只听过一两遍，但因为钟爱，劣质的演奏完全糊弄不了我的耳朵。

邓迪当时有一家剧院，我每周会陪同探访我的朋友去那里，久而久之，也很享受戏迷的新角色。音乐剧兴起于伦敦，借着巡演的机会，我们欣赏由红极一时的马丁·哈维主演的剧目《必由之路》《特姆雷塞的养育》《哈姆雷特》。其中，《哈姆雷特》演了一星期，随后是约翰斯顿·福布斯·罗伯逊爵士的天下。这两种艺术都让我眼界大开，

---

1　伊格纳西·扬·帕德雷夫斯基（Ignacy Jan Paderewski, 1860—1941），19 世纪末 20 世纪初杰出的世界级钢琴大师，1919 年曾出任波兰总理，并兼任外交部长。

2　亚历山大·西洛蒂（Alexander Siloti, 1863—1945），俄罗斯钢琴巨匠。

3　米沙·埃尔曼（Mischa Elman, 1891—1967），犹太血统的俄裔美国小提琴家，俄罗斯学派中极具代表性的人物。

4　弗雷德里克·拉蒙德（Frederic Lamond,1868—1948），苏格兰钢琴演奏家。

5　《叶甫盖尼·奥涅金》，俄国作曲家柴科夫斯基谱曲的三幕歌剧。俄语剧本由作曲家和康斯坦丁·西罗夫斯基基于俄国著名诗人亚历山大·普希金 1830 年发表的同名长篇诗体小说改编而成。该剧 1879 年在尼古莱·鲁宾斯坦指挥下首演于莫斯科小剧院，是抒情歌剧的典型作品。

假如现在的我认为《必由之路》看上去比《哈姆雷特》更胜一筹，是否可以推知从前的自己具有更恰切的文化修养呢？

也是在这一时期，我对自己有一个觉察：无论是观看表演还是聆听演奏，或者其他的活动，我都不喜欢独自行动。直到今天，当我在广播里听到某个优美的音乐会或者歌剧时，这种渴望与人交流分享的特性依然如故。在邓迪，有时候我会带克鲁尼一起欣赏我喜欢的演出。她对剧院的懵懂无知和我不相上下，但显然略胜一筹，所以当观看《必由之路》第一幕而碰巧幕布跌落时，我会恰到好处地发笑，而她——守着在乡村学校看过的本地演出的记忆——做出以下评论："马丁·哈维会亲自帮忙升起幕布，是不是？"

当时的纽波特一派繁荣，而邓迪更像是它脏乱差的翻版。然而，对贫富差距毫无感觉的我，竟然没有意识到当时社会的等级悬殊。实事求是地说，我潜在的反抗倾向并没有显出任何征兆。当温斯顿·丘吉尔[1]以自由党人的身份来邓迪竞选时，我正欢天喜地散发保守党的传单，上面写着："'没有马桶的厕所'（丘吉尔名字缩写）有什么用呢？"后来在一个公开的聚会中，受一个名叫埃拉·罗伯逊的姑娘的蛊惑，我还公然朝年轻的丘吉尔扔了杂物。

二哥内利当时即将取得行医执照，他在邓迪接手一些产科的病例，难免深更半夜出诊，有时我会陪他一起走过大街小巷。我跟着他走进更像是杂物间的民宅，看到精疲力竭的产妇躺在爬满虱虫的床上，有

---

1 温斯顿·丘吉尔（Winston Churchill, 1874—1965），英国政治家、演说家、军事家和作家，曾于1940年至1945年出任英国首相，任期内领导英国在第二次世界大战中联合美国等国家对抗德国，取得了最终胜利，并自1951年至1955年再度出任英国首相。丘吉尔被认为是20世纪最重要的政治领袖之一，对英国乃至于世界均影响深远。此外，他在文学上也有很高的成就，于1953年获诺贝尔文学奖。

一些产妇会在睡满小孩子的房间里产下新生儿。按理说，这些亲身经历的场景本该激发起我对社会弊端的反省，但实际上完全没有。现在推想起来，那时的我一定是情感、智慧都休眠了吧。

纽波特是少数我渴望回访的地方之一。在那里，我获得了前所未有的宁静，教学能力也得到了发展，尤为重要的是在工作中没有恐惧。在我内心深处，哈里·威尔舍占据着温柔一席，他更像是一个人生旅伴而非上司。

正如前面所提到的，我在纽波特接触到上流阶层。在此期间，我在举手投足处效仿绅士，比照着上流阶层公认的"礼貌得体"在各种细枝末节上装腔作势。晚间的聚会上，我身穿长礼服，头戴高礼帽。星期日，我又换一套装扮前往教堂，通常会在马甲里面衬一张白纸以示笔挺，目的不过是避免莫须有的失礼，但也因此有了一些古怪的行为。例如，我曾经找来外祖父穿过的深色马甲，特意穿在自己的长礼服里面。我对服装总是有一种极其复杂的直觉，早在圆领衫流行之前就开始穿。奇异的着装被认为是吸引眼球的方式之一，的确，最初这正是我怪僻装扮的因由。可是现在，我已经有了其他表现自我的方式，比如演讲，可是我依然会在着装上打破常规。这其中潜藏着对习俗的反叛，具体而言，类似一种情绪，即"凭什么我必须被限制，而理由仅仅是其他人都这么穿或那么戴？"所谓的流行款式总是令我愤恨不已，而整齐划一则令我心痛。基于社交的目的，我遵循社交场合的着装要求，但是除了会见有着强硬态度的夏山学校的家长们，我去伦敦从未穿戴领结或打领带。

不过，在纽波特，我的服饰革新谨小慎微，几乎难以被觉察。那段时期的我对社会身份极为看重，所以可以想象我有多么害怕自己的标新立异会被已经加入的小社交圈排挤。我对社交的兴趣浮于表面，远没有以此为媒介汲取艺术或者文化的养分。例如，我很享受聆听威尔舍先生及其朋友们谈论阅读或者音乐，但并不希望社会上的男人或者女人以此为业。他们也谈论网球和舞蹈，口气听上去像是说年轻人就应该掌握这些。由于我在这些方面比较有优势，也许曾尝试过教导一些青年。有一次，我把韦尔斯的《韦尔斯婚礼》借给一个十六岁的姑娘，她的父亲知道后，给我写了一张便条，声称我是一个诱惑纯洁少女的危险分子，警告我永远不要再玷污他家的门槛。就这样，我那向上流社会攀爬的努力宣告止步。

与此同时，我已经在圣安德鲁斯大学顺利通过入学考的第二部分测试，由此自我感觉极好。大学之门已向我敞开，于是在1908年的夏季，我忧郁地作别纽波特。由于大学十月份才开学，我暂时回到金斯穆尔。我当时的积蓄足够自己开销一年，或者两年——上帝知道我是怎么做到的。我在经济上无后顾之忧，主要的困难在于专业选择。进入教会的愿望早已被我放弃，进入其他领域的野心也荡然无存。碰巧，家里来了位父亲早年的学生，他的来访解决了我的难题。这位仁兄正在攻读农学理科博士，他滔滔不绝地谈论着殖民地的伟业。然后，父亲无比狂热地转向我，说："这职业和你是绝配。"而我，就此采纳了他的建议。

表面看来，因为这个专业的选择，我后来放弃圣安德鲁斯大学而去了爱丁堡大学。在此之前，我所有的大学梦都围绕着圣安德鲁斯。在探望曾经在那里读书的威利时，那些身着深红色礼袍的莘莘学子，那些带有威利身影的快乐传说，都令这座灰色小城多了几分浪漫色彩，每每令我心向往之。圣安德鲁斯大学的社交活动也格外吸引我，有着一种愉快的、亲密的家庭氛围，尽管在某些方面不失危险。该校的男学生毕业之后对于母校的歌舞升平有着后知后觉的留恋，这种留恋的感觉就好像伤感的醉鬼疯狂地渴望在村庄的水井边痛哭流泪。我选择爱丁堡，看起来是因为更容易取得农业学学位，真正的原因是也许那里有世界性的教育资源。我很清楚，在圣安德鲁斯，我将会遇见来自珀斯、斯特灵的同学；而在爱丁堡，我将结识来自世界各地的青年。从我选择农业专业的决定，不难看出我个性中的流浪者气质。我对农业毫无兴趣，也清楚知道自己永远不会涉足农业。对于我，接受把农业作为职业目标就好比接受邀请去打一场网球，二者的共性在于：此时此刻我别无其他意愿。

# 8 /

# 大学生活

二哥内利攻读医学的最后一年，我搬去与他合住。那时侯，家境富裕的学生都住在马奇蒙特路，而我们的住所位于租金便宜的克拉克大街。女房东萨瑟兰夫人深得我们的喜爱，她是个亲切友善的女人，大学四年都承蒙她关照。我那时经济拮据，一便士恨不能掰成两半用，没有任何营生。幸运的是，我所在的学科隶属于著名的慈善组织卡耐基基金会，得到了一笔奖学金得以支付学费，不过入学考试费用并未包含在内。我和内利约定，每天的午餐定额为三便士。学生会有一家食堂，那里有午餐柜台，于是，我们每天中午在那里各买一杯牛奶和两便士的小面包。其他同学的午餐与我们无异，但当他们大快朵颐丰盛的晚餐时，我和内利在小屋里只有简单的茶点。我们一周仅有一顿美餐——星期日的午餐。我们为这顿正餐的分配争吵不休，直到达成一个理想的方案：内利把主餐平分后盛放在两个盘子里，然后由我先行选择其一。

尽管我进入大学的过程比较顺利，但第一学年在化学、自然哲学这两门课上吃尽了苦头，或者说，至少在开学初得到一个下马威。每天上午，化学教授詹姆斯·沃克伯爵会给我们上课，每次我的笔记都记得满满当当。然而，我心里替教授抱不平，认为他花费如此宝贵的时间给资质平庸的学生讲解化学元素，实在是虚掷才能。后来在1936年，我与约翰内斯堡大学校长共进晚餐，当场又强调了这一观点，被在坐的其他教授们报以反对。他们为那种演讲体制辩护的说辞是：这种与诸如沃克的前辈的特殊互动，恰好是学生可以拥有的最佳教育。坦白说，我至今仍无法信以为然。我认为，既然任何一名助理都可以教会全班学生化学反应的结果，比如给锌加入硫酸，那么，为什么不让沃克这样的化学专家把所有精力和时间用于研究对大学或国家更有益的课题呢？不管怎样，我喜欢化学中实验操作的部分，最后也顺利结业。可是，我的勤奋也让大学付出了不小的代价，为了清洗试管，我几乎用光了实验室的氯仿。

至于自然哲学，在我看来无异于天书。麦格雷戈教授堪称我遇到的最蹩脚的教师。他总是在黑板前一边抄写神秘的公式，一边蠕动着胡须结结巴巴地讲述着，而我们在下面用脚踢踏出节奏，发出嘘声，以此打发时间。麦格雷戈教授似乎对此毫不介意，我甚至怀疑他是否真的听得见我们的声音。他的实验室助理林赛出现的日子更为离谱，教授向我们演示声波的原理时，需要林赛转动声波仪的把手，每当这时，我们这群张狂的年轻人就朝林赛站的地方扔硬币。可惜的是，林赛和他的导师一样，任凭我们胡闹，他仍旧泰然自若地站着。据说林赛在大学做了多年助理，有可能他唯一的兴趣就是下课后打扫教室时清点硬币的数量吧。

我曾经在纳特·菲尔实验室打下手，那简直是一场噩梦。我记得有人给了我一些关于斜面的装置，同时复述着什么，以便我记录各个结果。写了大约五十个数据之后，把它们加起来并求得一个平均值。我既讨厌这份乏味无趣的差事，又对自己无力快速收工懊恼不已。同期在实验室的还有一个家伙，他只用不到半小时就完成了实验，看情形有希望拿到班级金奖。终于有一天，我向他请教快速做完实验的窍门，没想到他回答得挺简单："如实记下三个数据，然后编造其他的。"自那以后，我完成每次实验大约只用二十分钟。

我得承认，我对声光热几乎一无所知，更不必说电了。所以，期末考试那天，我盯着眼前的试卷呆若木鸡，完全不知其所云，然后，我满心沮丧地回家过暑假。不过考试却顺利通过了，至今我也好奇个中究竟。唯一的推测是：老眼昏花的麦格雷戈在判卷子时心不在焉，从而把我的试卷和其他某个学生的混在一起了。因为就我所知，他准是把我和他的高材生弄混了，后者好像没有及格。

第一学年快结束时，我已经发现自己不是学科学的材料，因此下定决心要修荣誉英语专业的学位。这个新选择可能与我父亲另一个登门探访他的学生不无关联，那个学生恰好在荣誉英语硕士进修中，并且成绩斐然。对于我而言，修荣誉英语意味着除了历史课，其他时间都是英语课。就这样，我一不做二不休，开始了历史和一年级英语的学习。

英国历史课的教员是理查德·罗杰爵士，听他的课从头到尾都是享受。在英国历史课堂上，绝对不会出现口哨声。罗杰爵士目力所及，那个学生必定变成勤勉的小男生或者小女生，挺身端坐，鸦雀无声。有一次，一个小伙子试图吹口哨。由于我坐在他前面，禁不住厌烦地转过去望着他。就在这时，我的耳旁忽然响起罗杰的喊声："嘿，这位先生！"我心想，老师一定在盯着坐在我身后的坏家伙。可是，喊声并没有停止："你，说你呢，这位先生！"教授的声音越来越严厉，并且伸出手来指着我。我只好从座椅上起身，同时把食指朝向自己，无声地表示着不解之问。此时的罗杰已经暴跳如雷，他咆哮着："对，就是你，先生，请滚出教室。"

真是太无辜了，我抬头挺胸地大步踱出教室。下课后，我敲开他的私人办公室，刚进门，他就说："我就猜你会来道歉。"哪里料到我义正严辞地回敬道："不，爵士，我特意来是要告诉您那噪音与我无关。"

他这时一脸狐疑地看着我，说："假如你要这么讲的话，当然……"说着他停顿下来耸了耸肩，表示难以置信。

一瞬间，我对权威的恐惧和温和的脾气都无影无踪，坚定地回答："爵士，您听好了，为了存够钱读这所大学，我辛苦工作了许多年。我的年龄大于其他同学的平均岁数。基于这些情况，您会认为我来爱丁堡大学就是为了表现得像一个乳臭未干的男学生吗？"

这番话令他吃惊地眉头上挑，接着笑了起来，朝我伸出手来并当即道歉。我的自尊心顿时大为满足，可是好景不长，第二天我险些要寻个地缝钻进去，因为罗杰在上课之前竟然当众致歉，那可不是暗含赞誉的道歉。依据他的措辞风格，我不仅被描绘成一名学者，更是一位上等绅士——以及自命清高者。

我的英语课教授是当时知名的英文作家及评论家乔治·森茨伯里。我听了他三年课程，他却不晓得我姓甚名谁。除了一次偶然的例外，在校园碰见他也从来认不出我。他讲起课来自言自语，引经据典如同鹦鹉学舌，而且看上去丝毫不介意学生是否在听。这种风格可谓与我们一拍即合，是的，我们本来也没打算听。至少我自己就不曾认真听，我心里十分清楚：平时讲的所有内容都能在考前一周由他提供的海量笔记中找到。森茨伯里先生嗓音高亢，语速偏快，我们常常被他对同龄人的绅士态度逗乐。例如："呃，我不是完全同意我的朋友——嗯——（接着话锋一转）——布雷奇斯先生所说的话——不过我当时恰好在考虑雷利，关于他对德莱顿的态度……"为了串联起他言谈中的所有破折号以便紧跟其主旨，我们委实要耗一番力气。

我们的课程都不涉及创造力。教授们假定我们能借由《贝奥武夫》[1] 到佩特[2] 而"懂得"文学。我们需要学习盎格鲁－撒克逊时期[3] 和中世纪的英语，学习方式通常是阅读成套的书籍和分时代研究。我的结业考试围绕的是伊丽莎白时代的话剧。实际上，我们阅读的是各种评论书籍。为了应付一次考试，可能需要了解柯勒律治[4] 和黑兹利特[5]

我始终抱持一种观点：写一首蹩脚的五行打油诗也胜于能够背诵《失乐园》。这体现了教育的精髓。然而，大学老师从未要求我们写一行打油诗，也没有要求我们表达关于莎士比亚或其他任何作者的个人看法。我在那几年读过斯宾塞[6]、乔叟[7]、蒲柏[8]、德莱顿[9]，以及莎

---

1　《贝奥武夫》（*Beowulf*），或译贝奥武甫、北獒武夫、裴欧沃夫、贝武夫、表沃夫等，完成于公元 8 世纪，是英雄叙事长诗，长达 3182 行。故事的舞台位于北欧的斯堪的纳维亚半岛。《贝奥武夫》是以古英语记载的传说中最古老的一篇，在语言学方面也是相当珍贵的文献。

2　沃尔特·佩特（Walter Pater, 1839—1894），英国著名文艺批评家、作家。他是 20 世纪末提倡"为艺术而艺术"的英国唯美主义运动的理论家和代表人物，文风精练、准确和华丽，其散文创作和理论主张在英国文学发展的历程中有着很高的地位。

3　盎格鲁－撒克逊（Anglo-Saxon），一个统称，通常用来形容 5 世纪初到 1066 年诺曼征服之间，生活于大不列颠东部和南部地区，语言和种族相近的民族。他们使用非常近似的日耳曼方言。

4　塞缪尔·泰勒·柯勒律治（Samuel Taylor Coleridge, 1772—1834），英国诗人和评论家，一生在贫病交困和鸦片成瘾的阴影下度过，诗歌作品相对较少，在幻想浪漫诗歌方面占有主要地位。

5　威廉·黑兹利特（William Hazlitt, 1778—1830），英国随笔作家。他清晰、直接、男子气概的风格极大地影响了一批随笔作家。他的《莎剧人物》（1817）、《论英国喜剧作家》（1819）和《论伊丽莎白时代戏剧文学》（1820）等作品，可读性高，洞察力敏锐。

6　埃德蒙·斯宾塞（Edmund Spenser, 1552—1599），英国著名诗人、桂冠诗人。在英国文学史上，以向女王伊丽莎白一世致敬的《仙后》而占一席之地。

7　杰弗里·乔叟（Geoffrey Chaucer, 1343—1400），被誉为英国中世纪最杰出的诗人，也是第一位葬在西敏寺诗人角的诗人。乔叟既是有名的作家、哲学家、炼金术士及天文学家，曾和十岁的儿子路易斯合著有关星盘的科学论文，也担任过官僚、朝臣和外交官。

8　亚历山大·蒲柏（Alexander Pope, 1688—1744），18 世纪英国最伟大的诗人，杰出的启蒙主义者。

9　约翰·德莱顿（John Dryden, 1631—1700），英国桂冠诗人、文学批评家和翻译家。

士比亚的大部分作品及其同时代的其他作家的作品。实际上我读了文
艺复兴时期的话剧、柯勒律治、丁尼生[1]、约翰逊博士[2]、济慈[3]，等等。
可是为什么而读呢？我被迫把注意力放在一行无韵诗是否存在母音省
略现象，或者是否能够准确识别克里斯特贝尔在《食莲人》[4]中的韵律。
毋庸置疑，这都是一些无用功，好比把米兰大教堂拆分成块砖片瓦之
后探究其美好所在。例如，莎翁的《暴风雨》是杰作，然而教师要求
我们阅读注解版。每次查看语源含义时，我都痛苦不堪，心想：即使
删掉某些被注解的词句，也丝毫无损原著的精彩。

　　森茨伯里教会我的大概是对散文的直觉，别无其他。他深谙文学
的美好，却无法传授给我们。跟随他学习的三年，我们几乎终日沉缅
于散文的韵和诗文措辞中，只见树木不见森林。他坚持认为必须认真
对待他的工作，并且不能捣乱。他还告诉我们，英语文学可以涵盖天
底下任何一门学问。我对此真知灼见表示认同，但难以接受的是：如
若对克莱夫的一生不加考虑，或无论从历史或者政治等视角都不持有
任何看法，那么很难以《麦考莱眼中的克莱夫》作为文学的一隅加以

---

1　阿佛烈·丁尼生（Alfred Tennyson, 1809—1892），华兹华斯之后的英国桂冠诗人。

2　塞缪尔·约翰逊（Samuel Johnson, 1709—1784），常被称为约翰逊博士，英国历史上最有名
　的文人之一，集文评家、诗人、散文家、传记家于一身。他前半生名不见经传，花了九年时间
　独力编出的《约翰逊字典》为他赢得了文名及"博士"的头衔。鲍斯威尔的《约翰逊传》记录
　了他后半生的言行，使他成为家喻户晓的人物。

3　约翰·济慈（John Keats, 1795—1821），出生于18世纪末的伦敦，英国的杰出诗人，也是浪
　漫派的主要成员。

4　《奥德赛》第九卷中的一节。

分析。森茨伯里先生惯于一边赞扬布莱克[1]是卓越的诗歌匠人、尼采[2]是德国最著名的散文作家，一边在下课时轻描淡写地说："当然，他们都疯了。"

无论我从森茨伯里教授那里学到了什么，能够确定的是，不会是文学鉴赏力。直到今天，我依然不能轻松愉快地阅读诗歌，也无法亲近经典读物。有一年我路过挪威，去见一位荣誉英语专业的文学硕士，旅途中的船上读物是一摞《黑面具》之类的杂志——美国混混的奇异故事。没错，这些杂志是我临走时一位朋友顺手塞给我的，但即便我的提包里备有济慈、雪莱[3]，我依然会选择翻看《黑面具》。有必要在此赘述的是，无论我的文学品味多么低劣，为此而责难爱丁堡大学也严重地有失公允。我只是设想，如果在大学期间把精力和时间用于钻研作品的内容而不是形式风格，或许现在的我会拥有更高级的文学品位。我深知，如今说什么都为时过晚，我个人如何看待乔叟或者济慈也微不足道，不足为鉴。

当著名的数学家克里斯特尔教授去世时，我受大学杂志《学生》之托，找森茨伯里要一份关于教授的讣文。

"我正要去给荣誉班上课，"他劈头盖脸地说，"如果你会速记的话，可以进来，我才好就这位老朋友谈几句。"

"可是，先生，三年来我一直都在您的荣誉班啊。"

---

1　威廉·布莱克（William Blake, 1757—1827），英国诗人、画家，浪漫主义文学代表人物之一。

2　弗里德里希·威廉·尼采（Friedrich Wilhelm Nietzsche, 1844—1900），著名德国语言学家、哲学家、文化评论家、诗人和作曲家，他的著作对宗教、道德、现代文化、哲学以及科学等领域提出了广泛的批判和讨论，写作风格独特。尼采对于后代哲学，尤其是存在主义与后现代主义，影响最大。

3　珀西·比希·雪莱（Percy Bysshe Shelley, 1792—1822），知名的英国浪漫主义诗人，被认为是最出色的英语诗人之一。

他迅速地上下打量我一番，然后问我叫什么。得到回答之后，他呼出一口气，说："天哪！你怎么长了这么高。"

早在进大学之前几年，我就已经身高六英尺（一米八五），而我所在的荣誉英语班只有不到 12 人。可见森茨伯里对学生的了解远不如他对书本的了解。我猜，给一群毛躁的本科生讲课对于他可能是莫大的煎熬。

总而言之，爱丁堡的社交生活充满欢乐。身为学生会的成员，在晚上往往会有一个聚会、一把舒适的扶手椅等着我，困难只是缺少现金。我的大多数同学都富得流油，虽然他们和我一样穿着高尔夫夹克、手拿法兰绒书包，但他们有钱可花。由于我兜里的存货从未超过几枚铜币，所以每当觥筹交错时，情形就变得尴尬起来。

我没有钱参加各种课外活动，甚至连看比赛的钱都支付不起。无奈之下，我假装不喜欢音乐厅以避免加入前往"金斯"或"帝国"的聚会。现在应该向老同学们坦白，那时的我一贫如洗。记得母亲终日担心我们哪一天会倒退到她母亲所处的工人阶层，多半是受此影响，我承袭了萧伯纳崇拜者的贫富观，认为贫穷是一种理应尽力掩盖的罪过和耻辱。在这方面，我大概也一直实践得不错，因为多年以后和一位大学同学叙旧时，对方竟然说："是的，尼尔，从前的你非常富有。你兜里总有钱，而我口袋空空。"

大学第二年，我撞了一次大运。某个星期天，女房东递给我一张她平日读的报纸，碍于面子，我懒洋洋地参加了那上面的一个竞赛。一周后，我在路上看到一张公告，标题是"爱丁堡的青年赢得四十英镑"，不过当时我丝毫没有把这个消息和自己联系起来。直到走进租所，我才从女房东激动的话语中得知自己幸运临头。她见我的第一句话就是："你得了头奖！"

与此同时，我有一个伙计恰好从他的叔叔那里得到了大致相等的一笔钱。仅仅因为经济拮据，我任由他请大家吃了香槟盛宴并且吹嘘了一晚上他的财富。我则把奖金存入银行，只在必要时支取，细水长流地支撑了很长一段时间的日常花销。之所以提及这位朋友，不仅因为我当时觉得他的做法十分愚蠢，还想表达：人性可粗略地分为以我、他各自为代表的两类。以我的家人为例，如果是威利得到这笔奖金，他会立刻把四十英镑都花个精光；而内利极有可能和我一样存起来。我从不羡慕一口吃完所有蛋糕的快乐，因为就性情而言，我更擅长细细回味。或者借用时髦的说法：我乐意把钱存到天堂。排除一切可能，我依然觉得那位老伙计做了件蠢事。后来，我和他为此有过争论，那时他正不得不吃着四便士的午餐，却依然坚持认为一顿香槟大餐的快感完全值得付出 365 天四便士午餐的代价。我实难认同这种态度，也永远不会如法炮制。

人们性格上的差异和多元，使我想起经典的《圣经》故事"迷失的儿子"[1]。不妨扪心自问：我支持哪一方——是那位远离家乡享受了一段美好时光的小儿子，还是留在家中乏味无趣的大儿子？多数人表示他们支持失落的儿子，我却从未苟同。理由简单明了：我会想起大哥威利离家在外占尽资源，而其他兄弟留在家中只有干面包。总之，我从不羡慕享用香槟盛宴的败家子，尤其当他在人生的后半场懦夫一样地退回来祈求宽恕和给养时。

总而言之，金钱观在我看来影响深远。由于儿时家境贫寒，我对金钱有着一种怪异的吝啬。例如，在日常开销时我憎恨每一分零用，但却会不假思索地为一笔大额花销签单。许多人对支票的认识非常相

---

1 迷失的儿子，指《圣经》路加福音 15：11—32 节有关浪子回头的故事。

似，即支票不是真正的钱。既然是虚幻的钱币，自然也就没有情感价值。又如自己开车，我会毫不犹豫地支付油钱；但要换作乘坐出租车，无论街道上有没有交通拥堵，我都会心疼不已地盯着里程表。可以肯定的是，假如有一天我成为百万富翁，依然只会买二手车或乘坐三等舱旅游。我讨厌向别人借钱，也不喜欢借钱给他人。当然，仅有一次例外，大概是借给一个苏格兰人五英镑，并被如期偿还。

其他方面，金钱仍是个问题。当时我在校刊做编辑时，作为报酬，能拿到全市所有剧院每周一夜场的前排座位免费票，更幸运的是，无须穿晚礼服。可是，曾经有一度整周都在上演歌剧——《纽伦堡的名歌手》[1]、《奥菲斯》[2]、《厄勒克特拉》[3]，等等——这些更正式的演出我一场不落地都去了。结果到周末的时候，为了让某件礼服衬衣看上去更体面一些，没钱送去烫洗的我不得不用白色粉笔小心翼翼地"修缮"之。

在那一个星期的所有歌剧中，《纽伦堡的名歌手》给我的冲击最大。这种音乐表达形式我前所未闻，在我看来，它讲述的是追逐金钱的故事。然而，它非但没有激发我产生尊贵的想法或行动，反而使我成为一个骗子。就在同一周，这场戏另有一次表演，但我已经搞不到

---

1 《纽伦堡的名歌手》（*Die Meistersinger*），理查德·瓦格纳的三幕歌剧，亦是当今世上最长的音乐剧剧目，通常需时五小时。该剧于 1868 年 6 月 21 日于慕尼黑市做首演，并由汉斯·冯·彪罗做指挥。故事发生于 16 世纪中叶日耳曼地区的纽伦堡。当时，纽伦堡是一个自由城市，亦是北方文艺复兴运动的重镇之一。故事主题围绕着一个由业余诗人与作曲家组成的"名歌手"协会展开。"名歌手"们都爱以花哨的手法表现音乐，在作曲及演唱方面，他们亦会依循颇多复杂的规则。这首作品最令人陶醉的，是它描绘了纽伦堡当时的特色，以及"名歌手"协会的传统。剧中的主角之一，"名歌手"鞋匠汉斯·萨克斯，更是取材自真实的历史人物汉斯·萨克斯，一个历史上最知名的"名歌手"。

2 奥菲斯（Orpheus），希腊神话中太阳神与谬斯女神的儿子。

3 厄勒克特拉（Elekira），希腊神话中的一个女性人物。

票了。然而，我打定主意要再听一次。于是，我穿戴好自己用粉笔修饰过的硬挺的衬衣，赶在第一幕即将结束前抵达剧院。在中场休息时，我假装遗失了自己返场门票，趁机溜了进去，并且非常幸运地找到了一个恰到好处的空座位。

作为《学生》的编辑，我还有一项特权：邀请前政府官员参加在圣安德鲁斯大学举办的校际会议。不言而喻，这些会议本身就是盛事：香槟酒喷涌如水，大多数学生都会一醉方休，不，一醉再醉。我们一致认为来自格拉斯哥的代表沃特·艾略特是与会者之中最睿智的演说家。但是，为什么如此优雅可爱的人会成为保守派？又是什么原因使他甘愿成为这样一个政府的内阁大臣？这一切对于我都是谜团。

鉴于我在校际会议的劳作，学生代表委员会批给我一笔小小的助学金。因为数额非常小，所以我要求多领取一英镑。当时的秘书沃克，一脸鄙夷地上下打量着我，用责备的口吻说："其他编辑从没有比指定数额多领一分。"我静静地站在那里，为自己的贫穷羞愧不已，对眼前的秘书陡然间心生恨意。他对我的神态全然不顾，继续盯着我看，仿佛我是被猫咪叼回屋里的老鼠。我的前任编辑才是真正的绅士，这似乎是秘书想要传递的信息。这使我愤怒和内疚。

作为一名无偿编辑，我的开销超出了自己的支付能力。具体而言，所有的大学晚宴都会给我发邀请，尽管吃饭本身是免费的，但是衣帽寄存、礼服烫洗之类的细微支出都需自付。后来直到有一位前任编辑告诉我可以抛售出版商寄来用作评论的样书，我的经济窘迫才得以缓解。第一次时，我售书的价格是出版定价的一半，但不久又有了新的麻烦，一个学医的朋友不断地向我索要免费阅读的特权。关于书评，通常我会把医学书搁置一边，自己写评论。尽管我对医学所知甚少，但通过研读摘要和索引，已足以搞定一篇过得去的书评。假如有我自己感兴趣的书出版，我会给出版社写信，瞎编一通《学生》的发行量及其影响力，然后十之八九，对方会免费寄来该书。

我很难回忆起自己开始写作的确切时间，但肯定是在成为校刊编辑之前。一开始，我投的是绘画和卡通——这些拙劣的作品令人回想起来就满脸通红。提及我的绘画，过去和现在并无二致：充满暴力。当年，有同学曾建议我画一些文学人物的漫画投给《格拉斯哥预报》。我采纳并寄出一张，几天后在报纸上看到了该作品。那可以说是我发表的处女作，那天也大致是我人生中最欣喜若狂的时刻之一。当时感到实在是难以置信，夹杂着自豪和荣耀，一整天我都如在云端，恍如梦中。之后，我寄出其他素描，不久得到了稿费，每张十四先令。

大概就在这时，我和英语班的女生梅成为好友。这种柏拉图式的友情延续了很久。在漫长的散步中，我们谈论了大量关于彼此的话题。离校度假期间，我们会给对方写长信——至于内容，估计和散步的话题差不多。梅是那种聪慧的姑娘，她鼓励我写散文，并帮助我建立我原本缺乏的自信。如今的我意识到，当时的自己滥用了她的友情，她对我的信任对我而言是极大的心理慰藉，而我正是利用这一点不断地自我满足。如今，回首这段友情，我的心中时常升腾起一股暖流。

我们俩都惯于装腔作势，也都比较怪异。可以说，正是彼此的绅士做派使得我们最终分道扬镳。她有几个贵族出身的朋友，时不时会去她们的乡间别墅消磨时光。因此，受她的影响，我对上流社会的光鲜魅力有所了解。但与此同时，我发现内心里对她们的怨恨也与日俱增。关于什么是"命定"，梅有着不容置疑的看法。当她期望我像她的富人朋友一样反应时，我的抵触尤为厉害。用现在的话来说，那时的她本质上是法西斯拥趸，而我本质上是社会主义者。就这样，她继续做积极的淑女，而我逐渐变成消极的绅士。她对个体极其苛责的同时却对社会全盘接受；我却在针砭时弊之外倾向于接受不同个体本来的样子。我喜欢她的幽默感，我们常常会因同样的现象（礼貌得体也包含在内）大笑不已。我们也都承认一个事实：她是我的女慈善家，悉心呵护我这个初出茅庐的青年，而我受到此鼓励，觉得也许会在彼此的人生里描绘点什么。我记得，我在心里稍稍有些怕她，但她的确是理想的伙伴，也是我满心欢喜盼望再次相见的那种人。

在我的成长过程中，威利的影响很明显，写到这里，若对比一下我们兄弟俩的人生轨迹也许比较有趣。就在他改弦易张、步入正途之后，我渐渐对政治和其他社会事务的态度变得比较激进。同为男孩子，我们之间存在一个显著的区别。他身心发展更早，三岁开始读《圣经》，十六岁进大学；我的进步则似乎难以置信地缓慢。例如，当二十八岁的我开始编辑校刊《学生》时，报纸社论的撰写人只是个十四岁的少年。如果要概括他们的幼稚和狂妄自大，"滑稽"这个词最为贴切。作为编辑，也是唯一的权威，我深感不适。通常的情形是：无须征询任何人的意见，我王婆卖瓜一样刊登自己写就的丑小鸭并认为它们每一篇都是白天鹅。我的一些朋友戏称这些文章为"牛肚"。啊哈，听到这些点评已经是在文章出版之后了。不过，编辑杂志不失为文学教育的方式之一。在此实践中，我慢慢了解了排版、校对以及其他一些技术方面的事务。编辑身份也带来了普通学生没有的机会，我得以接近许多公共服务领域中有趣的人。在一次丰盛的晚宴之后，我护送爱丁堡的一位顶级手术医师回家。走到他家门前时，他摇摇晃晃地站直身体，语重心长地对我说："年轻人，我的技术无可挑剔，我也胸有成竹。如果现在有人喊我回手术室，我能像岩石一样平静，单手就能切除阑尾。"时至今日，我依然相信他所说属实。

大学里的某个假期，我爱上了碧尔翠丝。我们之间的关系曾游走于天堂和地狱，而且现在的我终于明白，地狱要归功于克鲁尼。碧尔翠丝总是下意识地憎恨任何一个我喜爱的姑娘。她的做法是：每当我表扬其中一位时，都极为巧妙地让我看到对方的缺陷。碧尔翠丝给我的印象温暖、亲昵，但我最终还是失去了她，至于原因——尽管毫不自知——我想是母亲对性的罪恶感促使我就范。当然，原因不限于此。当时的我分裂得厉害，半个我想迎娶碧尔翠丝；另一半的自己却大喊："稍等，不要在就业之前自我束缚。"这其中暗藏一种观点——女人与事业是对立的——也许源于母亲时常说的一段话。她说："婚姻牵绊了男人，因为他们从此被迫考虑面包和黄油。"就在我思量并犹豫不决的时候，现实的碧尔翠丝拂袖而去，嫁作他人妇。

如果说我在爱丁堡大学度过的四年时光非常快乐，我认为缺乏诚恳。毕业后，每次返回这座城市，我都不情不愿，更谈不上丝毫兴致。爱丁堡是一座美丽的城市——甚至可以说比我见过的任何一座城市都美——可是对于我，爱丁堡始终是一座死寂、狭小并且华而不实之城。大学生活也几乎缺乏归属感，学生都在校外租住，唯一聚集的场所就是学生会，而且成百上千的人并非会员。我相信，任何人都可以在爱丁堡取得学位且在校期间无须同任何一名学生单独对话。事实上，的确有一些学生就是这么毕业的。

学生会的活动本身有限。许多学生是来自殖民地的医生，随之带来的是他们对"黑鬼"的禽兽一般的态度。爱丁堡大学的学生有不少来自有色族裔，由于殖民地风气盛行，都无一例外地被区别对待。一天中午，我陪同一个埃及人吃午饭——据说是一位王子——其他两个南非人看到我们走过去就立刻起身转移到别的餐桌。当备受压迫的本地人终于崛起并打碎身上的锁链时，具有讽刺意味的是，在英国和苏格兰的各个大学里依然风行着这种厌弃"黑鬼"的做法。这实在是一件令革新领袖泄气的事。

命运尽在掌握，大学最后一年，惯于把时间和志趣耗散在编辑校刊上的我预感到前方将是异常可怜的成绩——事实上，也许会是最差的，类似于三等成绩。然而，最终的测试我答得并没有预料中的那么糟。实际上，考试那一周，我甚至无视自己学得一塌糊涂的央格鲁斯时代的英语和中世纪英语，险些梦想考个第一名。结果，我以第二名完美收官，心情大好。水到渠成地，我戴上了文学硕士帽。回想起来不无遗憾，即便在那时，我也没有过度的骄傲和满足感。人们常说，生活中的一切都姗姗来迟。无论这种说法是否属实，我的学位是千真万确如此。就像罗伯特·路易斯·斯蒂文森[1]所说："充满希望地出发胜于抵达。"学位，曾经是一个闪耀的顶点，就此成为一个低矮的小山头，站在山顶向前望去，我能看到远处一座又一座高耸入云的人生顶峰，那么突兀甚至可望而不可及——工作、名声或死亡。坦率地说，大学毕业后我的真实状态是：得到了学位但不知如何使用它。我心里只有一个声音在回荡：不想成为教师。只要一想到以英语硕士的身份在省立高中或者学院里终身从教，我立刻浑身颤栗。不！除非其他所有的道路都走不下去，绝不！教学就此成为我最后一个备选项。

---

1　罗伯特·路易斯·史蒂文森（Robert Louis Stevenson, 1850—1894），苏格兰小说家、诗人与旅游作家，也是英国文学新浪漫主义的代表人物之一。

# 9 /

# 伦 敦

我立志做一名新闻记者，为此不放过报纸上的任何一个招聘广告。我发出的求职信件——石沉大海。不久，伦敦西区的 R. 斯科特·史蒂文森，一个八面玲珑的人告诉我，他能在爱丁堡的 T. C & E. C. Jacks 为我找一份差事。当时，该公司正在筹划一卷百科全书，据说打算在内容上胜过大英百科全书。于是，我被他引荐做助理编辑，项目的主编是 H. C. 奥尼尔。事实证明，那是一份令人作呕的工作。近乎一半的来稿出自笔迹潦草的牧师之手，另一些虽然容易辨识，内容又过于冗长。于是，我们常常不得不把来稿丢进废纸篓，然后亲自动笔重写。印象中我撰写的巴拿马运河一文就是这么来的，当然，需要从其他的百科全书那里抄袭借鉴。这份工作无可替代的益处在于，我从中获悉了不计其数的冗余词汇。

大约一年后，奥尼尔说服公司把编辑部迁往伦敦。已经年满二十九岁的我从未出入过边境，前往伦敦的念头既强烈又难以抑制。巴里和少数苏格兰作家难道没有南下谋求财富或声名吗？我焦急地倒数着出发的日子，但就像常见的桥段那样，好事多磨，最后关头发生的意外总会如一盆冷水浇透我的热情和希望。这时母亲忽然病重，我的薪水虽然微薄，但相对稳定。于是，我安排母亲住进疗养院，并且移除了令她痛苦多年的胆结石。一时间，我一面满心希望南下，一面又担忧身在疗养院的母亲。最终，我尽己所能逗留到手术结束，再探望母亲时，感觉她身体虚弱但开始好转，这才完全放松下来，随后启程前往伦敦。

1912年年底的一个星期日清晨，初到伦敦的我抵达国王十字火车站。当时的神情已不可考，但我感觉像极了济慈辩驳科尔特斯时所说的状态："熙熙攘攘的达运港笼罩着一层沉寂"。就这样，我到了伦敦，一个生活的中心，一座所有的一切都令生命大放异彩的城市。离开火车站，我径直向斯特兰德河岸街和弗利特街[1]交汇处走去。一路上我兴奋地东张西望，努力不让自己觉察到一丝失望。眼前的街道比我想象中惨淡许多，与《河岸》杂志护封上多姿多彩的街景相比，我看到的河岸大街了无生趣。不过，幸而街道的名字依然如故。我留下来等着拜见不列颠出版社的运营商。接下来的几个星期，我在午餐时间游走在朗埃克和弗利特街之间，期待着遇见某个大人物。然而，除了邮递员小哥，我没有见到任何看似更重要的人，这一切令我失去了方向。

以前在爱丁堡时，我认识过一位演员朋友多罗西，她住在哈默史密斯。于是，我去那里寻找落脚点。多罗西是我在伦敦唯一的熟人，

---

1　弗利特街（Fleet Street），英国伦敦市内一条著名的街道，以邻近弗利特河而得名。弗利特街向西穿越伦敦市的边界后就变成河岸街，往东通过路德门圆环后变成路德门山。由于地名"弗利特"与普通名词"fleet"（"船队""舰队"）同形但原意有异，因此弗利特街也被译为舰队街。一直到20世纪80年代，弗利特街都是英国媒体的总部。今日弗利特街依旧是英国媒体的代名词，即使最后一家英国主要媒体路透社的办公室也在2005年搬离。

但不巧她一周内要再次出门旅行，所以尽管她的母亲待人热情，但小住哈默史密斯并不能解我的燃眉之急。刹那间，我平生第一次领悟了那句老人言："人群之中最寂寞。"平日里，收工之后无人可以对话。周末更难捱，外出去诸如哈罗或者温莎游玩时，我看到欢欣的人们成群结队地在诱人的草地上打网球。傍晚听着郊区别墅里传出的钢琴弹奏声，而我站在路边形单影只。有的时候，我有一种近乎疯狂的冲动，想走上前去对草地上的人说："让我坐在这里观看你们打球吧，我寂寞得要死。"但最终受阻于苏格兰人特有的谨慎而未成行。这段时期，我有了一个新嗜好：在列治文租借一条小船逆流而上。因为之前从未划过船，我学得极为痛苦，难免会刮蹭到别的船，其中有一些船油漆簇新，船主的恶言恶语听得我面红耳赤。不过，虽然自己不会游泳，我在水上并不害怕。只有一次例外，内利来小镇探望我，我俩一起摇桨时。实话说，就像我自己开车时从无胆怯之情，可是坐在特定的司机旁边往往紧张不已——哪一个司机不是如此矛盾呢！所谓恐惧，只有转化成行动才有可能自行消除。如果是晴朗的星期天前往河边，我通常会懊恼自己的出现。看到其他的船满载欢乐的旅伴，或是平底船上年轻的男人殷勤地撑着遮阳伞，伞下躺着美丽的姑娘，我的寂寞顷刻变得难以忍受。有的时候我故意步行很远，满心期待着路上会遇到什么——类似于某种奇迹——可是往往失望而归。哦，上帝，一切都黯淡无光！

某个星期天的晚上，我正在阿克斯布里奇咀嚼自己非同寻常的悲痛，忽然看到路边长椅上有一位美丽的姑娘在读小说。我按捺住忐忑的心跳，走过去坐在她旁边，一时间很想主动搭讪，又生怕被严词拒绝。所以，我就那么静静地坐着，悄悄用余光扫视着她。她看上去沉浸在书中，无动于衷。突然，我开口道："聊一会儿吧，我实在太孤独了。"

她冷冷地打量了我一番,眼神里有掩饰不住的惊慌,嘟囔了几句,意思大概是她不认识我,然后更加专注地埋头读小说。一瞬间,我感到一股怒气席卷而来,冲她喊着:"上帝,妇人之见!你坐在这儿看一个愚蠢的故事,却无视一场真实的罗曼史的降临,你的逃跑方式竟然是一句:'我们不曾相识!'"她抬起头瞪着我看了一会儿或者两会儿,然后开始哭。

她一边哭,一边可怜兮兮地说:"这就是我的方式。"这下轮到我不知如何作答才好,好像忽然间意识到这个可怜的家伙没准儿和我一样孤独。稍后,我们尴尬地说了一小会儿话,从中我推测她本就不健谈,而且没有接受良好的教育。我们的罗曼史持续了大概五分钟,她起身告辞。

即使在这寂寥缠身的时期,也偶有一些欢乐的插曲。多罗西旅行回来之后,她的男友开车带我们一起去散心——能够以 40 英里的时速飞驰在温莎路上的他是多么骄傲!有时候,我们一起泛舟水上,他们总是乐于我陪伴左右,随时欢迎我这只电灯泡。我们在一起玩得十分开心,至今我还能依稀听见当我手持船桨失去平衡险些掉进水里时,多罗西银铃般的笑声。有时候,她还会带一位从事音乐喜剧的朋友前来。我由此领略了这种主要由非常保守、野心勃勃的中产阶级姑娘组成的游玩,他们中的许多人会给家人寄钱提供经济支持,也并不难相处,可是无一例外都兴趣狭窄。例如,关于"那些演出",一个叫波特的姑娘关注的大抵是舞台管理者有多么怪异。多罗西总是开玩笑地提醒她的朋友们,说我是一个聪明绝顶的家伙——文学硕士。我不晓得这玩笑所来为何,也许因为别人看着我如同发现非人类的那种神情令她芳心大悦吧。不过,我所说的一些爱情密语显然吓到了她们,纷纷致歉自己才疏学浅。

我在工作日主要有两个去处：朗埃克和不列颠博物馆。编撰的百科全书完工并出版之后，我开始受命为杰克斯编选的当代教育家工具书撰写英语语言及文学的章节。完成之后，担心失去工作的我又写了关于数学的部分。然而没多久，我又拾起画笔，因为奥尼尔先生决定放弃这个选题，彻底打破了我寄希望于这套工具书被付梓印售的幻想。最后，再也没有什么任务可写，我才发现自己处于失业中，终日焦虑不安。返回苏格兰是我当时最不想做的事，回去将面临唯一的出路——教书。

就在这时，内利来到我住的小镇，于是我们和 J. B. 萨蒙德合租。萨蒙德后来成为《苏格兰》期刊的主编，当时的他在弗里特韦出版社供职，所以我们的公寓套间里经常挤满了诺斯克里夫出版社游手好闲的青年。这些家伙一个劲儿地表态，称只要我能写关于洗衣妇的每周连载故事，他们就能提供一年五百英镑的薪酬。不幸的是，当萨蒙德当众朗读某篇的结尾时，听众荒淫的爆笑声提前终止了我的写作尝试。

公寓套房租约到期之后，我和内利又试着找了几处房子，无一称意。与此同时，我的健康开始亮红灯，已经无法等闲视之。深究起来，大学时期简陋的伙食，以及随后在伦敦各个寓所糟糕的饮食习惯——经常在外面吃一些毫无营养的午餐或是在公寓里用沙丁鱼、罐装三文鱼对付一餐，所有这些长期积压下来使我缺乏营养，缺乏锻炼更可谓雪上加霜。此外，曾以通讯记者的身份介入一起离婚案而受到恐吓，更使我担惊受怕。最终我幸免于追诉，想必是因为那位恼羞成怒的丈夫——某著名音乐人——知道我身无分文，不值一斗。

一天晚上，腿部的巨痛把我惊醒。身为医生的内利断定我患了静脉炎。这个诊断令我警觉，根据我有限的了解，这类炎症会导致血液凝块，而任一凝块的碎片游走在体内，随时会导致休克性死亡。内利从前对我夸大这一疾病的风险，现在想来，大概是不希望我第二天出门上班。我大学时的朋友 D. G. 沃森当时在温莎的爱德华国王医院担任住院医师，于是，我去了那里就医。由于经常出入该医院，我很快就与其他员工也混熟了。通过手术，我的静脉被暂时节扎以避免凝块游移，为此我在床上躺了大约两个星期，可谓偷得余生两周闲。

康复之后，我返回小镇，拆阅各种广告信函。记得有一份这样的招聘信件："新杂志需要一名艺术编辑，工作地点在弗里特街。"信末留有回复地址。显而易见，没有一份工作是为我量身打造的，但每个机会看上去又都不容错过。我坐下来，以轻佻的口吻写了一封求职信。几天之后，出乎意料的事发生了，某个清晨我收到一封回信，邀请我去见见《皮卡迪利》的主编。该杂志社位于弗里特街 40 号，这是一个光听名字就令人颤抖的时尚根据地，而我对艺术几乎一无所知。不过，我还是如约前往，并且接受了面试。

主编文森特当面拿出两封信逐一指给我看。"这一封，来自杂志届一位有着十年经验的艺术责编，"他慢条斯理地说，"另一封，推荐人在自己的杂志社做编辑已满十二年。"

我边听边艰难地咽唾沫，不知道他葫芦里要卖什么药。

只听他接着说："我打算聘用你。"

一时间我感觉喘不上气，吃惊地问："以上帝的名义，请告诉我理由是什么？"

"因为，"他继续一字一顿地说，"在这些信件里，唯独你的求职信把我逗乐了。你什么时候可以开工？"

既然他能支付一百五十英镑的年薪，我没有理由不接受啊。

为了保养腿，我不得不把每周的薪水用于租车，但我的确很享受在这家新格局的杂志社工作。我的任务简单概括起来，就是审阅若干小说，然后从中挑选我中意的上交文森特。如果得到他的认可，我再为该故事找寻匹配的插画师。举例而言，假如小说讲述的是一个姑娘在游船上的故事，那么巴利奥尔·萨蒙德的画风最为适合；如果是关于枪杀的故事，就需要另找他人；如果是动物故事，哈利·朗特里是最佳画师人选。自从多次以不合时宜为由连续给 H. G. 威尔斯的工作室退稿，我感觉腰杆都直了许多。

工作的另一部分职责是采访。记得我们曾赶写一篇有关人类赛马的文章，为此我找到当时有名的马术师史蒂夫·多诺，询问他的看法。采访中，史蒂夫分享了一些友善的看法。就在我将要告辞时，他主动就下一次重大的赛程给我一个提示。当回到弗利特街 40 号，所有的同事涌上来，不知是谁问了我一句："他有没有给你什么提示？"我低头想了想，写下那匹马的姓名递给他——哪一匹也无所谓。顷刻之间，所有人都冲出门去把所有家当都押在那个名字上，留下我一通傻乐。要知道，我对赌博或者马都一窍不通。后来，那匹马跑出了倒数第一或倒数第二的成绩。

也有不轻松的访谈，比如采访一位名叫庞巴迪·威尔斯的拳击手。杂志在第一期计划探讨的话题是"是否应该废除击倒制"，临出发前一想到要亲自问威尔斯对这个问题的看法，我就兴奋不已。半路上我突然想起来，他恰好在前一晚的比赛中被击倒了。所以，当身穿脏外套的男子把我带到庞巴迪面前，我瞬间感到自己无比渺小——千真万确的感受。庞巴迪身材魁梧，比我还高，握手时他掌心的力量险些把我的手捏碎。说出那个尴尬的提问时，我隐隐发抖，不过有惊无险，他的应对极为得体。那真是一场有趣的闲聊。

# 10 /

# 第一次世界大战

《皮卡迪利》第一期原计划于 1914 年 8 月底出版。其中有一篇文章搭配的插图选用真实的照片，题目是《皇储——德国的真正危机》。但随着萨拉热窝一声枪响，世事大变，初生幼苗般的《皮卡迪利》也不例外，就此夭折。

当奥匈帝国宣战时，我和医生好友沃森依然留在温莎。我至今清晰记得，宣战当天，附近的兵站通宵狂欢，我们俩——两个苏格兰人——坐在一起讨论当前的形势。沃森紧张地说："哦！这群傻子，该死的可恶的蠢蛋。难道他们不懂得战争意味着死亡，意味着失去种种我们热爱的事务？"

在此期间，我加入了西敏寺劳工党。党员们为了设计一个新的世界，时常在圣·詹姆斯的某处小房间聚会讨论。当地公园的临时演讲台上当众演讲的同伴里，有两位是我大学时期的朋友。战后，他们一位成为伦敦警署的外科医生，另一位在哈莱街从医——可以说一直都是保守党。

　　人这一生中总有那么一些时刻不堪回首，冷不丁想起后会尴尬不已，自言自语："那时的我真是傻得可以！"如今，我觉得街头演说时的自己就愚蠢透顶。我一向是政治和经济的门外汉，当年那么做的唯一解释恐怕是自信心爆棚。有一次，我为了解释社会主义，竟然傻气地把联邦邮局作为示例，现场有位邮递员冲上来将我一把推倒又拉起来站稳。接着，他毫不留情地抨击了邮局内部的工作机制，衬托出我的政治无知，彻底击败了我。

　　我和沃森都不清楚战争背后的真实情况。记得我们多次热议此事，有时认为假如国际劳工组织拒绝载货或者转移石油，那么战争在初期应该存在中止的机会。与大多数民众一样，我们对整件事缺乏清晰的认识。无数次争论之后，我和沃森达成了唯一的共识：德国负有不可逃脱的责任，也将为此付出代价。我们还讨论了自己的职责，他打算尽快做一名志愿医生，而我则无精打采地表示，凭借自己的学位也能轻易获得入伍准许。不料，沃森果断否决："别去，以你的腿的现状，当局不会录用你。老伙计，你需要好好休养六个月。当然，等你好了，战争也早就结束了。"

　　沃森加入了位于法国的一个基层医院，可是很快就厌烦了那里的单调，于是志愿为一个团提供随军服务，后来不幸受伤牺牲。他是我认识的人里最优秀者之一，聪明、诚恳且富有幽默感。我与这位好朋友交往多年之后才偶然发现，我们各自的父亲曾在同一所学校担任实习教师。

　　终于，我心烦意乱地回到金斯穆尔。于情于理，我都觉得自己应该参战。由于行走不便，我的首选是野战炮兵。可是我心里又有个怯懦的声音，絮叨着沃森和另一位医生的告诫：我的体质不合格。数周之后，我申请了一份临时校长的工作，学校名叫格雷特纳·格林。等到校之后，我才发现原来的校长——一个肌肉发达的、极富阳刚之气的男人——服役于国王苏格兰自卫边防队。不过，这些并没有使当时的我产生时局恶化的念头。随后，我的腿开始肿胀、麻木，状况比疼痛更令我不安。如今回头看，用现代的说法，我当时的身体状况一定是出于心理上的自我保护，即避免参军。

关于格雷特纳·格林学校的经历，我在自己的第一本书《一名苏格兰乡村教师的日记》里多少有所描述。该书的续集《一名苏格兰乡村教师的隐退》则完全是一本小说，写于之后的军旅时期。

从纷繁复杂的弗利特街来到节奏缓慢的村庄，迎面而来的挑战是适应。我租住在当地民宅的一间小屋里，每天傍晚，当女房东送来石蜡油油灯并拉上百叶窗时，我会有一种错觉，感到自己顷刻间被隔绝于世。星期天，若看到我使用打字机，她紧簇的眉毛更凸显了格雷特纳和伦敦之间不可弥合的鸿沟。但是，我打定主意要在自己变得更傻之前坚持写作。

现实的可笑之处在于，一个众所周知的教育异端分子竟然踏入教育行业，并且转行的理由是新闻业和他本人从军勇气的萎靡。不管怎样，我对教育的认真思考的确始于格雷特纳。由于前任校长是个厉行纪律者，初到任上的我看到的是一所安静顺服的学校。但我心里明白，那些身高体胖的家伙们正警惕地观察我，以便厘清他们行为的极限。我极其认真地留意着他们，第二天，全校最壮的学生果然开始试探我，他发言时故意措辞粗野了些，我二话没说，当众用皮带"嘉奖"了他狠狠的一抽。由此可见，至少在当时，我依然受制于教育行业的老观点：尽快树立自己的权威，让学生弄清楚谁是老大。

如果就此认为我要发展成厉行纪律者，也纯属笑谈，因为我并不希望自己那么做。渐渐地，孩子们发现我的纪律是个幌子，幌子后面的我并不在意他们学习与否。曾经沉静的校园变成了露天花园，每天热热闹闹，笑声不断。不过，我们的教学节奏与从前无异，假如说他们的进展是源于对我的惧怕，那么，估计该进展也恰是他们实际能够达到的节律。总之，给那些打算在农场度日的孩子讲解印度地理特征，在我看来，对师生双方都是彻头彻尾的浪费。

校董事会并不特别在意我的所作所为，其中一些成员私下里逐渐成为我的朋友。牧师斯塔福德、董事会秘书迪克·麦克杜格尔，以及他们各自的妻子都与我相处融洽。依照这个村庄的主流观点，我算是一个非常可人的小伙儿，当然，也有些呆傻。不知不觉间，我发现自己很快变得粗俗和狭隘起来，热衷于各种闲言碎语，伸长脖子瞅着医生去往谁家。这个发现令我感到惊恐。为了保持与世界大事的联结，我试着通过邮递的方式订阅《民族报》和《新时代》。

五月的一个阳光灿烂的清晨，在距离住所仅一方田地远之处发生了可怕的灾难：一辆军用火车爆炸了。当我被闯进门的女房东摇醒，得知火车炸成了碎片后，立刻跳上自行车冲了出去。我到了现场一看，面前的情形像极了默片中的场景。四周只听得见机车引擎残留的嘶嘶声，还有随着火焰朝火车残骸蔓延时引爆的弹药砰砰声。车上的人不是已经死去就是奄奄一息，一个双腿被炸飞的士兵向我索要香烟，当我替他打火时，他咧开嘴笑了笑。吸了口烟，他轻轻地对我也像是对自己说："这里的五月和法国的一样美好。"他死去时，手里的那根烟还有一半在冒着青烟。

整个事件在我看来毫无真实感，简直就像一场梦。村民们在废墟里发现一名士兵尚有鼻息，试着要把他从某个装置之下解救出来。我也参与其中。这时，身边有个男人对我说他们推测这个引擎随时有可能爆炸，我不安地瞥了一眼嘶嘶呜咽的蒸汽，大脑一片空白。那天清晨，四周沉寂得令人难以置信。你能清晰地听到某个男子的呻吟声，而濒死者突然的大喊常常都是在呼唤他的母亲。穿梭在伤病之间的还有村里的妇女和孩子，但你看不到他们有任何哭喊甚或抽泣的迹象。据说，军官们对一些卡在炽热的废墟下没有生还希望的伤员扣动了扳机。这传言是否属实，我一直无从考证，但却希望它是真的。

那天清晨留给我最为深刻印象的竟是自己完全丧失了感觉，甚至怜悯。一方面，公平而论，我在现场的确一直手忙脚乱地救护伤兵。另一方面，我发觉自己的漠然并深感不适。当天深夜，我坐在牧师家里对牧师说："我一定是最自私的神创造的，不能给予任何人任何情感，自私至极。今天早晨，我在田野里没有一丝感觉，活脱脱一块冷漠的顽石。"

斯塔福德睁大了双眼盯着我，回答道："我正要对你说同样的话。我也毫无知觉，认为自己是一头怪兽。" 由此可见，我们潜意识里都想当然地认同了医生和护士持有的悲天悯人的态度。细细想来，对于身处风暴中的摇橹人，倘若他能够把恐惧转化成积极正向的能量，就可以在救助遇难者时消融恐惧和怜悯。此外，人难以对陌生人感同身受。

与此相反，回想起那天早上逝去的另一条生命，情形大相径庭。我有一名学生——一个男孩——在骑着摩托车赶往灾难现场的路上被撞倒身亡。当天晚上，应他母亲的邀请前去向遗体告别时，我暗自悲伤。不仅如此，我还敏锐地体会到本村交通信号员的复杂心情，当天正因为他的工作失误，才导致了这场意外。他的儿子们在我的学校上学，我很喜欢他们，也很喜欢他们的父亲。在我看来，拘役他不过是法律条文强制惩罚个体的惯例之一罢了。

一个周六，我出发前往邓弗里斯参军。坦白说，我真正的理想并非当兵，但一定有什么触动了我。也许是好友战死沙场使我问心有愧，也许是响应诸如"男人都应该接受德比联盟的考验"之号召。在征兵处，我因为腿疾被拒绝，并得到一张书面证明，表示此人永远不适于参加军事服务。然而，就在刚要离开征兵大楼时，一名陆军上士拦住我，问有没有加入德比联盟。我没好气地说刚刚被回绝且不必加入，他接着说："可是，假如你能加入，就能得到半克朗。"我想了想，问有没有其他办法。于是，他直接把我带到一位长官面前，我当即发誓说自己一听到召唤就想为"我的国王和国家"效力。就这样，上士从引荐我的劳作中得到半克朗。没过多久，之前被淘汰的男子接到命令将再次接受体检，我以"合格"通过。如果不是因为那位上士急于求财又慧眼识人，我估计会为自己不符合资格却得以参军这件事有所羞愧。

从此，即使在梦中回到格雷特纳也变得很难。每年，运输部队至少会路过这个村庄一次，而我只停下来逗留过一回，而且为此感到后悔。老话说得好，好马不吃回头草，走回头路往往是一场错误。我零星记得逗留期间的一些片段：我与助手梅、克里斯汀和贝尔一起参加欢乐的茶宴；军需品库房里奔忙的身影和喧闹声；改编一部无趣的《王子复仇记》，背景是一个拥有电影院和商铺的小镇；以及另一段恋情——又一次因克鲁尼在我心中的位置而幻灭。

再往后，我在部队里结识了一位挚友，经常一起搭伴做事。战争结束后的第二年，我们在河岸大街不期而遇，彼此狂喜，当即约定共进晚餐。在餐桌上，两人一开始都激动地聊起往事："记得塔比吗，有天早上他没来得及刮胡子，然后上士……"我们一边聊，一边笑个不停，眨眼间半个小时过去了。突然，对话戛然而止，双方都意识到再没有什么事情可讲。冷静下来不难理解，从前因为有着共同的军事责任，我们在军旅生活中形影不离；可是在平民生活中，我们相互之间毫无共同的志趣。回想起来，那真是一次令人沮丧的聚餐，虽然双方都极力营造一种表面热闹的气氛，并信誓旦旦地表示要再次聚会，但各自却心知肚明已无须再见。现在，我终于明白，如果过世已久的人——曾经深爱的人（如克鲁尼）——可以回到我身边，那我们也将难以再续前缘。

1917 年早春，有命令要求所有因体检缘故被淘汰者进行复查。我通过了 A–1 检查，医生是我大学时期的校友。复查地点在邓弗里斯，新兵连夜被送往特威德河畔的贝里克。抵达目的地之后，一位上士问我们想加入什么兵团，考虑到自己的腿脚，我回答说炮兵。上士看了我一眼，说："炮兵，"他邪恶地笑着，"嗨，你们听到了吗，这个家伙想加入炮兵！"接着，他转向我，并以不容商量的口吻说道："你有两个选择。一，国王苏格兰自卫边防队。二，皇家苏格兰火枪团。"

我追问它们各自在哪里受训。

"国王苏格兰自卫边防队，在卡特里克。皇家苏格兰火枪团，在格陵诺克。"上士简洁应答。

我选择了后者。理由很简单，因为隶属的格拉斯哥一带的民风我更熟悉。就这样，我被分组盖章并送到皇家苏格兰火枪团的新兵基地艾尔。同行的一个新兵也选择了皇家苏格兰火枪团，他提议在正式报到前抽空去法国逛两天，我有些害怕就没行动。哪里料到，当我赶到艾尔新兵营地，发现除了自己别无他人，值班的军士实际上也非常恼火我在大周六的晚上冒出来。此刻我多么懊恼没有采纳同行新兵的建议啊。这时，连日长途跋涉已弄得我精疲力竭，当晚的心情可谓跌入深渊。但报到进门又绕不开这个无礼傲慢的军士，加上兵营看上去和监狱无异，我心里顿时涌出一股对军队的仇恨，这种憎恶的情绪在余生也不曾散去。根据有关规定，我得到一个床垫，但需要自己用稻草填充它，然后必须和其他新兵搭手做些劳务——搬移军床。第二天，经一位心不在焉、兴趣俨然不是当兵的军士指点，我领了一套军装。又过了几天，我们乘火车抵达位于格陵诺克和古罗克之间的马蒂尔达新兵训练营。先是打疫苗、种痘，然后开始接受严苛的训练。

提起皇家苏格兰火枪团，我能联想到的无非两样：我的双脚和恐惧。首先，我的脚一直很脆弱，直到现在穿的都是特制的鞋。如果在炎热的天气走远路，我的脚趾头依然会起泡爆皮。过去许多年里，我只能光着脚穿鞋，穿着军靴操练不过一小时，脚踝就被磨得皮开肉绽。我一次又一次地请病假，往往只是被勒令涂抹一些药膏了事。医生似乎从不认为有必要批准我休息，因此我不得不坚持参加每一次阅兵。记得某位一等兵看我动作有些慢，冲我嚷嚷："喂，大块头，当心，不要没病装病！你已经有三个早上告病，每一次都得到了 M. D.。" M. D. 的意思就是药物处理。

关于法国之行，我不记得自己有过什么担心。之前我已经获悉，新兵训练几个月后就会被输送到各地，以增补伤亡所致的空缺。十分诡异的是，我的状况竟然未曾引起长官的担忧。我所有的恐惧都来自于新兵训练营的一等兵，因为他的存在，训练初期的生活如同地狱。不知何故，初次打交道他就一脸不喜欢我的神态。每次阅兵结束，但凡有什么脏活累活，他总是派我去做，而且常常口出不逊："你这个大块头的杂种。"据说，他在参军之前是出租车司机。

原以为苦不堪言的日子将永无尽头，某天，这位一等兵给我们分发信件，忽然盯着手中的一个信封停了下来。"上帝，这该死的是什么东西？"说着，他开始照着信封念："A. S. 尼尔，先生，文学硕士，《一名苏格兰乡村教师的日记》的作者。该死，这人是谁？"等他话音落下，我无比谦恭地抬手示意。他见状张了张嘴，喘着粗气问："你是文学硕士？"继而吃惊地吼道："我的老天！"自那以后，他再没让我做过苦力，也再没有横加威胁。恰恰相反，转眼间我彷佛成了他的陆军中校。后来，有位上士坦言相告，说我早先在他带领的班组时，其他同伴都因欠缺语法知识而自觉矮我一等。

营地的临时棚屋一般住着二十名士兵和一名上士。这些人绝大多数来自格拉斯哥，极具地方特色，可谓贫民窟出土的未经打磨的钻石。他们亲切友好，彼此之间互相善待，多数时候开朗快乐。在我看来那些近乎难以下咽的军队伙食，对于他们而言却是前所未见的美食。军事纪律在他们眼中并不比工厂的规矩更令人难以忍受，就连他们的语言也更性感喜人，一切都可以用一个动词"操"来概括，如食物、阅兵、上士等。他们毫无遮掩地谈论各自老婆和情人的体形，内容极其私密，也会讲一些毫无重点的荤段子，时而略带紧张地看我一眼。人人都知道我在战前是教师，却都把我当作牧师。

一天晚上，卧谈会正开得火热，除我之外的每个人都为会谈贡献了一束火花。

"尼尔老爷，你有什么故事吗？"黑暗中传来一声问话。

我默默地笑了，开始说：

"好的，伙计们。话说某天清晨，一只麻雀站在树梢，一匹马从树下经过并留下一些粪便。麻雀拍拍翅膀飞下来享受了一顿丰盛的早餐，然后飞回树梢，清清嗓子为造物主唱了一支欢歌。有只老鹰闻声而来，伸出利爪，抓住麻雀飞走了。"

"可是，"见我没再继续，有一个人接话道，"这个故事的重点是啥？"

"这个嘛，"我回答，"这故事没有重点。但它是个寓言故事，寓意在于：假如吃了一坨屎，千万不要因此而吹嘘。"

我的话音刚落，棚屋里顿时一片死寂，我这才意识到自己选了一个不合时宜的故事。说者无心，听者有意。他们默默地将这个故事理解为一种责难，觉得自己被一名教师谴责了。情急之间，我故意另讲了一个下流的故事，尺度比他们日常的底线还大，引发了一阵爆笑。我这才感到自己被他们接纳并当作其中的一员。

军队的生活看上去总是行色匆匆：我们没有时间从容地做任何事，即便刮胡子也难逃手忙脚乱。更糟糕的是，凡事都离不开命令和次序。例如就餐，要求有人负责为全班领饭，领饭有领饭的队伍，打好饭须直接送到棚屋；有人负责在饭后打扫桌面，并为下一轮检阅清理衣物，擦拭步枪、纽扣和军靴以使其闪闪发光。匆匆忙忙的背后隐藏着一种惧怕：怕阅兵迟到，而迟到是一种罪行。现实中可以"定罪"的条目不胜枚举——不刮胡子、制服上的扣子脏污、皮带扣没有抛光或没有洗净的衣领，等等。违纪者的处罚通常是驮载训练，即带着全副武装在操场往返行走，直至精疲力尽。

我一直很努力地避免犯错，只有一次例外。我原本有一杆现代步枪，终日被我温柔呵护，如同侍奉自己的孩子。不知怎么它被收走了，而另给我发配了一支老式的李－恩菲尔德步枪。结果，在枪支检查时，长官以枪支不够干净为由判我有罪。我赶紧抱着这把老爷枪跑到我们班的上士那里，跟他解释自己足足花了一个小时擦拭它，但污渍年久而且根深蒂固。他听后二话没说，带着我去找那位负责枪支的上士，对方当面仔细核查了一遍我怀里的李－恩菲尔德，然后，大声宣布："任何人也无法清理这些污渍。"究竟是什么原因使事情发生了逆转？我无从知晓。总之，我的名字就这样从违纪者名单上消失了。

这次意外有惊无险。多数情况下，我们没有纠错的机会，正是这种绝然的无力感令我如处牢狱。任何一名上士都有权给士兵定罪，被定罪者一句辩驳也不敢有。当然，理论上讲，士兵可以为自己辩解，然而我们都清楚,对任何一位比自己军阶高者的任何抱怨只有一个下场:使自己成为他们的眼中钉,从此必定遭受惩罚。有些老兵常常不予辩解地表示服罪,从不在乎自己得到的判罚是否公正。

这套可恶的规范无可规避。在部队,军纪如同防错系统。无论你如何谨慎,迟早会在这里或那里出现偏差。如果你生病,那么你的名字会出现在病人名单。如果你将去做苦力,带班的上士会提前得到一张告知单。据我所知,只有一个人连续六周成功地避开了这个纠错游戏。他是一个刚从某个班转调到另一个班的年轻人,初入新班组时,他发现自己的名字没有在册。原来,负责人忘记转移他的名字了。于是,这家伙放弃出席阅兵。每天清晨,他穿戴整齐地走出营地,手里的信封上醒目地印着无需支付邮费的政府标记O. H. M. S.。后来,终于有人发现其中的破绽,但依然没有追究他的过失。上士们心里都有数,假如上报实情,那个忘记把他的名字登记在册的上士将在责难逃。

对于我的双足,军旅生活简直是雪上加霜。每天晚上,我坚持用冷水泡脚;每天清晨,我坚持用肥皂洗袜子,但脚部的皮肤爆裂未得丝毫改善。有一天来了位大人物视察方阵训练,看到我走路一跛一跛,他大声询问原因,我遵命出列后如实相告。这位长官当场指出应该报请病假,我继续实话实说,表示屡次请假屡次未果,无一例外地被送回训练场。没想到他也挺较真,立刻命令我脱下军靴要现场查看,看完之后当众发话:"你去营房休息。"未等我反应过来,他又说:"顺便问一句,战前你是做什么的?"

第三天晚上,我正照旧在营房内护理自己的双脚,传递命令的上士走了过来。

"尼尔在吗?指挥部传见。"

　　我禁不住一阵战栗，被指挥部传见通常意味着被军纪处理。一路上，我飞速回忆着自己所有的罪行——每周日逃避教堂之行，间休时拖延时间不集合——这些不止一次的罪过都已骇人地被上报了呀。要见我的人正是那天下令让我回营房休息的长官，我进门时，他正坐在桌前奋笔疾书。我行了个军礼，立正等候发落。忽然间，头脑有个确然的念头不请自来：一定是病脚的缘故，他将安排类似办公秘书的差事给我。不知过了多久，他终于抬起头来。

　　"你懂数学吗？"他厉声问。

　　"是的，长官，我写过一本关于数学的书。"

　　"哦！你正是我们想要的合适人选，"说着，他举起一份文件，"这有一份军事办公室送来的文件，说炮兵团需要懂数学的文职人员。我打算派你去。"

　　随后，我被转至学生军训队。军训队一共十六人，按规定接受特别训练。这十六人应该能够体现士兵的最优表现，所有的训练方案也将作为炮兵们的模版。有时仅仅是拍打怀里的枪托，也得差不多满手流血才作罢。我们还会在营房内或者户外的小山坡进行一些学习讨论，因此，我的双脚得以有机会康复。在各种训练中，刺刀格斗是我最厌恶的一项。根据教官的提示，那些供"刺杀"的麻布袋子被假想为刚刚奸淫了我们姐妹的野蛮人，因此务必猛烈地刺穿之。但这些对我并不奏效，我想方设法想要离开这些打打杀杀的事，认为自己在部队另有价值。不久，命运再一次有了转机。我在探望克鲁尼时，偶然发现她的房东认识我们的体育军士长，他们从前都曾在苏格兰骑兵队服役。临走时，房东让我代他问候自己的老战友。

　　这位军士长不苟言笑，看上去令人心生畏惧。我鼓起勇气走上前去。"什么事？"他不耐烦地问。等我小心翼翼转述老战友的问候时，他立刻温和下来，坚持要我去他的营房喝一杯。恭敬不如从命，我紧随其后，一同坐下来。当被问及日常所做，我提到了关于麻布袋野蛮人的军事任务。第二天，我正在笨拙地刺杀麻布袋子，军士长出现了。"过来，"他喊我，"这些的确不适合你，停下来。你无须再练习刺刀格斗，今后，也不必参加晨练。"

我一阵狂喜，庆幸自己不但摆脱了刺刀格斗，而且甩掉了几乎所有令我厌恶的体能项目。然而，当我停止出操时出现了新的难题。一方面，其他长官随时都可能强行找我谈话，逼问缺席的理由，而我心里非常清楚绝不能出卖那位好心的体育军士长；另一方面，如果我逃避检阅被抓个现形，有可能会因此离开炮兵团。为了解决这个难题，不久，我加入通讯兵。身为一名文职士兵，发信号这差事再好不过，而且通讯兵很少依赖双脚做事，这对我无疑有着巨大的诱惑。渐渐地，我喜欢上了阅读电报或者闪光信号中的摩尔斯电码。不过，虽然每天夜里任由克莱德两岸船只之间的灯语信号吞噬了不少脑细胞，我却始终未能精通灯语。

这段时期，我终于成为一名优秀的士兵。换言之，了解自己的职责并懂得如何与顶头上司打交道。行贿在部队有着巨大风险，可是不使用它，往往难以取得周末外出的特权。险中之险可谓直接给军士长塞钱，但天无绝人之路，总会有其他办法。有阵子，我们的军士长极为吝啬于周末通行证的发放，差不多连续三周拒绝我的请求。不得已，我给皮卡迪里的烟草商沃特·马丁写了封信（他的妻子很喜欢我的那本《一名苏格兰乡村教师的日记》，而马丁在战前确实多次送我雪茄），信中说："看在上帝的份上，送我一筒上等货吧。"

救命的雪茄如期寄到。某天，我在营房外溜达，看到军士长在整理他的小花园。于是，选好一个姿势靠在花园的篱笆上，我悠然点燃一支雪茄，好像在等人。我用力地吞云吐雾，眼睛的余光注意到不远处的他在抽动着鼻子。

"晚上好，长官。"我毕恭毕敬地打招呼。

"晚上好。这烟闻着不错。"军士长说。

我立刻从口袋里掏出一小盒，说："长官，您来一根。"

军士长邀请我进屋喝一杯，我们喝了少许威士忌。临走时，我说："您看，长官，我遇到点儿困难。"

"也许我能帮……"他主动说。

"事情是这样的，长官。有位朋友寄来一箱子雪茄，但我本身不喜欢雪茄（这是实情），所以实在消受不了。原想着分发给住在一起的战友们，可是……"

"一派胡言，"他快速打断我，"那是浪费。"

"我打算把它们送到您这里，长官。"我接过话头，随后的确照办了。就这样，周末出入通行证不请自来。但一想到其他可怜虫没有富人朋友解救他们，我就觉得自己既卑鄙又矮小。

然而，不久以后，我做了一件真正的童子军壮举。某个周末，拿到出入证的我乘火车前往格拉斯哥，在两节车厢相连处，我遇见了帕特，一个爱尔兰籍三等兵，当时在清理车内的厕所。原来，他因为厌恶军队而逃了出来。

"可是，帕特，"我对他说，"列车抵达格拉斯哥车站后，军事警察将检查所有乘客的通行证，你一旦被他们发现就会被带走。"帕特听完一脸沮丧，不一会儿，又被我想出的主意振作起来。在格拉斯哥，我们一同下了车，迎面看到两位宪兵走了过来。这时，我故意露出一副惊恐的表情，转身朝月台拼命跑去，丝毫不理会宪兵在身后大喊"停下"。等他们追到站台围栏前，我递上自己的通行证，竭力解释之所以快跑是为了要赶上开往布坎南大街的列车。然后，我环视一圈，明白帕特已经安全脱身。我猜那次他一定回到了爱尔兰，因为至今未听说他被捕的消息。

一天，上边下达一份调动命令：32703 号大兵尼尔去威尔特郡的特罗布里奇军官学校报到。

经过福特马蒂尔德的锤炼之后，特罗布里奇的环境犹如天堂。这里的军纪非常宽松，抛光纽扣、皮带扣之类的事似乎不再重要。记得练习步兵行进摆臂走时，我习惯性地抡圆了胳膊，那副摆臂过肩的样子，逗得全营官兵大笑不止。负责操练的长官也忍俊不禁，明示我停止这种夸张的动作。午后，我赶在阅兵前擦洗军靴，这又惹得全营官兵一阵爆笑。天哪，天哪，我心想，这真是一个惬意的地方。而且，噢！多么可爱的士兵啊！

从此，在军旅生涯里，我第一次对自己的工作滋生了浓厚的兴趣。军官学校开设的课程包括看地图、数学、瞄准射击和真枪实练。常用的一种工具名为第五号指引仪，而棱镜罗盘则是必用设备。这里的同伴与皇家苏格兰火枪团的士兵相比，与我的水平差异更小，许多人从前要么是秘书要么是教师，因此大家在一起相处得非常愉快。

有时候，我们的户外学习需要骑车出行。由于某些怪异的理由，军用自行车供应不足，常常只有六辆可用。也就是说，另有六个倒霉蛋儿必须步行，单程大约六英里。幸运儿们知道，为公平起见，返程时势必轮到徒步者骑车。鉴于此，抵达目的地后，他们就拔掉车胎的气门芯，或者藏起车座、打气筒。有一个家伙更甚，他把前车轱辘拆下来整天抱着。记得有一次，出发时我是徒步者，在学习结束之前溜到自行车棚，发现果然不出所料，面前的六辆自行车可以按类别分为三种：没有气门芯的，没有车座的和没有车把手的。见状，我发现自己要做的不过是重新组合，即从三类中各取所需就能组装一辆完备的自行车。由于所有零部件都是标准件、可以交互更换，所以，组装实在是易如反掌。

此类户外远足还有一个功能，就是考查我们阅读地图的能力。行动之前，每个人会领到一张地图、一个折叠小桌，然后按要求连人带桌子分散于不同的指定地点。有一次，我被独自安排站在旷野的中心，正弯腰看地图，忽然听到一声鼻息。我心想这肯定是视察的教官走近了，于是，我假装埋头查阅地图。接着，我又听到更大声的鼻息，下意识地猛一回头，竟看到一头鼻子上穿着铁环的公牛。巨大的牛头已近在咫尺！隔着桌子，我琢磨着假如把地图扔到牛角上，这猛兽眼前一片模糊的时间是否够我跑到安全处。想到这里，我镇定下来，开始用友好的口吻同牛讲话，坦言我明白自己没有侵犯其领地之特权，以此争取它的信任。没想到，几分钟后，它真的低下头安静地吃草了。事后，大家照例谈论了一番教官们吹毛求疵的评语。但是，大概因为受到公牛的惊吓，相关谈论早已被我遗忘到九霄云外。

在特罗布里奇，我也出过一次丑，事关一位讲解夹叉射击的军士长。在射击中，夹叉射击的理论射程最为复杂，而这位军士长显然不适宜讲课。他说话的节奏和声调像极了催眠曲，听得我昏昏欲睡。突然，我一个激灵坐直身体，正好看到军士长满脸愠怒地瞪着我，他怒吼着让我去黑板前解释夹叉射击的概念。当时，我的脑中空空如也，自然什么也说不上来，只好手握一小截粉笔，像头蠢驴一样低头当众站着，看上去对自己的无知毫无遮掩。见我如此恬不知耻，军士长更加恼羞成怒，他满脸通红、气急败坏地说：

"简直不可理喻，像你这么没脑子的笨蛋怎么会在军官学校？我不是谴责你——你自然无法避免你的蠢行，我要谴责的是送你来这里的体制。说实话，你有受过教育吗？"

听到这里，我抬起头来。

"说！你在哪里读的书？"

"爱丁堡大学。"我谦恭地回答。

教室里顿时飘荡起一片哧哧的笑声，很快又慑于军士长的怒目而销声匿迹。此后，他再也没有搭理我。

培训结束后，所有人都通过了测试，等待我们的就是前往利德——执行真实的任务。换言之，美梦之后的噩梦。特罗布里奇犹如一所象牙塔，平静而充斥着学术气息；利德则满是前线退下来的战士，后者对任何学术探讨都毫无共鸣。可以说，在利德逗留三周的我们饱受折磨，相继发现之前在特罗布里奇学的那一套完全派不上用场。在利德，瞄准射击不再是一个轻松的数学问题，它变成必须在十秒内用滑尺完成的实际操作。利德的战士清楚自己的权限，他们频频向我们发出警告，气氛令我们胆战心惊。大家都知道，如果操作失败，就得返回特罗布里奇补习一两个月。这不仅是奇耻大辱，还意味着将被安插在一拨新人之中。不！后者恐怕是我们更害怕面对的，所以，每个人在利德都识趣地言听计从。

利德教夹叉射击的军士长可谓凶名在外，我们在去之前就早已耳闻。第一次使用真实炮弹时，他带着我们一个接一个地走到观察点，要求我们看清楚炮弹发射的情况，并能够立刻电话通知炮手下一发炮弹的发射方向。他不断地问我们关于发射的问题，如果有人答错——多数时候是因为害怕和紧张——他就会复述所有原理，包括我们已经掌握的知识。

不管怎样，我们一行十二人最终都通过了筛查，随后，接到通知将被送往皇家军团待命。经过十天的整装待发，我被送到奥尔德肖特的军官团，其他同学大多数被送到法恩伯勒。我所在的军官团由六十人组成，据悉将被统一派往法国。至此，生活一下子美好起来。现在我还清楚地记得，入军团的第一晚，就有军士长向我行军礼。真是难以置信，从此我再也不必害怕任何一位军士长了！回想起之前身为未受任命的士官时，日常拥有的粗陋食物、逼仄的私人空间，再环顾着眼前享用的美食与舒适，我常常感到一阵心酸。军官和列兵在各个方面都被区别对待，其旷日持久的区别正如一端是伊顿贵族，另一端是贫民。军官踌躇满志，精于规划；列兵则除了用唾沫或抹布清理卫生之外无需思考任何事情。

我分得一名来自兰开夏、个性比较独立的小兵。入伍之前，他是一位活跃的社会学家。他曾不无诅咒地表示，血腥的军官除了剥削士兵还会做什么？有时，我会命令他躺在我的床上，或给他发烟抽，自己则在一旁为次日的操练擦拭裤子和军靴。他再三向我保证，绝不会因我的军官身份而对我抱有任何私人仇恨。这是一个很好相处的小伙子，但有着天生的悲观主义。他拍着胸脯咬定每一支足球队都踢假球——被最大的投资人收买，并且说只要我需要就会帮着寻找书面证据。

奥德尔肖特的日子可以用四个字概括——好吃懒做，虽然也听课或有时做些舒缓的运动，但其意义貌似只是为了保持彼此的联系。每隔几天，上面就会下达一张名单，被点到的军官就被派遣到下一站，而我的名字始终未在此列。非但如此，我被告知将被送往一个训练营，负责讲解炮火知识。

有一天，我正艰难笨拙地解说瞄准射击的数学原理，发现有位炮兵明显心不在焉。我当即冒出来一个念头：这是个十足的笨蛋。

"嘿，说你呢！"我停下来喊，"看来你对我教的内容毫无兴趣啊，战前你是做什么的？"

"我是在中学教数学。"他回答。

真是老天有眼,我立刻丢开粉笔,大声说:"看在上帝的份儿上,把这该死的原理给大家演示出来吧。"

就这样,他条理清晰地当众演示了一遍。

我一直盼望着被征募派往法国。之所以有此期待,并非我奇迹般地增添了战斗的勇气,而是因为其他的同伴都陆续得到了安排或即将出发,唯独我一人落在后面,就像《魔笛手》中跛足的小男孩。就在这时,一场流行性感冒席卷营地,我随之病倒,痊愈又留给我神经衰弱的后遗症。类似的麻烦之前在格雷特纳也发生过,那次足足有一个月没法工作;没想到这回的后果更糟——神经彻底崩溃,每天夜里不是失眠就是噩梦缠身。简而言之,我成了无用之兵。医官非常担忧我的状况,怀疑这可能属于心理疾患,提议待适宜出行后,把我转介给镇上的神经专家。

这位专家就是后来著名的人类学家威廉·H.乐维斯博士。当时,我既没有听说过他,对心理学也一无所知。当他要我讲述一个梦境时,我稍稍感到有些意外,随后越发惊讶于他倾听时所表现出来的浓厚兴趣。我至今仍记得某个反复出现的梦境:我杀死了一条蛇。那时,我还不知道有弗洛伊德这个人,印象中是乐维斯提到了这个名字。最后,他对我说:"如果前往法国,等待你的可能是维多利亚十字勋章[1],也可能是因逃跑而被枪决。还是不要冒险吧,我建议你以身体抱恙为由放弃军务。"

---

1 维多利亚的十字勋章(The Victoria Cross),英联邦中的最高级军事勋章,奖励给对敌作战中最英勇的人。它可以授予军中担任任何职务、处于任何级别者以及在军事命令下的平民,而乔治十字勋章(The George Cross)则只授予平民,程度较低一级。在英国,它一般由国王或女王在白金汉宫亲自颁给获勋者或其直系亲属。在其他英联邦国家或者地区,则由总督颁发。维多利亚十字勋章最初在1856年由维多利亚女王提出,以奖励克里米亚战争中的战斗英雄。

就这样，我眼睁睁地看着自己以士兵的身份结束了这段不光彩的军旅生活。相比曾经回馈部队的绵薄义务和工作，我深觉自己着实浪费了国家为培养我而投入的大笔金钱。时至今日，我终于认识到那时的神经崩溃不过是下意识远离危险的对策罢了。在意识层面，我似乎准备好前往战争一线，并且没有反常的恐慌。实际上，我觉得身为军官更容易沉着以对，因为要带领士兵，就有义务示范如何面对危险。

战后过去许多年，沃特·马丁——我的"雪茄国王"朋友——对我讲了一件近乎天方夜谭的往事。

"尼尔，我救了你的命。"

"什么？"

"我拉拢了战争办公室，授意不要送你去前线。"

对此，我简直不能信以为真。然而，如果真的如他所言，的确能更好地解释为什么在军官团时我的名字从未出现在征募名单上。可惜，沃特在我问明真相之前就去世了。因此，对于他是否拥有某种可以豁免士兵上前线的影响力，我始终有所怀疑。

离开部队后，我先是度过了一段漫长的恢复期，之后开始考虑找份工作。早在格雷特纳格林时期，汉普斯特德的金·艾尔弗雷德学校有一位热心教育的女士读过那本《一名苏格兰乡村教师的日记》，并给我写过信。有缘见面时，她向我提及荷马·莱恩，说他创建了别具一格、面向失足青少年的"小小共和国"革新营会。她送给我一份莱恩的演讲报告，还把我推介给金·艾尔弗雷德学校的校长约翰·罗素。

而在军官学校时，我偶然听说莱恩的"小小共和国"位于距离特罗布里奇不远的多塞特郡。于是，我给他写了一封求见信，随后得到许可，就选了一个周末出发赴约。荷马·莱恩平易近人，我们一见如故。听他讲着创建营会的故事，我不禁心驰神往。他所说的挽救失足少年项目引起我极大的兴趣。当时，我得到他的承诺，等完成部队服役可以去"小小共和国"工作。

鉴于此，康复之后我冒出来的第一个念头，就是写信联系莱恩，告诉他我可以随时加入。很快我收到回信，得知不仅"小小共和国"早已停办，莱恩自己也正在伦敦养病。失望之际，我想着应该尝试第二个机会，又动笔给约翰·罗素写了一封求职信，果然得到应诺，从此成为金·艾尔弗雷德学校的一名教员。

在学校里，大家都称 J. R. 校长为罗素，他是位和蔼可亲的老人。初次见面，我就打心里喜欢上了这位前辈，而他也显然喜欢我这个后生。由于罗素三十年前创办学校时就走在时代的前列，金·艾尔弗雷德学校被公认为理念最先进的学校之一。虽然并非首个实践男女合校的学校，金·艾尔弗雷德学校比任何学校都更加强有力地实施英国的教育理念。早在夏山学校之前许多年，金·艾尔弗雷德学校已经废除了奖励、计分和体罚。

初入这所著名学府时，我因自己鲜明的苏格兰口音感到些许羞怯。到达学校之前，"疯狂的苏格兰乡村教师"这个外号已经在学生中传开。后来，有些学生告诉我，第一天见面时他们曾密切盯着我的一举一动，以判断我是真的疯子还是仅仅脾气暴躁而已。

这所学校融洽的氛围顷刻间赢得了我的好感，宽松易行的纪律更是深得我心。不过，也有我不喜欢的地方，比如员工办公室。我常常揣想，为何那里不能更令人愉快些？办公室的氛围与教室里的气氛毫无相似之处，尽管每一个教员作为个体都很友好，但他们这个集体——我当时就是如此称呼之——充满血腥。后来，校长罗素让我请荷马·莱恩到校为员工们逐一聊一聊心理学。莱恩首先和一个拉长脸的家伙坐下来，谈完之后他对我说："天哪，尼尔，那个员工怎么了？对话令我极不舒服，言辞间充满了仇恨。"在我看来，美中不足之处在于，他们需要一个年轻傲慢的家伙直言相告管理之道。但是同事们都设身处地地理解了我的言行，这实属难能可贵。

从根本上而言，问题出在校长身上。他俨然是一个神灵，可爱的神，然而，神等同于具有巨大强迫力的道德家。我第一次意识到这一点，是在八岁的帕特里克亲吻了七岁的克莱尔之后。罗素为此召集了一次会议，并且小题大做地讲了将近一小时的话。我在人群中听得直走神，感觉亲吻大概是触犯圣灵的主要罪过。

这所学校的学生存在一个致命的问题：缺乏生活的趣味。这一点在会见已经毕业的学生时尤为突出。那些"老男孩们"坐在罗素或者乔治·厄尔脚边（一位兼任副校长的英语男教师），看他们侧耳聆听发言的样子，仿佛这些从前的老师拥有世界上全部的智慧。他们与圣安德鲁斯大学的学生对母校的态度极其相似——沉浸于婴儿般的迷恋之中。在我看来，现实世界与他们毫无干系。

我还发现了一些匪夷所思的现象，学校里一些高年级的家伙从没有听过"狗屁"这个词，也不知道常用的骂人词汇。可是，有那么一两名女生却对同样的词了如指掌。隐约间，我开始有所觉察，这所学校所倡导的生活态度与曾经毁掉我在苏格兰的生活的那一套如出一辙——金·艾尔弗雷德学校之外的任何道德标准都不被允许。此后不久，我发现自己开始和学校管理层"唱反调"。

我早已开始接受莱恩的心理学分析，经常登门拜访。他所诠释的自由恰是我寻觅已久的福音，《一名苏格兰乡村教师的日记》阐述了这种模糊、热情的科学基础。相关细节描述，始于我着手尝试在员工会议上"改进"金·艾尔弗雷德学校。我在员工会议上抱怨：学校没有与时俱进，学校应该推行自我管理。可亲可敬的老罗素听完之后张开双手，面带惯常的微笑对我说："去吧，尼尔，去试试。"

我真的试验起来。上课铃响时，学生们从一间教室转换到另一间教室。具体而言，贝塔什第一节课在数学课教室里，铃响后转换到我的地理课教室。自然，自我管理在学生看来，就像是有机会在地理教室里宣泄一个小时过剩的精力。他们在我的房间里乱作一团，隔壁屋的教员因此大受干扰。没几天，在又一次教师会上，同事们纷纷表示，自我管理显然行不通。没错，但是它的确在"运转"。终于有一天，罗素极其为难、异常难过地对我说："尼尔，咱俩之中得有一人辞职。"就这样，我又一次失业了。

# 11 /

# 克鲁尼之死

克鲁尼去世时，我正在金·艾尔弗雷德任教。家里拍了封电报给我，要我北上探望得了肺炎的妹妹。更早以前，克鲁尼的喉咙常年有一种怪病，随后几年，她常常去照 X 光。我想，自己是知道她难以康复的。探望她时，我坐在她的床前，尽力显得愉快和充满希望。上帝，那一周形同地狱，是我之前与之后都不曾体会过的煎熬。每天晚上其实并没有做梦，但清晨起来我却觉得自己陷入但丁地狱[1]的深渊长达千年。如果你拥有一个永远懂得自己的、快乐和悲伤时自然而然依靠的人，那么一定知道这个人对你意味着什么。克鲁尼于我，就是这样的重要他人：我了解她对我说的任何事的反应；知道什么令她发笑，什么会让她痛苦；我也知道她总是默默支持我，我就是她心目中的英雄，而

---

1 《神曲》，但丁所作，被认为是最伟大的文学作品之一。在其《地狱篇》中，地狱形似一个上宽下窄的漏斗，共九层。第一层是灵薄狱，生于基督之前未能接受洗礼的古代异教徒，在这里等候上帝的审判。在其余八层，罪人的灵魂按生前所犯的罪孽（好色、饕餮、贪婪、愤怒、信奉邪教、强暴、欺诈、背叛），分别接受不同的严酷刑罚。

---

且我不会做任何错事。我内在的小男孩彼得·潘[1]爱克鲁尼，因为她欣赏我。每当遇到有趣的事，我的第一反应总是："一定要告诉克鲁尼。她准会笑。"在她的葬礼上，发生了一些小插曲——但记不清细节——大概只是有一顶帽子掉下来碰到几位肃穆的哀悼者。当时，我冒出的第一想法就是："如果我告诉克鲁尼，她一定会乐开花。"

我的悲伤随着懊悔与日俱增，懊悔常常是悲伤的一部分。我渐渐回想起自己忽略她的时光。她曾经盼望我在之前的复活节假期回家，而我去了多塞特郡。绝望之中，往事变得无法原谅。一些我不想追忆的事总是出其不意地浮现在脑海中。而我的母亲，仿佛是另一个极端，她把一件件不想记得的事逐一忘记。在葬礼上，当她泪眼模糊地看着人们把棺材移上灵车，说了句："克鲁尼是个完美的女儿，她从小到大都没有惹我动过一次手。"听到母亲的这句话，我当时有些嗓子卡住的感觉，很想和克鲁尼讨论此事，因为母亲大人曾赠予她若干巴掌。克鲁尼生前经常嘲笑母亲自欺欺人的社交把戏，此外，虽然我们的父亲生性内向，却有着相似的本领。有一次，我和克鲁尼异口同声地称他们为"逃避现实的鸵鸟"。

差不多所有的孩子都会经历一个阶段——变得对自己的父母极其挑剔。伴随这一现象同时发生的，是渴望脱离亲子束缚的心理需求在不断加强。我大概在十八到二十四岁之间经历了这一阶段。与此同时，我为自己的父母感到耻辱。父亲令我难堪之处在于，他毫无"礼貌得体"可言。每当有客人与我们共进晚餐时，我和克鲁尼会恳请母亲不要做

---

1　彼得·潘（Peter Pan），文学人物，出自《彼得·潘：不会长大的男孩》。该书是苏格兰小说家及剧作家 J.M. 巴里最为著名的剧作，而《彼得·潘与温蒂》是他 1911 年将其小说化后的题目。小说讲述了彼得·潘，一个会飞却拒绝长大的顽皮男孩，在永无岛与温蒂以及她的弟弟们的历险故事。

汤，因为父亲喝汤的声音很刺耳。母亲令我羞耻之处在于，她的话特别多，而且经常不着边际。她实在是糟糕的听众，总是试图插话，即便别人谈论的话题完全超出她的认知范畴。记得有一次，我还为此发了脾气。那是一位客人正与我们讲述他在中国探险的见闻，母亲多次打断对方的谈话，反复提到她的兄弟桑迪曾认识一位来自那里的朋友，简直愚不可耐。说起来，我这个人缺乏耐心，又极其傲慢；相比之下，我的父亲可谓宽容至极。他习惯早晨读《苏格兰人》，而母亲总是睡前看。所以每天早晨当父亲享受读报时间时，母亲总会走过去劈头一句"听听这个，乔治"，然后继续一字不差地大声朗读父亲已经看过的某一则新闻。我不曾看见父亲斗胆说过一次："玛丽，我已经看过了。"

　　我对父母的这种格外憎恶、挑剔的态度，似乎在克鲁尼过世之后烟消云散。也是从那一刻开始，我对父亲有了比较温和的情绪。我再也不是家中的"灰姑娘"，这时的父亲已经接纳我这个值得他自豪的儿子——一个活得不赖的青年——尽管他依然试着为我找寻更好的工作机会。记得有一位母亲的老朋友来串门，他在澳大利亚发了财，父亲立刻同他畅谈我去那里的前景。他号称自己是当地首相的密友，只要我开口，他会为我找一个学校督查的职务。我到底没有松口，不过倒是时常憧憬一番自己远离家乡去了澳大利亚的情形。

　　母亲的喋喋不休令我难为情，特别是她喜欢把对话变成一言堂。但我自始至终都怨恨自己对母亲的苛责。我的父母为我们做了巨大的牺牲，他们非常关注我们的健康、幸福和前途。虽然在一些特定时刻，我们之间的差距很大，但他们是真正意义上的伟人。

　　成年之后，我大概两周给家里写一封信。每封信都颇花费时间和心思。我坐下来一边咬笔头，一边斟酌写些什么。绝大多数内容都在谈论天气。年轻时候每次回家，我都发现和父母交谈是一件不容易的事。我们没有共同的兴趣爱好。在我们眼中，父母思想天真，灵魂贫乏。十九岁那年，我回家的时间有时比预计的要晚。每次进门，父亲都会追问我跑哪里去了，我绝不会告诉他我和莉兹·麦克唐纳约会去了。在 20 世纪初期，这类事情并不时兴告诉父母。那我怎么回答呢？我采取了所有的儿子、女儿在相同时刻都会采取的对策——也许现在还在用——撒谎。通常我都能自圆其说，可是威利就闹过一次笑话。他扯谎说自己在路上和老乔迪·盖博尔聊了会儿。不巧的是，乔迪早在五年前就已去世。

我敢确定地说，大多数人都是怀着对父母的内疚之情度过一生的。我母亲过去总说我们忘恩负义。"我们为你们做了一切，给你们好吃的好穿的，可是看看我们得到了什么？一点儿都不知道感恩。史密斯夫人家的孩子经常吃不饱饭，衣服也粗陋不堪，可是看看她的孩子现在多么崇拜她，愿意为她做任何事。"令人心底发凉的是，母亲的这番话真实无误。

维多利亚女王时期的父母及其子女之间的鸿沟是无法逾越的。时至今日，父母与孩子之间的代沟也差不多与从前类似。成年人愤怒的咆哮和掌掴带给孩子的那种恐惧将会伴其一生。正是这种对父母的恐惧使得我们在他们面前表现得犹如陌生人。

读大学时，我只听说有一位同学可以和他的父亲分享黄段子。直到三十多岁时，一位来访的教师第一次对我和父亲讲了一些色情故事。当时的我极为尴尬，想必父亲的感受也是如此。我能够与母亲形成某种人际联结，但从未与父亲建立过这种关系。姐妹们都不怕他，而且有时故意对父亲很无礼。以我简单的头脑，实在想不明白，为什么父亲看似挺喜欢她们无理取闹的样子。父亲年纪大了之后，是个慈祥的老头，可是他年轻时非常严厉暴躁。

弗洛伊德的信徒认为我对教育创新的热情是对抗父亲的一种反应。可是，兄长们也对父亲心存畏惧，他们却没有成为教育开拓者，这又如何解释呢？反正我不知道答案。不管怎样，可以肯定的是，真相绝不止于此。

长久以来，我已不再理会那些关于行为动因的理论说教。我认为这种归因毫无意义。因为，就算我毕生的事业仅仅是为了对抗始于七十多年前的某种事实，这又能怎样？谁会在意？反正我不会。

亨利·福特[1]有一句臭名昭著的话："历史是一堆废话。"如果站在人类每一位个体的角度看待历史，那么，他所说的丝毫不假。我同意环境的影响不容忽视，我的学校可以证明这一点。可是，在环境之外，存在一些我们不能掌控的因素。例如，音乐世家的出身并不能解释一个人为何最终成为伟大的作曲家。就负面而言，粉刷匠的失败经历也无法解释希特勒。因此，对父亲的恐惧与我的职业到底有多大关系，我实在不敢妄论。

回首做教师的经历，我可以毫不谦虚地说，我是一名好老师，尽管判断的标尺并非统考升学率。我的教学强调想象力。例如，写作课上，作文题目从来不会是"如何度过假期"这类陈词滥调，而是"如果我的假牙掉到盘子里会发生什么"，或者是"一只蜗牛从花园前到学校大门的游记"。

大约在五十年前，我曾这么布置作文："我来给故事起个头：大主教说：'该死的小东西。'好了，孩子们，接着写吧。"

一个十三岁的男孩写道："大主教靠在讲台边，严肃地说：'弟兄们，

---

1　亨利·福特（Henry Ford, 1863—1947），美国汽车工程师与企业家，福特汽车公司的建立者。他是世界上第一位将装配线概念实际应用在工厂并大量生产而获得巨大成功者，使汽车在美国得以普及。这种新的汽车生产方式对现代社会和美国文化影响巨大。

今天早上走进教堂时，我听到你们之中有人说了些脏话。我打算收集起来编入我的文稿里。'"坦白说，我可写不出这样的作文。开头的提示只给了大主教尝试施展拳脚的小小机会。

高年级的学生曾经抗议，认为我的教学法无助于他们通过外界的各种考试——这是对编制英语试卷的那些该死的官员而非教师的中肯批判。不得已，我放弃了给他们开课。如何来判断一个孩子的语言学习水平？我的做法是和他聊半个小时，此外，浏览他写有即兴作文的笔记本。

诚然，任何重要的事物都是无法被教授的，包括爱、诚实和仁慈。但有一些技能一定能够被教会，所以好的旧式学徒在第一年里的学习内容包括给已经合格的学徒们沏茶。我认为，基本上，此类学校在做无用功，这类教师也会变得同他们教授的课程一样狭隘。假如培根现在还活着，他或许也会断定专业化令人思想狭隘。这一观点不仅仅适用于教师，也适用于包括医生在内的其他职业。我这一生就没发现几个兴趣或者话题广泛的医生。

与当今的教师相比，老一辈教师可能拥有更为广阔的视野。在记忆中，父亲总是乐于和周边村庄的教师闲谈。在遥远的过去，除了牧师，教师是村里唯一受过教育的人。由于金斯穆尔是一个小村庄而且没有自己的教堂，父亲无论在物质上还是精神上都担负了顾问这一社会职责。

就像金史密斯的著作《被遗弃的村庄》中的校长一样，父亲涉猎广泛，本身如同一部百科全书：

依然神情专注，依然渴望成长；
那小小的头颅，将无所不知。

父亲无法给予家人合理的意见，但是显然能够为村民提供比较好的建议。没错，也许找他咨询的困惑都不过是鸡毛蒜皮的小事，但对于当事人可都是大事。例如："我是该送威廉到大学读书，还是让他回农场搭把手呢？"

有时候，高中生会带一些复杂的问题找父亲求解，某个人以 3 英里的时速划船逆流渡河而水流的时速为 1 英里之类的。他就此放下午饭，用半个小时不仅答疑，还变换水速举一反三。这些问题超出了我的能力，可是父亲从未答错过。

我知道自己的教学技能来自对父亲教学方法的长期观察。早在地理教学（主要针对地名清单）的现代化设备问世之前，他就促使学生提出诸如"为什么格拉斯哥在它所在的地方？为什么叫伦敦？为什么苏格兰海岸西部比东部的降雨量大？"的问题。

不知何故，我知晓不列颠所有的河流；还有盛产棉花、陶器、铁或煤的城镇，至今仍有一些片段熟记在心——赫克瑟姆的帽子和手套，雷迪奇的缝纫，以及阿克斯明斯特的毯子。甚至到了今天，我仍觉得开车去苏格兰意味着上坡，因为从悬挂着的地图上看那就是上坡路。

父亲不知道外国地名如何发音，在他看来，冰岛的首都雷克雅未克读作"Reeky-a-veek"，布加勒斯特读作"Boo-carest"，阿肯色州读起来带有尾音"s"。实际上，他在日常英语单词上也保留了自己的发音。例如，pencil（铅笔）—pincil, lantern（灯笼）—lantren, physician（医生）—physecian 等。可是，若论含义，即使最不常见的单词，也很少难倒他。如果在那个年代有纵横字谜游戏，他准能成为该领域的专家。

当然父亲也有一些含糊其辞的教学盲区，以至于我一直搞不清比率和比例，后经福弗尔学院的数学老师本·汤姆森辅导之后才彻底明白。父亲教过我解平方根，但我始终没掌握解法的原理，至今依然不清楚。数学对父亲而言，更像是机械的工具。

我们上词汇课时，全班同学围成半圆，最前方的学生如果没有说出正确答案，就得和说出答案的另一位交换位置。有一次轮到我领头，得到的题目是"显而易见"，我回答"明显的"。可是随后我感到一阵恶心，因为我最开始只是从威利引用的一句台词听说过这个词，原话是"猴子在餐巾上大便之后说：'太明显了'"。从此，"显而易见"和"粪便"在我头脑里产生了模糊而骇人的关联，父亲当然知道此事。

毫无疑问，父亲的教学法巩固了我们的词汇量，也为我们打下了良好的语法基础，以至于现在每当听到有人说"他讲话对吉姆和我"或者"那些种事情没用"这样带语病的句子时，我都会暗自吃惊。在拉丁语课上，父亲会说明拉丁语对英文拼写的作用。我们由此懂得了"委员会"（committee）这个词之所以有两个"m"是因为它来自两个拉丁词根，分别是"com"（共同）与"mitto"（我发出）。

直到考试迫在眉睫，我才开始欣赏维吉尔[1]的诗歌。考试通过后，我再也没有翻阅过一页拉丁课本。这也是学习古典语言的荒谬之处。一个人花费了很多年时间攻克语法，可是除非他在大学里继续修习古典课程，否则会把整门课抛之脑后。

有一点我确信无疑，即父亲以他的言传身教为我呈现了如何才能成为一名优秀教师。尽管他本人缺乏幽默感，但他富有想象力，而且能把历史讲得生动鲜活。

---

1 维吉尔（Virgil，公元前70—公元前19），古罗马最伟大的诗人。代表作品包括《牧歌》《埃涅阿斯纪》。

# 12 /

# 夏山学校的由来

1920 年年初被迫离开金·艾尔弗雷德学校时，即将三十七岁的我尚不知未来在哪里，真切地体会到了无尽的焦虑和迷茫。诚然，也许在苏格兰学校里谋得一个英语教师的席位并不难，可是魅力十足的伦敦使我难以割舍。所以，当碧尔翠丝·恩索尔向我伸出橄榄枝，邀约我一起编辑《新时代》时，我选择接受这份合伙编辑人的工作。办公地点位于塔韦斯托克广场，我和她的先生共用一间办公室。恩索尔是禁烟者，他对我吞云吐雾的工作恶习恨得咬牙切齿。恩索尔还是一位证道学学者[1]。由此，我确定这份报纸隶属证道会。有些人认为恩索尔夫人令他们望而生畏，我倒觉得她人不错，也经常喜欢同她开开玩笑。迄今我认识的所有证道学信徒中，只有她可以对自身及其信仰嘲弄一下。

---

[1] 证道学，也被译作神智学，一种宗教哲学和神秘主义学说。神智学认为，史上所有宗教都是由久已失传的"神秘信条"演化出来的。神智学的创始人有海伦娜·布拉瓦茨基、亨利·斯太尔·奥尔科特以及威廉·关·贾奇，他们于 1875 年在纽约市创立了通神学会。

编辑报纸是件让人身心愉悦的差事。恩索尔夫人撒手任我发表任何我喜欢的言论。很快，我就发现一个规律：我越是对空谈家和学校猛烈抨击，她越是心花怒放。恩索尔夫人是天生的组织者，经她安排，就在这一年，我去荷兰会见了一些战后从澳大利亚转移到英格兰的孩子。这是我第一次游历欧洲大陆，在荷兰度过了丰富有趣的十天。凡是目力所及，都令我兴奋不已。如今，若能重温那种初次出国旅行所特有的惊奇感，我愿意付出自己拥有的全部财物。现今，我的出行大多不情不愿，可以说，不但早已厌烦了海关办公室的等待、护照检查，以及单调无差别的旅馆和守门人，而且最无法忍受那漫长的火车之旅。常言道，往事不堪回首。例如，现在的人能够自如地驾驶汽车，可是，最初学开车时，每前进一英里都是艰难的挑战。虽然难免老生常谈，但说实话，人生最可爱的部分正是克服困难的过程。

工作本应该轻松愉悦，鉴于此，《新时代》编辑室并非久留之地。我心里很清楚自己必须另谋出路。幸运女神又一次及时来到，有人邀请我参加了在加来举办的新教育团体会议，还有一份邀请函是去萨尔茨堡的妇女国际会议做报告。萨尔茨堡气候温暖，风景迤逦，初到那里我就流连忘返，并且想要长久在此定居。如今，我心中仍然盘旋着回到那里的模糊执念，却明白已永无可能。

离开萨尔茨堡，我继续前往德雷斯顿郊区的赫勒劳，在那里拜访了一些老朋友：卡尔·贝耶和他的美国妻子克里斯蒂娜，建筑师奥托·诺伊斯特和他的妻子芙洛·多科托尔。然后，我选择留下来，在德国教育局的监管下，与朋友们创办了一所国际学校。

德国给予我许多从前在故乡接触不到的事物。例如，在那里客居将近三年，我始终处于一种由舞蹈、著名歌剧和管弦乐的旋律萦绕的氛围之中。此外，我遇见了来自欧洲各国的人们，每一天都有新的收获。可以说，经过岁月的洗礼，客居赫勒劳的三年俨然是我一生中最刺激的一段时期。不过，德国的教育体制却乏善可陈。在我看来，他们的教育单调空洞——就像德国的繁荣一样看似华丽，实则空无一物。回首当年，浮现在脑海中的是剧中场景：固守成规、踏着传统步伐的德国名歌手们对年轻的、即兴演唱颂歌的华尔特又恨又怕。德国人的内心并没有口头上所说的那么热爱自由，恰恰相反，他们害怕自由。关于这一事实，一些更加诚实、思想更加进步的德国教师毫不讳言。

　　起初，我一个德语词汇也不认识。接手第一个英语课学生——八岁的德里克——时我试着借助《雨果的家庭教师》自学德语。没想到三周不到，我就发现德里克不仅讲德语，还在讲一种撒克逊方言。（夏山学校的学生在讲了几周英语之后，即使我用德语提问，他们也用英语回答，这真是奇妙。）

　　我们的国际学校由三部分组成：艺术体操部（韵律与舞蹈）、德语学校以及我负责的外语部。我与德国人之间的深层区别无须在此赘述，需要强调的是：赫勒劳的三年令我受益匪浅，对此我深信不疑。这段经历给了我一个世界观——一种国际视野，它一点一点消灭了我的民族主义，使我成长为坚定的国际主义者。同时，它也让我体会到前所未有的挫折感。正是在赫勒劳，当其他同事谈论艺术、音乐和哲学时，具有英语文学硕士学位的我不得不沉默静听。直到今天，每当遇到有人讨论这些话题，我依然感觉自己如同文盲一样无从插话。回顾自身，大学教育着实没有赋予我任何文化修养。

　　回想起来，那时的自己是多么蒙昧，我们大家又是多么蒙昧啊！谁也没有看出来第一次世界大战之后陷于贫困的德国将会把政权拱手于希特勒。就个体而言，我当时的生活堪比百万富翁，因为薪酬大部分以昂贵的英镑支付。如今的人们大概难以想象当时的汇率有多么悬殊，只需花费三先令就可以坐头等舱从慕尼黑去维也纳。论名酒，本内迪克蒂纳和库拉索五年陈酿每瓶只要八便士。我还记得有一次去德雷斯顿银行兑换十英镑，结果银行发来一份电报要我亲自去维也纳取钱。为此，我带着一包德国马克奔波了十天，返程时，由于银行没凑够钱，以至于我无法购买回赫勒劳的电车车票。

在国际学校的每一天都令人振奋，其中不乏印象深刻之处。除了外语部的工作，我还给学艺术体操的女孩子们提供心理谈话服务。一次，有位俄国姑娘来到办公室，她伸开双手，拥抱我说："嗨，尼尔，我爱你。"当时我连她的名字都叫不上来，一瞬间被这近乎陌生人的告白吓得愣在那里，接着直到听她说"我已经告诉了我丈夫，他这个星期六会来射杀你"，震惊才转成警惕。警觉之余，想着自己将为一个不知姓名的女人送死，我又感到莫名的滑稽。星期六上午，我刚走到学校，就看见她和一位身高大约六英尺三英寸（一米九）的男子迎面走来，我寻思着赶紧逃跑，却已经猝不及防，只好硬着头皮走上前去打招呼。她当场为我们彼此做了介绍。若说那次会面有什么意外的话，就是她先生的手温暖有力。回想起来，这位姑娘对我产生了移情，在我与她先生之间出现了幻觉。

二十世纪初，随着法国向已经攻下的鲁尔河畔增派黑人，德国人对此愤怒不已，形势变得越来越紧张。一天，我正在德雷斯顿乘电车，忽然闯进来四个桀骜不驯的青年。我留意到他们在盯着我看，还听到其中一位说："他是法国人。"看到他们起身朝我走来，我快速取出护照示意，他们见状立刻笑起来："啊哈，一个英国佬！""不，"我反驳，更正道，"苏格兰人。"然后，他们坚持让我下一站跟着下车去喝一杯。那一刻，我的确发现他们对我充满怜悯，在他们看来，苏格兰不过是英国铁蹄下的奴隶政府而已。

就像这本书已经多次提到的，我并不是特别勇敢的男人。然而，大约十多年后的 1936 年，在汉诺威闲逛的我却迎来了最胆大的一次经历。那是一个晴朗的周日清晨，我正步行穿过小镇。忽然，传来一阵音乐声，只见附近拐角处走来了一列党卫军军人。路边的行人都停下来行纳粹礼。但我无法让自己那么做，只是站在原地纹丝不动。这时，一位军官做了个手势，两名士兵径直奔我而来。我这才一阵战栗，想起不久前朋友杰弗里·考克斯在柏林有过相同的经历，他的英国护照并没有使他免于一顿当街暴打。可是，我依然不能举起手臂行礼，匆忙之间我递上了自己的护照，对方检查之后有些迟疑地还给我。离开他们之后，一直走到火车站候车室，我才感觉自己脱离了危险。

由于德国人不允许我们招收德国籍学生，学生里只有英国人、挪威人、比利时人和南斯拉夫人。而我本人的学位因为不是德国大学颁发的，所以也不被允许在德语部教授英语。囿于这些行政指令，我不得不聘用一位德国女教师，尽管她的发音实在是不敢恭维。她时常挑剔我的口音，有一次，学校里来了位爱尔兰访客，那人的口音重到难以听懂一个字，可是她却大加赞叹："多么标准美妙的牛津腔！"

我们的教师队伍可以称得上是一个意识形态混合体，其中的社会主义者要求学校采取共产制。举例来说，我曾花费大约一百万马克（价值十五英国先令）买了辆自行车，可是因为共有制，几乎没能在需要的时候找到过它。这帮家伙对我的解释是："自行车理应属于全体教员。"这是多么热心肠的德国人啊！我还送给学校一台可以播放电影的投影仪，为此组建了一个项目委员会以便筛选可供播放的电影。每当我提议播放查理·卓别林的片子，所有的委员都会震惊地否决，理由是"缺乏教育意义"。于是，孩子们只能端坐着观看旅游、甲壳类动物之类枯燥的片子。在他们看来，倘若一部电影没有教育信息，那就是一部无用的影片。德语部的领导者在家长会上惯用的开场白是"在这里学习"，当我问他为什么不说"在这里玩"时，对方恼羞成怒。有一阵子，我和他住在同一栋楼里，他住楼下，我住楼上。一天傍晚，我们小组在楼上听着音乐跳舞，而他在楼下大声朗读歌德[1]或者尼采。不一会儿，他的学生一个接一个地溜上楼来加入跳舞的行列。这件事留给他极坏的印象。

我们的许多学生是犹太人，而且可以肯定地说，他们后来都丧命于贝尔森[2]或达豪[3]集中营。其实早在 1921 年，德雷斯顿的商铺就已经悬挂了"犹太人不得进入"的告示。记得我在一家书店还因此有过一次小小的恶作剧。我问店员有没有易卜生[4]、斯特林堡[5]和尼采的作品，店员围着我这个阔绰的英国佬一阵忙活之后，柜台上陆续摆满了一本

---

1　约翰·沃尔夫冈·冯·歌德（Johann Wolfgang von Goethe, 1749—1832），出生于法兰克福，戏剧家、诗人、自然科学家、文艺理论家和政治家，是魏玛的古典主义最著名的代表人物，也是世界文学领域最出类拔萃的光辉人物之一。

2　贝尔森是纳粹德国在德国西北部萨克森建立的一座集中营，毗邻伯根和策勒。1943 年到 1945 年，统计约有 50000 名苏联战俘和超过 50000 名犯人死于其中。他们中超过 35000 人死于 1945 年初流行的斑疹伤寒。

3　达豪集中营是纳粹德国所建立的第一个集中营，位于德国南部巴伐利亚州达豪镇附近的一个废弃兵工厂，距离慕尼黑 16 公里。1933 年 3 月 22 日，达豪集中营建成启用。1945 年 4 月 29 日，美军解放达豪集中营，同时发生达豪大屠杀。达豪集中营曾先后关押过 21 万人，其中 3.2 万人死亡。

4　亨里克·约翰·易卜生（Henrik Johan Ibsen, 1828—1906），剧作家，生于挪威希恩，具有世界性影响，被认为是现代现实主义戏剧的创始人。

5　奥古斯特·斯特林堡（August Strindberg, 1849—1912），瑞典作家、剧作家和画家，被称为现代戏剧创始人之一。斯特林堡是一位多产的作家，在四十余年的创作生涯里，他写了六十多部戏剧和三十多部著作，涵盖小说、历史、自传、政治和文化赏析等。他的作品直接体现了他的生活经历和感受。作为一个大胆且以颠覆传统为一贯作风的创作者，他通过自我摸索习得戏剧性描写方法，作品侧重自然主义和表现主义。

本包装精美的书。这时，我故意走出书店再重新进来，假装遗憾地对店员说："我看到告示上说你们不给犹太人提供服务。"

"不过，先生，您不是犹太人啊。"

"对，"我回答，"我不是犹太人，但是在我们国家从不禁止犹太人进商店。"那一天我并没有打算买任何东西，所以，说完这句话就扬长而去。

后来，我发现自己的做法使得他们反犹太人的同时，也开始反对盎格鲁白人。

国际学校里的争执和困难实在不胜枚举，难以尽述。对外，我们与德国权威们抗争；对内，大家对政策存在理解差异。有一次，为了便于招收英国籍和美国籍的学生，管理委员会让我把一份打印好的摘要翻译成英语，从中我见识了德国人啰唆的一面。德文原稿大概有十页，我的译稿只有一页。事后，这当然引起了不小的麻烦。"可是，"我不卑不亢地为自己辩护，"虽然只有一页，但包含了你要说的全部内容。"至此，我认为简明扼要并非德国人写作的特点。

学校的几位合伙人（同为创办者）都很可靠，我们一起经历了风霜雨雪。奥托·诺伊斯特是一位可亲的老人，详见我的另一本书《海外教师》。他的妻子芙洛·多科托尔，也是我后来迎娶的妻子，她的兄弟是澳大利亚富有才华的知名小说家亨利塔埃·理查逊·罗伯逊，笔名亨利·亨德尔·理查逊。这一时期距今已相当久远，却因其快乐异常而日久弥新。伙伴中有两位开心果——埃德温和维拉·缪尔，前者是诗人，后者曾在我们的学校教书。

我们出租了部分教室，但整个教学楼被一个叫葛吉夫的人相中，他当时正在为自己的哲学学校物色房子，竟说服了房东哈罗德·多恩把房子过户给他。我们表示要上诉法庭抗争此事，房东闻讯后突然转向到我们这一边。后来，听说葛吉夫也起诉了多恩的反悔，而多恩在法庭上声称自己之前的允诺是迫于葛吉夫的蛊惑。不管怎样，葛吉夫最终败诉。后来，他与乌斯宾斯基在枫丹白露镇成立了他们的学校。这场纠纷过后，我再也没有见过葛吉夫，但不知为何，我至今还记着他说过的一句话："他们的学校微不足道，我的工作绝对更加重要。"如今，他，以及当年我在赫勒劳的其他同事都已去世多年，贝耶和多恩死于苏军枪下。

现在我想申明，本书中提及的大部分人都已不在人世。市面上的所谓自传，如果不是满篇谎言，就会逃避真相。的确，假设我的兄弟曾犯罪入狱，或者有一个姊妹沦落风尘，那么我不可能谈及他们，因为他们的子女也许大多还在世。事实上，我很怀疑自传的价值。大众有必要了解巴里、罗斯金[1]和卡莱尔[2]在现实生活中的软弱，或者了解弗洛伊德[3]在站台赶上了一辆迟到一个小时的火车，或是了解赖希[4]热情过度、王尔德[5]是同性恋吗？——我不明白知道这些对于理解他们的作品有何影响。不幸中的万幸，人们对莎士比亚的生平知之甚少。 瓦

---

1  约翰·罗斯金（John Ruskin, 1819—1900），英国维多利亚时代重要的艺术评论家之一，他还是艺术赞助家、制图师、水彩画家和杰出的社会思想家及慈善家。他写作的题材从地质到建筑、从神话到鸟类学、从文学到教育、从园艺学到政治经济学，包罗万象。

2  托马斯·卡莱尔（Thomas Carlyle, 1795—1881），苏格兰哲学家、评论家、讽刺作家、历史学家以及老师。他被看作那个时代最重要的社会评论员，一生中发表了很多重要的演讲，他的作品在维多利亚时代甚具影响力。

3  西格蒙德·弗洛伊德（Sigmund Freud, 1856—1939），奥地利心理学家、精神分析学家、哲学家、犹太人。他生于奥地利弗莱堡（今属捷克），后因躲避纳粹，迁居英国伦敦。

4  威廉·赖希（Wilhelm Reich, 1897—1957），生于奥地利，美国心理学家、心理分析家。赖希综合弗洛伊德主义与马克思主义，提出了"弗洛伊德主义的马克思主义"体系。

5  奥斯卡·王尔德（Oscar Wilde, 1854—1900），爱尔兰作家、诗人、剧作家，英国唯美主义艺术运动的倡导者。他于19世纪80年代创作了多种形式的作品，其后成为了19世纪90年代早期伦敦最受欢迎的剧作家之一。如今他以其短诗、小说《道林·格雷的画像》及戏剧作品闻名，他的性取向、牢狱生涯和早逝也是人们关注的话题。

格纳[1]私生活堪称下流，他反犹太人，对朋友刻薄，吝于钱财，但这些丝毫不会减少我聆听《纽伦堡的名歌手》或《特里斯坦与伊索尔德》[2]的愉悦感。

1923年，德国南部的萨克森爆发革命，德雷斯顿街头陷入枪林弹雨，我们不得不全体外撤。舞蹈部搬迁到维也纳附近的施洛斯·拉克森堡，我带着外语部跑到蒂罗尔边界的一座山顶，那里距离维也纳尚有四个小时的火车车程。我们临时安置在一座陈旧的修道院里，旁边是圣地教堂或朝拜教堂。据说，这个教堂的朝拜史已达四百多年。

教堂四周都是圣者的石像，每逢来自天主教会的朝圣者涌入，英语班的学生就拿起碎玻璃片凑上前去，借着阳光故意映照那些雕塑。朝拜者们频繁地在胸前划着十字，其中的本地农夫是我见过的最嫉恶如仇者。因此，当学生们的把戏被发现时，我都纳闷为什么未被处以私刑。当地有些人毕生都没见过一个外国人，而我们"异教徒"的身份足以点燃并加剧其憎恨的火焰。一次，学生中有一个九岁的德国女孩穿着泳衣晒日光浴，第二天，当地的警察登门，警告我们此举引起了村民的震惊和愤怒。不久，果然有多名农夫携妻子向我们沐浴的池塘丢破瓶子。这类紧张气氛在我应召前往维也纳教育局时达到顶峰。

"嘿，尼尔，你们教宗教吗？"

---

1　威廉·理查德·瓦格纳（Wilhelm Richard Wagner，1813—1883），德国作曲家，以歌剧闻名。理查德·瓦格纳不同于其他歌剧作者，他不但作曲，还自己编写歌剧剧本。他是德国歌剧史上一位举足轻重的人物，前面承接莫扎特、贝多芬的歌剧传统，后面开启了后浪漫主义歌剧作曲潮流，理查德·施特劳斯紧随其后。同时，因为在政治、宗教方面思想的复杂性，他成为欧洲音乐史上最具争议的人物。

2　《特里斯坦与伊索尔德》（*Tristan und Isolde*），瓦格纳的一部歌剧，他自己称之为一部三幕剧。这部歌剧是瓦格纳和马蒂尔德·维森东克的恋情写照，被视为古典—浪漫音乐的终结、新音乐的开山之作。

"不。"

办公人员就此打开一本厚厚的卷宗，大声念着法律条文：奥地利每一所学校必须教授宗教。听完，我解释说学生里没有奥地利孩子。但这明显构不成一个合理的理由，摆在我面前的只有两条路：要么离开此地，要么留下但遵守法律。就这样，我和我的小团队迁往英格兰。

不过，我们在修道院期间也很快乐。初到奥地利时，积雪正厚，大家不得不采购雪橇（"skis"的单词被我们念成挪威和德语的味道——"shees"）。邮递员大概耗费了一个小时才爬上山顶，下山时滑行了不到十分钟就抵达出发地，我们之中没有一人达到同等的滑雪水平。我们经常跳舞，狐步舞和探戈都是我的最爱。如今，我不跳舞并非由于年龄——我的身体依然能够跳探戈。新的旋律对于我来说速度太快，而且我明白自己扭动膝盖和臀部时已经不再灵巧或者优雅。

奥地利的一草一木都会激起我的伤感。我平生读的第一本德语书是 *Das Tagebuch Lines Halbwuchigen Madchens*，后来英译为《少女日记》[1]。这本日记描写的是一个中产阶级少女从十一岁到十四岁的故事，采用了孩子可以接受的语言风格，所以我读起来比较容易。实际上，我从这本书里习得了大量连许多德国人也不知道的维也纳方言。值得一提的是，弗洛伊德为这本书写了一篇短序，评价此书为一枚宝石。该序以某种方式充分诠释了他的性学理论，从中可以看出他受到十九世纪晚期愚昧的性压抑之影响。实际上，他可能就是在这几页序言中确立了完整的性哲学。日记中描绘了夕阳下的施特劳斯华尔兹和"玫瑰骑士"，以及市民的诚恳和欢乐景象，这些都使维也纳给我留下了迷人烂漫的印象。

---

1　《少女日记》，本书在我国被翻译为《少女杜拉的故事》。

　　1924 年年底，我带着学生抵达英格兰，在多塞特郡的莱姆里吉斯租了一栋房子。这栋房子叫夏山，屹立在通往查茅斯的山上。莱姆当时是，现在也是一个阶级意识鲜明的小镇，居民大多数是退休老人。我和妻子（这时我已经娶了芙洛·多科托尔·诺伊斯特）显然是外来者，上流社会那些趾高气扬者不屑于平视我们学校蓬头垢面的小孩子。直到某天开来一辆顶级劳斯莱斯，车主是"小小共和国"的创始人之一三文治伯爵。他来探望我们并逗留了几天，自那之后，那些人再遇见我们就开始鞠躬行礼。

　　这使我想起伯特兰·罗素 [1] 在他的自传中写的一个故事：一次反战抗议示威中，他被警察紧紧抓住，这时，人群中有位妇女大喊："那是伯特兰·罗素，著名的作家和哲学家。"但喊声丝毫没有引起警察的注意，他们继续驱逐着罗素。那名妇女接着又大喊一声："他是伯爵的兄弟。""什么？"警察闻声立刻停止了推挤。多么无往而不胜的老式英国绅士做派！

　　起初，我们一共有五名学生，其中三个缴半费，另两个一分未交。那时，我和第一任妻子站在五金店的橱窗外，思量着是否买得起一把铲子。由于莱姆是一处度假胜地，假期时我们就把校舍用作临时公寓，想方设法量入为出。不久，越来越多的问题孩子、其他学校拒收的不良学生都跑到我们的学校。同样的问题在五十年后依然存在。实事求是地说，一直以来，这类学生的比例居高不下，客观上妨碍了学校的

---

1　伯特兰·亚瑟·威廉·罗素（Bertrand Arthur William Russell，1872—1970），英国哲学家、数学家和逻辑学家，致力于哲学的大众化、普及化。他在数学哲学上采取弗雷格的逻辑主义立场，认为数学可以约化到逻辑，哲学可以像逻辑一样形式系统化，主张逻辑原子论。1950 年，罗素获得诺贝尔文学奖，以表彰其"西欧思想，言论自由最勇敢的君子，卓越的活力，勇气，智慧与感受性，代表了诺贝尔奖的原意和精神"。1921 年，罗素曾到中国讲学，在中国学术界有相当的影响。

整体生存。例如，一位美国家长这么描述他的孩子："我儿子是正常的孩子，不过，他憎恨上课。" 当这名学生报到时，我们看到他的脸上写满仇恨。他在学校里都做些什么呢？——欺凌他人、偷窃、破坏公物。显而易见，他的父亲一股脑儿地把自身的挫败倾倒给了我们。值得强调的有趣现象是，通常所说的学业成功者——教授、医生、律师、科学家——没有一个曾经是问题孩子。

　　莱姆的教员很少。乔治·科克希尔教科学——可爱的老乔治，他与我们共度了将近三十年；在奥地利加入我们的琼斯教数学；我的妻子担任保姆。那是一段忙碌且充实的日子，由于每个人都满怀热情，问题学生带给我们的欢乐竟大于烦忧。其中有一名女生，当时常因目空一切而引起家长和老师的愤怒，她后来成为多个高尔夫比赛的冠军。记得一开始，这个女生决定和我较量一番，踢了我大概一小时，无视我是否疼痛难忍，不料我拒绝还手。最终，她放声大哭，并且如我所愿，她艰难地懂得了一个教训：给大人下马威的做法并不总能成功。在那时，我俨然一个彻头彻尾的傻瓜，自以为除了摔断的腿，一切困扰都可以用心理学治愈。例如，我曾把学生的嗜睡、智力落后统统归结为出生时的先天伤害。当然，我很快就发现自己对他们无能为力，更谈不上什么治愈。

　　三年租赁期满时，我们共有二十七名学生，原有的场所已容纳不下。于是，我买了一辆老式莫里斯车，顺着南海岸线出发寻找宽敞的地方，沿途看到一些要价五万英镑的美景地段。接着，我向东海岸驶去，考察清单上的最后一处房产位于沙福郡莱斯顿小镇的纽黑文，售价只有两千二百五十英镑。虽然这个数目当时我们也凑不齐，但可以通过按揭贷款解决。于是，我在这里沿用了夏山这个名字。尽管校址所在地异常平坦，可是在过去四十年中，竟没有一位参观者向我询问校名的含义。

第二次世界大战爆发时，留守在夏山的我们度过了一段恍若隔世的岁月。不过，敦刻尔克战役之后，随着侵略大举扩散，我们也被迫转移。在北威尔士，我相中了一栋闲置破损的房屋，屋内的洗手间和大多数房间的窗户已被当地的孩子打得粉碎。随后我们在这里消磨了五年光阴，差不多是我成年后持续居住最久的地方。当地雨水频繁，道路泥泞。不得已，我放弃了驾车出行，加入搭乘公共汽车的行列。当然，周围的人都说威尔士语，有一些老人完全不懂英语。

这种费斯汀约格式气氛使我有一种错觉，以为自己又回到了故乡——苏格兰村庄。四处都是小礼拜堂，散布着赞美诗和惯常的伪善。当地一位商店老板对我说："我不相信任何上帝。但如果每周日不去那该死的小教堂，我将失去顾客。"村民们对我们这些人异教徒般的行为瞠目结舌，然而，他们一个又一个地陆续溜进我们在周日晚上举办的舞会。

印象中，威尔士这个地方于我形同地狱。抵达当地不久，四名最聪慧的男孩子意外溺亡，接着我的妻子丽尔因中风而失声，并由此落下了心绪紊乱的后遗症。这就难怪说费斯汀约格是我的伤心之地了。房屋四周的景致美轮美奂，与我们在奥地利山上时的环境不相上下，然而仅仅一周之后，我再也无心观赏美景。

这个时期的学校也不是真正意义上的夏山。多数家长送孩子来的主要意图是安全而非自由，所以当时局安稳下来，学生们陆续退学离去。放假之前，我们带着学生长途跋涉去了一趟伦敦，人人疲惫不堪。但不幸中的万幸，这一路上我们不曾遭遇游击战。

我们经受了供给不足的困难。那时，粮食实行定额配置，烟草变得很难买到。当地的小酒馆晚上九点打烊，而英格兰的酒吧可以营业到夜里十点半。学校里的男生和村里的男孩们交战不断，后者往往极具攻击性，尽管教堂里的他们温文尔雅——也许恰恰因为礼拜日过于温雅了吧。

目睹孩子们之间发生的一切，我仿佛重温了从前在苏格兰过安息日时才有的欢乐。在费斯汀约格，人们在星期日整饬花园都属于亵渎神灵。有一次，持续的阴雨几乎让庄稼难以存活，当等到终于迎来一个阳光明媚且起风的星期日时，却没有一个农夫出门抢收谷物。

尽管威尔士饱含对英格兰及战争条款的深深怨恨，它仍有不容忽略的优势。按照当地的做法，学校的供暖用煤来自登记在册的煤矿批发商，供应方一经填报就不得随意更改。后来，另一家公司想要同原定批发商争夺市场，问我是否需要价格更优惠的煤，我回答说当然需要。随后我向对方解释学校采暖已经登记在强纳斯名下，所以自己无权处理。

对方笑着说："没关系，告诉我你需要多少吨？"

"可是，"我没有直接答复，反问，"法规怎么办？"

"去它的法规，"他说，"不管怎样，我已经给首席长官供应两吨焦炭，而他的住所的采暖也登记在强纳斯名下。"

自那以后，我的学校再也没有出现焦炭或者煤断供的情况。

虽然整整五年里我成天听着威尔士人交谈，但却一句威尔士语也没有学会。回望生命的其他阶段，比如有一年我在挪威度过，也没有学会一个挪威单词。这也许是由于我心知自己不过是短暂的客居，因此学习的动机非常微弱。

我对威尔士的岁月记忆寥寥，种种悲惨遭遇似乎印证了弗洛伊德的理论：人们总是遗忘那些自己希望忘记的经历。我甚至记不清自己住过的房间，也想不起当时共事的大多数员工的姓名。

战争期间，我每年走访一次莱斯顿的夏山学校，都住在沃森家中，他经常亲自开车载着我四处闲转。令人烦恼的是在办公大楼里随处可见到士兵，我们也随时会被年轻的军官盘问。

"先生，你在政府大楼里做什么？你到底是谁？"这种质问总是不期而遇。

"反正不是什么大人物，我不过恰好是这里的房主。"

"可以提供证明吗？"

"哦，"我懒洋洋地回答，"逮捕我吧，把我带到楼外，当街问你碰见的第一位路人，他可以证明我是谁。"

后来，苏格兰燧发枪团占领了学校。当我告诉对方自己是老兵之后，被授予随处行走的特权。有一天，我鼓起勇气对一位夸夸其谈的中尉说："请问尊姓大名，我要向你的长官举报你的傲慢无礼。"可是，当这位气焰嚣张的年轻军官俯下身来，我又替他感到难为情。

1945年我重返莱斯顿的那一天，大概是我此生最开心的日子，一同出发的还有我的第二任妻子埃纳和一只猫。部队占用了校舍整整五年，期间对房屋造成的损害比二十五年里各期学生所做的破坏都严重。但这一切和我们平安回到亲爱的老夏山相比，不值一提！十天后，我们所需的家具才从威尔士陆续运达。这期间，我们白天坐在地毯上，晚上睡在地毯上，开心得合不拢嘴。我本人，终于回到了挚爱的夏山，之前经受的所有磨难在久别重逢的平静和喜悦中烟消云散。有生之年，我从未重访过学校在德国和奥地利的旧址，也不曾返回威尔士重访曾经住过的房屋，任何与重温有关的念头都不曾有过。究其原因，也许是我觉得只有夏山属于我——亲自买下并使之得以改善——它俨然成为我内在人格的外延。

关于夏山学校，已经写得够多了，我已没有热情在此赘述。如今，1972 年，它在不列颠依然并非家喻户晓。许多美国人这么对我说："我们在伦敦和当地人提起夏山学校，他们表示从未听说过。可是，如果在纽约或者洛杉矶，知道的人就很多。" 我无心做预言家，迟疑于在这里是否该引用《圣经》中的格言："先知除了在本地、本家之外，没有不受尊重的。"或许，这种名声在外的怪象之答案在于英国人的阶级体制。大多数拥有地产的家庭已迫于时局抛售了祖传的城堡或者官邸——部分原因是家庭变小、居住分散——可是贵族传统的消失极其缓慢。体现在教育上，英国依然呈现这样一个梯队：面向上流阶层的伊顿公学、哈罗公学，面向中产阶级的语法学校（十六世纪以前以教拉丁文为主，后变为中学，教授语言、历史和自然科学等），面向那些无望进入白领行业的现代中学[1]。不过，我认为其他国家也存在相似的体系，甚至一些共产主义国家也不例外。

精锐一族——富人、既得利益者和电视明星们——从未赞赏过夏山学校。我怀疑安妮公主或许适合就读——不是在初次度假之后，而是当白金汉宫里也开始出现粗俗的四字词汇时。除了畅销书作家艾瑟尔·曼宁的女儿、贝纳尔教授的两个儿子之外，名流家长们通常都对我们避之唯恐不及。当然，我们有不少美国学生，但也并非都是名人之后。两年前，我在纽约结识了一位运营非寄宿学校的女士，她向每名学生每年收缴的学费是三千美元。我很清楚，她的学校的家长绝不会把孩子送到一所类似夏山的学校接受教育。

非常有趣的是，我们的学生鲜有阶级偏见。如果有学生是坐着劳斯莱斯来上学，其他的孩子往往无动于衷。论及肤色，当我们接受黑

---

1　英国《1944 年教育法案》通过后所设立的非选择性的中等学校之一，与文法学校、技术学校形成英国中等教育的"三分制"形态，近代又增加综合学校，形成英国中等教育的多轨制。

人孩子时，即使最年幼的学生也不会注意他们的肤色。我们也有犹太裔的学生，同样没有人知道或者在意。四十年前，有一名学生是虔诚的罗马天主教徒，他每天清晨必定祷告。一天，这孩子写信给家人说祷词丢失了。结果，他的父亲开着一辆高级劳斯莱斯来到学校，没有对我说一个字，抓着孩子的衣领把他推进车里，扬尘而去。我对此并不在意，毕竟这位家长已交了一学期的费用。另外还有一位信奉天主教的学生，最后我却不得不亲自送他回家。想想看，一年中的大部分时间，这可怜的孩子在我们这所不相信所谓原罪的学校度过，假期回家却被家长要求向神父忏悔自己的罪行，其中的矛盾冲突远已超过一个孩子可以承受的极限。我难以想象如果招收一名东正教家庭的犹太孩子，又会发生什么怪事。

我从不后悔返回莱斯顿。这里空气清新，面积达 11 英亩（合计 4.45 公顷）的学校是孩子们的乐园。常常有人问，小镇里的人如何看待我们，可我总是无言相告。显然，镇子上的人们并不理解这所学校所做的一切，不过，他们都非常友好。我和学校的同事经常出没当地的酒吧，却从未在酒吧里看到任何一位体制内的教师、医生或者律师。没有阶层之别的夏山学校，自然属于所有阶级。有阵子，一个大约十七岁的少年常在校门外溜达。我走上前问他想做什么，他回答："呼吸自由的空气。"我并不是借此表明他是典型的莱斯顿居民。

我就是"尼尔"，不必冠以"先生"，这个称呼适用于一些工人，也适用于家人、学校的职员和学生。任何人见到我都不必摘帽行礼，有些本地人只是好奇那些世界各地的来访者究竟到这所学校参观什么。身为当地一家高尔夫俱乐部的会员，但在整整二十五年间，只有一名其他会员——我们的校医——知道我是谁。

我一直擅长自我解嘲，甚至在被授予名誉学位时。几年前，有位朋友想要一本我的处女作，那是写于1915年的旧书，我二话没说就走进伊普斯威奇的一家书店。

"请问，你听说过《一名苏格兰乡村教师的日记》吗？作者是A.S.尼尔。"

"听说过？为什么这么问，我们有这本书，有天我在书架上看到过。"店员一边回答，一边寻找未果。"那是本无名小卒的败笔之作，这些人的书简直就是误人子弟，"他接着说，"你愿意的话，可以留下地址和姓名……"

"谢谢，我下次再来找。"

几年前，我在奥斯陆的森林中漫步，走着走着迷了路。情急之间，我看到有一个人在前方正穿林而过。由于不懂得一句挪威语，我就简单地招招手，并且问："奥斯陆？"

"希望是吧。"他回答。

接下来，我们谈论了一会儿苏格兰。

"既然我们碰见了，"他说，"我们最好相互认识下，我叫麦克唐纳。"

"我叫尼尔。"

他当即快速打量我一番，问："你不会是'那个'尼尔吧？"

我摆出一副恰如其分的谦虚架势反问他："你说'那个'尼尔是什么意思？"

"博比·尼尔，有名的足球运动员啊。"

我认为斯大林和希特勒的困境在于他们不懂得自我解嘲，或许尼克松也有相同的障碍。我想，任何人首先有必要认清一个道理：自己实际上微渺如尘埃。没错，现实中的伟人不多，但众所周知的名字不少，至少是一些耳熟能详的名字。可是，请问十年后谁还记得现在这些流行歌手？有那么一天，某些教育历史著述中将会有一个里程碑式的人物，一个名叫 A. S. 尼尔的苏格兰人，他创办了一所叫作夏山的学校，而我将不会列席现场、尽情大笑。

# 13 /

# 荷马·莱恩和威廉·赖希

　　荷马·莱恩虽然出生在美国，但称得上是个"英格兰通"。他先是就职于著名的美国新派学校乔治少儿共和国，之后接受一些知名社会改革者——三文治伯爵、利顿勋爵等人——的邀约，在多塞特郡为失足少儿办了一个家园，即"小小共和国"。这是一次非凡的教育实验，我离开部队时曾尝试加入，但机不逢时，未能如愿。莱恩生前从未就他的教育实践著书立说，直到1925年他去世以后，他的学生把听课的笔记贡献出来，促成了一本书的问世——《与家长和老师的对话》。对于该书的出版，编辑约翰·莱亚德功不可没。三年前，朔肯出版社出版美国简装本时，我应邀写了序言。W.大卫·威尔斯撰写了莱恩的传记，同一家出版社还出了《小小共和国》一书。莱恩之所以不写作，有一个非常现实的因素——他不是那种传说中"受过良好教育"的人。他与朋友们的通信多写在明信片上，而且字里行间常有拼写错误。

本书先不描绘莱恩的教育哲学，鉴于他对我一生的重大影响，我想谈谈他与我之间的事。"小小共和国"关门停办之后，定居伦敦的莱恩开始做心理分析师。在二十世纪初期，我对心理分析一无所知，也几乎没有听说过弗洛伊德，因此也自然从未考虑过自己需要接受分析。直到有一天莱恩告诉我，他认为每一名教师都应该接受系统的自我分析，并且主动提出可以为我做免费的日常分析。这不是弗洛伊德式分析，我并没有躺在床上或者躺椅上，双方只是分别坐在椅子上，然后谈话。就像后来我接受斯泰克尔的分析一样，莱恩的分析并未触及私人情感，我也不清楚自己是否从中汲取了积极的力量。实事求是地说，如今，我非常确定的一点是：莱恩对我人生的主要影响恰恰是我们谈话中超出分析的部分——他本人对待孩子的方式。他有一句口头禅是："你必须站在孩子那一边。"

莱恩给我讲他面对的那些孩子，他们上过少年法庭，让人极度头疼。他所说的一切在当时的我看来不可思议——窃贼和抢劫犯可以被自由、自我管理拯救——不，我当时并不相信。后来，当我实际接触青少年之后，方才领悟到他的见解毫无夸张之处。

莱恩是一位了不起的智者；我不想指认他是一个天才，因为这个词常常被滥用。莱恩显然拥有某种强大的天赋，这使他具备令人费解的直觉，能够快速捕获反常举止背后所隐藏的动机。

当不能处理好我的困扰时，莱恩会把我的注意力转移到新的问题上。例如，一次释梦时，他说："这个梦说明你恐高。"

我听了立刻笑起来："老天爷！莱恩，你知道吗，我上学的时候经常爬上一座高塔，然后双腿悬空地坐在塔顶看书。"

"人的梦不会说谎。"他反驳着。

"好吧，莱恩，我会证明你是错的。" 我不以为然。第二天，我们去爬天文学家雷恩爵士[1]的纪念碑，这是一座高 200 英尺（61.5 米）的建筑。俯视下方时，我感到心跳加速，害怕极了。关于恐高症，常见的解释是体现了一种渴望跳跃的下意识——也许吧——不过令我迷惑不解的是：我能够安然无惧地站在井边朝井底探视。另有一次，站在巴伐利亚的一座山顶，我感受到突如其来的恐慌，但是并不存在跳跃的企图，因为那山坡平缓极了。我只能说，莱恩应对任性、违规的孩子的那一套，并不适用于神经质的成年人。

我很喜欢莱恩的幽默感。记得有一次，他从我对梦的诉说中提取了一个词——石灰。我还能想起来当时的场景："石灰，一种搅拌物，"莱恩说，"我就是这种石灰，正在帮助你重建你自己，你能看到其中的关联吗？"

"哦，可是，莱恩，我梦到的是一条轨道，一条铁轨。"

我话音刚落，他爆发出一通大笑。释梦对于他，看上去就像一种类似纵横字谜的游戏。

莱恩总是衣装整洁，并且别具一格，整个人充满魅力。他是可怕的奇谈家。他给我们讲述年轻时候的奇遇，包括如何逃到和逃离印第安人的部落，如何击倒一个团伙的头儿然后顶替了对方的位置。在他去世之后，传记作者大卫·威尔斯发现这些事迹都是子虚乌有。

---

1　克里斯多佛·雷恩爵士（Sir Christopher Wren, 1632—1723），英国天文学家、建筑师。1666 年 9 月伦敦发生大火，烧毁了当时为黑死病所苦的伦敦市，给了雷恩发挥才能的机会。他提出了全伦敦市灾后的修复方案，因受到大地主的反对而未能实现。但是他担任了灾后复兴委员会的要员，在大火后的重建工程中，雷恩重建或监督了 86 座教堂中的 51 座，其中最有名的莫过于圣保罗大教堂。该教堂从 1675 年开始重建，直到 1710 年才告完工，共花费了 75 万英镑。最后他在距起火点普丁巷 61 米处设立了一个纪念碑，高 61.5 米，共有 311 阶，顶端为火焰饰围绕的圆球。

莱恩极其崇拜巴里，对萧伯纳[1]厌恶有加。他热爱《彼得·潘》和《亲爱的伯鲁托斯》[2]。就像他的偶像巴里一样，莱恩从未真正长大，而他一生所有的傻气不过是做了看似幼稚的事。

然而，正是这种饱受诟病的"彼得·潘主义"使得莱恩成为特定领域的开拓者——他找到了治愈创伤的新方法。起初，他为"小小共和国"的孩子筑起了一面示范墙，可是，当孩子们发现他的示范完美无缺而自己的行为消极丑恶之后，他们开始攻击、摧毁这堵墙。然后，莱恩加入其中。对此，他的解释是：必须身体力行地让孩子们看到，他们本身比任何砖瓦都重要。但我觉得他本人也很享受这种破坏的过程，因为他心里也住着一个淘气的小男孩。我们的分析谈话安排在星期日晚上，我会先与他的家人共进晚餐——他的妻子、孩子们以及一些"小小共和国"的前失足少年。当大家进餐时，他会默默地分析我。餐桌上，虽然他通常神情凝重地坐在那里，一言不发，但往往是这个安静的团体里的欢乐之魂。

莱恩的创举在他生前影响有限。1925 年莱恩去世之后，国内的问题儿童机构并没有变得青睐自由和理解，他们对待失足少年的方式依然宛如一场噩梦，使失足少年备受惩罚、严格管教、强硬的纪律和思想谈话的折磨。在当今的不列颠境内，到底有多少教师听说过莱恩？我对此深表怀疑。

我初次走访"小小共和国"时，正好赶上他们的自治会在开会，

---

1 萧伯纳（George Bernard Shaw, 1856—1950），英国剧作家，伦敦政治经济学院的联合创始人。早年靠写作音乐和文学评论谋生，后来因为写作戏剧而出名。萧伯纳一生写了超过 60 部戏剧，擅长以黑色幽默的形式来揭露社会问题。1925 年"因为作品具有理想主义和人道主义"而获诺贝尔文学奖。

2 《亲爱的伯鲁托斯》（*Dear Brutus*），J.M. 巴里创作的三幕喜剧。

那激烈的场景至今历历在目。会后，莱恩和我坐下来交谈——不，确切地讲，是我聆听他的发言。此前，我从未听说儿童心理学或动力心理学之类的学问，因此完全插不上嘴。拜访莱恩之前，我已经写了两本书，摸索自由之路的书。然而，一直以来，我总是坦然承认：让这条路真正显现在我面前，却是莱恩的功劳。是的，在我看来，他和他所做的一切本身就是莫大的启示。

有时候，我会说起一些深受夏山影响的家伙不曾在自己的著述或者文章里提及夏山，相形之下，我对莱恩敬重有加并非自命不凡。前者的做法随处可见。最近，有位英国医生发表了一篇论述神经症与肌肉僵直之间关系的文章——该原理最早由赖希发现——可是通篇没有提到赖希。我当然知道，从长远来看，这些小事不足挂齿，但我坚信饮水思源是诚实之举。

我们这些视莱恩的话为神谕的门徒，从未悉心恳请他做精深的解释。例如，当他说"任何一个足球运动员都存在阉割焦虑"时，我们只点头表示同意。不知何故，我们从未质疑过他的这些结论，要知道大家都不是年轻的傻瓜。他当时的团队包括利顿勋爵（前面提到过），后来出任印第安或印度都督；大卫博士，拉格比学校的校长，后来成为利物浦主教；以及其他的医生、教师和学生。借用大卫·威尔斯在莱恩传记中的话，这些门徒中只有尼尔一人能够在莱恩去世后客观看待他。究其原因，大概因为我具有冷静固执的苏格兰血统。或者更可能的是，我的移情尚未强烈到无视时间的流逝。

就在接受分析的中期，我曾与莱恩发生过一次争吵。他认为我在一次公开讲话中曲解了他的思想，为此对我大加责备。双方都据理力争，此后，我决定暂停接受他的分析。接下来的几个月，我去伦敦的另一位医生莫里斯·尼克尔那里接受分析，这位医生遵循荣格学派，依然未触及私人情绪。时隔多年，我只记得有一回说自己梦见一条黑狗，分析师尼克尔认为这代表了自由、能量流与力比多——天知道含义是什么。除此之外，我对那几个月的对话已毫无印象。某个周日的晚上，在莱恩家里，他问起伦敦的分析进展如何，我如实相告。然后，他说："你还是回到我这里吧。"就这样，我又回去任他对我的梦做精细的分析。

据我的观察，他的分析并不高明。他对梦的象征所做的描述非常精彩，但是，他所说的那些从未触及我的灵魂。

前面我曾经提过，离开部队时我给他写了一封信表达"尼尔可以随时报到"，随后收到他自伦敦答复的回信，信上说"小小共和国"被内政部勒令关闭了。根据他的叙述，事情的前因后果是：一名失足少女偷了钱并且逃跑，被警察抓住后，她声称莱恩曾经企图勾引她。于是，内政部派了一位铁面无私的调查员前去调查，调查的结果是未找到证据表明莱恩有此嫌疑。然而，内政部却要求委员会任命另一位负责人。委员会的成员三文治伯爵、利顿勋爵和贝蒂夫人拒绝辞退莱恩，表态说他们宁可关闭"小小共和国"也不换负责人。

我从未怀疑过莱恩在这起事件中的清白。他对女人有着极高的审美情趣，不可能去勾引一个问题少女。任何接触过问题少女的成年男子都清楚，她们的想象力会有多么不着边际。我自己与这类姑娘打了多年交道，但却从未遇到诋毁我的指控。细想起来，部分原因可能是因为一旦发现对方有危险的幻想征兆，我就立刻联系最初送她们到我这里的医生或教师协同应对。

1925 年，莱恩曾经试图技术规避责任，由于有外国国籍，他一直没有到警察局注册。现实中，他再次被指控，和之前的罪名一样，这次是引诱女病人。就在这一年，他被驱逐出境，只身前往巴黎，不幸因感染肺炎而离世。

这些控诉是否公正，我无从知晓。但就算他真的与病人同床共枕，我始终认为这不是什么天大的事。莱恩去世后，年老的利顿勋爵极度哀伤，看上去茫然无措。有一天，他邀请我去俱乐部共进晚餐，当时我有一种感觉，认为利顿勋爵在竭尽全力地寻找可以替代莱恩的人选。如果我的猜测没错的话，那么，我有必要表明我难以胜任。

我对他说："利顿，假定你有充足的证据证明莱恩犯有猥亵病人的罪名，请问你会怎么看待此事？"

我的提问对当时的他显然造成不小的震动，他缓缓地回答："我想，这不会从任何方面改变我对这个人的爱和敬意。"

顺便一提的是，莱恩有一个不好的习惯，他会把刚刚离开谈话室的病人的情况讲给新来者听，这实在是任何咨询师都无法宽恕的恶习。

关于对莱恩勾引"小小共和国"失足少女的指控，我从未信以为真。后来，当他被指控勾引躺椅上等待治疗的病人时，我倒的确产生了几丝怀疑。但即便如此，我也不曾因此有过任何震惊之情。也许，我认为相比我从释梦中所得的收获，他的一些女性病人在勾引之外的获益可能更多吧。当然，从职业的角度去看待，这么想实属大错特错，一旦女病人成为分析师的情人，相应的分析也就走到了尽头。我的老朋友杰克·弗吕格尔，他是知名的弗洛伊德学派学者，曾经对我引述过一位纽约分析家的原话："弗吕格尔，我可不是那种和每一位病人厮混的分析师。"杰克是我见过的为数不多的可以自嘲并讥讽其他同行的分析师之一。在我看来，莱恩毕生的悲剧在于常被人际丑闻缠身，而他对问题少儿所做的伟大工作却不曾广为流传。丑闻永远不会抹杀一个人的作为，但却足以毁灭其人生。

前面说过，莱恩是一位奇谈家。对他所讲的某次晚宴时坐在巴里旁边发生的事，我一直半信半疑。他告诉我："我问巴里知道彼得·潘的象征意义吗，他警惕地看着我回答'上帝，我不知道'。然后，他就转向坐在另一边的女士，再也没有同我讲一句话。"

我是在报纸上看到莱恩的死讯的，当时就有一个不寻常的觉察，发现自己面带微笑。这多少显得冷酷无情，但后来我领略到了真正的原因：我终于解脱了。在那之前，我在思想和心理上完全依赖他——荷马会说些什么？现在，他去世了，我不得不独立，并且由自己做出决定。

不久之后，我在维也纳成为威廉·斯特科尔的病人，他本是弗洛伊德学校的成员，后来和荣格[1]、阿德勒[2]一样脱离出来。我曾经看过斯特科尔写的一本书，他在书中抱怨精神分析过于昂贵且耗时太长。他声称任何分析都不该超过三个月，这一观点与我的苏格兰节俭风格极其投缘。斯特科尔擅长符号学，他从不需要我对梦做联想。"啊，尼尔，这个梦表明你依然深爱着你的妹妹。" 他的判断会引发我的思考，但从未触动我的情绪。我认为自己对他没有产生过移情，原因可能是他有时候显得过于孩子气。

"尼尔，你的梦表明你爱上了我妻子。"

"斯特科尔，我喜欢你的妻子，但她对我没有任何性方面的吸引力。"

---

1 卡尔·古斯塔夫·荣格（Carl Gustav Jung，1875—1961），瑞士心理学家、精神科医师，分析心理学的创始者。

2 阿尔弗雷德·阿德勒（Alfred Adler，1870—1937），生于奥地利维也纳，医生、心理治疗师以及个体心理学派创始人。阿德勒是弗洛伊德早期的重要门徒，后因弗洛伊德过分强调性本能而与他决裂，阿德勒对社会动机与意识思考的强调更甚于性冲动本能与潜意识的历程，自创"个体心理学"。个体心理学派是精神分析学派内部第一个反对弗洛伊德的心理学体系，由生物学定向的本我转向社会文化定向的自我心理学。阿德勒也是人本主义心理学的先驱、"现代自我心理学之父"，对后来西方心理学的发展具有重要意义。

我话音未落，他已勃然大怒。

"什么，你不仰慕我的妻子？这对她简直是一种侮辱，仰慕她的男人难以计数。"

还有一次，我借用他的卫生间，当我返回座位，发现他狡猾地看着我并用责备的口吻说："啊，原来如此！亲爱的尼尔想成为威廉·斯科特尔，成为国王。他想坐到宝座上去！淘气的尼尔！"

等我解释说自己肚子不舒服时，他一笑了之却不以为然。他喜欢引用的弗洛伊德的一句话是："巨人肩上的侏儒比巨人看得更远。"这个断言颇值得怀疑。

我也无意详述赖希一生的作为，只想简要回忆他对我的影响和帮助。我们相识于1937年，当时我在奥斯陆大学做报告。报告结束后，大会主席告诉我："今晚来听讲的听众里有一位名人——威廉·赖希。"

"我的天！"我应声回答，"太巧了，我在来这里的船上读了他的《法西斯主义群众心理学》。"

于是，我给赖希打了个电话，他邀请我共进晚餐。我们一见如故，聊到深夜，我感到自己完全被他迷住了。

"赖希，"我说，"你是我踏破铁鞋要寻找的人。多年来，我一直期望能遇到一个把灵魂和身体相联结的人。今后可以登门向你请教吗？"

接下来的两年之中，我在奥斯陆逗留的时间相当于三年的年假。根据他的说法，我只能通过亲历植物性疗法的方式进行学习。换言之，我必须裸身躺着沙发上，而他会敲打我身上僵硬的肌肉。与众不同的是，他拒绝谈论梦。回想起来，那真是一场难熬的治疗，多数时候疼痛难忍。但是，我在几个星期内体验到了前所未有的情绪释放——莱恩、尼克尔或斯特科尔都不曾带给我的体验。虽然看到赖希的一些病

人在治疗之后仍有明显的神经症，但我觉得自己遇到了最适宜的治疗
方式，而且至今仍这么认为。

赖希的口头禅是："一条弯曲的枝桠会长成一棵枝干弯曲的树。"
不过，我很怀疑，是否存在某种触及神经症根源的治疗手法。二十世
纪早期，人们把所有疾病都追溯到生产时受到的伤害，即著名的"产
伤"。结果却令人失望，因为这是一个莫须有的概念，并不存在所谓
的产伤，而仅仅是把出生时刻的创伤体验放大了而已。赖希逐渐意识
到真正的答案在于预防而非治疗，但是，为了积攒科学研究所需的经
费，他照旧实践着自己的治疗服务。

1939 年第二次世界大战爆发时，我很担心赖希的命运。身为犹太
人的他，早已被登记在纳粹的黑名单上。他的一位美国病人——西奥
多·沃尔夫博士——后来翻译了赖希的作品，这位博士想方设法把赖
希引渡到美国。在美国，他的故事家喻户晓，最后死于狱中[1]。他的遗
孀伊尔莎后来出了本《威廉·赖希：私人传记》，该书诚恳大胆地还
原了赖希睿智、复杂的一生。

赖希对日常的话题缺乏兴趣，诸如那些关于汽车或者书籍的谈话，
流言蜚语对于他更是形同诅咒。他的话题总是围绕着工作。到了美国
之后，他的作息才有所放松，但也不过是每周去距离大学和诊所不远
的缅因州的兰利奇看看电影而已。他属于对电影毫不挑剔的观众。记
得有一次，我把一部影片描述成低俗拙劣之作，这引起了他的愤怒。
他抢白着说："我享受这部影片的每分每秒。"

我和赖希的关系有些特殊。平常，围绕在他身边的不是他的弟子

---

1　赖希因不能答复美国联邦调查局的指控而入狱，这项指控认为他在宣传自己所研究的自然能储
存器（orgone box）时存在欺诈。调查局坚信"积累的自然能可以治愈特定疾病"的说法毫无依据，
而赖希无法通过科学实验的方式当庭证明他的观点，并且拒绝撤回已投入试验的存储器。

就是实习医生，他们彼此互为工作伙伴。我大概是那个唯一把他视为赖希的人。没错，我也曾经是他的病人、实习生，但也许以我的岁数，得以与来自奥斯陆的奥拉·拉克内斯博士一样，我属于自己。我们经常开研究会，赖希会在黑板上写满符号、公式，这些信息对于我如同天书，我曾猜测其他人是否也有同感。他的自然力或自然能理论给我的感觉与希腊语没有分别。赖希认为自然力是肉眼可视的，然而，我显然瞎了眼。我还记得他有一辆小摩托车，车的动力源于一个微型自然能存储器。摩托车速度很慢，但如果用电池启动的话，似乎又能跑得飞快。对此，他先是一阵狂喜，继而郑重宣告："这是未来的动力之源！"当然，我从未获悉它有所进展。

我对于他所说的"造雨"式观念生成论一知半解。他所说的可以用于任何领域的心理自然力，更是超出了我的想象。我对赖希后期的研究并无兴趣，在我看来，著述《法西斯主义群众心理学》《性革命》《性格分析》和《性欲高潮的功能》的他是一位大师。至今我仍认为，《法西斯主义群众心理学》是有关群众分析的杰出之作。

真希望我们在缅因州的那次对话有录音。那天，我们畅谈良久，一边聊一边吃喝，干掉了许多苏格兰威士忌和黑面包，而且奇妙的是，谁也没有宿醉。就像我之前提到的，赖希很不习惯放松，可是他的下颌骨异常灵活，好像机器上的一个光滑零部件。他的肌肉可以休息，但大脑从不。

他经常劝我把夏山学校迁到缅因州，每次我都干脆地回答："不，赖希。"接着我不厌其烦地解释："从前，我曾在外国办过学，之后发誓再也不那么做。我对美国的风土人情一无所知。而且在美国的话，无论怎样做，学校都有可能被当作赖希学校，那可实在超出了我的能力范畴。"

赖希的世界里非黑即白，非对即错，因此与他共事并不容易。意见不同者要么顺从他的做法，要么自动出局。我深知自己不适合与他协作。

他是不懂得恐惧的人，至少对自己如此。可是说起坐车，如果司机的水平有限，他会和我一样选择坐在车门边。他常常过度担忧他人。例如，每当他的妻子伊尔莎驱车送小儿子去上学，他总是说："伊尔莎，注意安全。不要开快车。" 又例如，当他拥有了自己的瞭望台时，我顺着梯子爬上去想从高处俯瞰一番（当时我的恐高症哪里去了），他站在底下替我捏汗，不停地说："小心啊，尼尔。当心，下来吧。"

赖希和我彼此欣赏，1948 年，我们在缅因州作别，此后再也没有机会见面。离别时，他张开手臂抱住我，说："尼尔，我真希望你能留下来，你是我唯一可以倾诉的对象。其他人不是病人就是学生。"也就在那时，我明白了他有多么孤独。

有一次我问他："为什么你总是一本正经？为什么你一定要强调沃尔夫是沃尔夫博士？为什么你不能让他们称呼你赖希？"

"因为他们会因亲密而毁了我，就像从前在挪威时那样。那时我是大家的威廉。"

"可是，赖希，我的员工、学生和家人都叫我尼尔，从没有谁利用过这种亲密。"

然后他就会含糊其辞地反驳："是的，但是你没有遇到我所遇到的难缠之人。"

坦白说，赖希对我的学校并无影响。在我们相识之前，夏山学校已在我手里运转了 26 年。但他对我个人的影响意味深长。他拓展了我的视野，改变了我对自身的认识。他颠覆了置我于性困惑的苏格兰加尔文主义，夸赞我童年的性把戏是聪慧而非情欲所致。

从伊尔莎写的传记中不难发现，赖希晚年丧失了理性。关于这一点，我并不觉得费解。许多伟人都难逃疯狂——斯威夫特[1]、尼采、舒曼[2]、拉斯金等。我没有最终疯掉，这个事实可能恰好证明我不是天才。这个世界的确糟得一塌糊涂，在这样的世界里，像赖希这样的人当然是疯子，而里根、尼克松或华莱士之流却是神志清明者。

伊尔莎在书中还谈及赖希的嫉妒和脾气。关于后者，我也见过多次。当试图逃脱那些表面琐碎之事的束缚时，他很容易情绪失控。记得一天早上，大家围坐在一起吃早饭。他先是揶揄了伊尔莎，随后转向我问道："尼尔，我为什么要那么做？""为了和解，"我说，"你想再度一次蜜月。"他听后大笑不已，大声地说："这真是一个深刻并且真实的理由。"

我真希望能永远记着他的一些箴言。例如这句："心理分析的困境在于它分析的是语言，而所有的早期伤害都发生在会说话之前。"

在赖希抵达美国但尚未入狱期间，我们一直保持通信。据伊尔莎说，他只有在极度疲劳时才拒绝联系我。我在奥斯陆时，奥拉·兰克尼斯和其他几位老朋友发电报慰问他，结果他的答复是：不要相信尼尔。

之所以有这句答复，我心知肚明。他的儿子彼得此前来夏山探望我，每当美国飞机在天空飞过，彼得就说这是派来保护他的飞机。我

---

1 乔纳森·斯威夫特（Jonathan Swift, 1667—1745），爱尔兰作家，讽刺文学大师，以《格列佛游记》和《一只桶的故事》等作品闻名于世。他有多重身份，包括神职人员、政治小册作者、诗人和激进分子等。

2 罗伯特·亚历山大·舒曼（Robert Alexander Schumann, 1810—1856），德国作曲家，浪漫主义音乐成熟时期的代表人物之一。

知道他这是在引述父亲的话，于是表示一派胡言，想必他回去之后把我的原话告诉了赖希。不过，我们后来和好如初，彼此之间的友谊牢不可破。

赖希送了我一本德语手抄本的《听着，渺小的人》，并向我询问出版英语版的意见。我就此写信给他："不要，赖希。那么做会让你的敌人攻击你是一个自负的家伙，认为你眼中只有卑微者或者病人。"他同意我的看法，但没过多久，有一位妇女针对他写了一篇恶毒的文章，他气愤不过，迅速刊印了该书作为反击。我经常提醒他，对那些无知或恶意的新闻记者反唇相向是愚蠢之举。"像我一样忽略他们。"我告诉他。可是这些告诫毫无作用，他必须斗争。

与其他男人一样，赖希也有小男孩的品质，但与其他人不同的是，他能意识到这些品行的存在。并非说他有足够的幽默感而自我解嘲，而是说，我确定他对自身存在的异常的嫉妒和猜疑有所觉察。不过，就像伊尔莎说的那样，赖希不懂人情世故。我不止一次看到他被一些明显像是骗子的人欺骗。赖希对人轻信，一旦发现对方作假，就又报以可怕的愤怒。不过，他的愤怒通常也是来得快去得快。

我确信，他在不知不觉之间探寻着殉道之路。《基督的谋杀者》几乎就是一本自传。我的耳边一次又一次地回响起他的呼喊："他们要杀了我。"在我们相识之前，赖希就是殉道者，逃离希特勒的同时，他被丹麦和瑞典驱逐，他的敌人们还计划把他驱逐出挪威——一个被战争摧毁的弹丸之地。

伊尔莎在传记中描述了一些赖希的童年往事。小赖希撞见自己的母亲和家庭教师睡在一起，然后把这件事告诉了父亲，他的母亲后来自杀。这件意外导致了他终其一生对女性的猜忌和不信任——他总是猜疑她们有朝一日会背叛自己。

　　与莱恩的离世相比，赖希的死带给我更多觉醒。我由衷地感到，一束亮光就此熄灭，一位伟人死于卑劣的囚禁。我认为，从现在开始，至少三代人之后，世人才会把赖希视为天才。我非常幸运有生之年得以与他相识，向他求学，并与他成为挚友。

# 14 /

# 爱、婚姻和佐伊

虽然我喜欢把性升华为事业心，但也认为自己的性欲与大众无异。早年，我也曾和姑娘们经历了普遍存在的、不甚光彩的性探索。如前几章所述，好姑娘都只可远观，她们有一种观念令人望而却步："被谁触碰就嫁给谁"。因此，学生时代，我们只选择抛头露面的姑娘——出身于工人阶级的姑娘。我从没有找过妓女，也许因为周围有太多人热衷此道，我认为这无疑是错误之举和堕落之行。一天，我与一个女售货员在布莱克福特山丘亲昵之后，她突然哭起来。我问怎么回事，她说："这不公平，你们学生喜欢和我们约会，我们喜欢的是你们的体面和教养，但你们永远不会娶我们。将来我不得不嫁给某个工人，只能听他谈论足球和啤酒。"自那之后，我再也没有和售货员约会。

有那么两次，我几乎要迈入婚姻。那两位姑娘和我一样都来自中产阶级的底层家庭，都令我迟疑不决。一方面，我的确爱对方；另一方面，理性长驱而入：你想在这一生有所作为，但她能跟上你的步伐吗？回想起来，当时的我不是一般的愚蠢。我试图教育对方，两次都未例外。我送书给对方，和她谈论肖邦、韦尔斯和却斯特顿 [1]，哈代和美瑞迪斯。我认为这是受母亲的影响，她那些旧派的势利和虚荣情结传给我，又发展成希望通过社会交际完成文化攀升的执念。

此外，还有一个因素就是经济。如果做一名乡村学校的校长并就此成家，我赚不到足够的钱供养妻子和家人，更不必奢望都市文化生活和文学理想。站在感性的角度看，我的抉择是错误的，可是进退维谷，我无法放弃自己的宏图大略。

年轻的时候，我对自己未来的志向和成就并没有清晰的想法。只知道自己应该写作，但不明确写什么。戏剧？小说？散文？那时我从未意识过自己毕生的事业竟然不是书本而是与孩子们打交道。当然，最后的实践表明，我既有孩子也有书。不过我写的书并非文学创作，而是我从事少儿工作的各种记录。

可以说，我的性生活是职业生活的副产品。曾经的那些偷偷摸摸的恋爱，并没有给我带来多少欢乐。这些冒险只有性而没有爱，也谈不上柔情。以我的加尔文道德观看来，性是龌龊不洁之事，回想起来，这种看法肯定不只一次地令我临阵阳痿过。有时候，我的确很好奇，成长于罗马天主教或者加尔文主义家庭的孩子，是否能脱离其早年生活中被灌输的有关性的罪恶感？

回顾往事，我也好奇，自己在情爱生活上的障碍究竟是源自加尔文主义，还是铁一样的事实：注定无法与同一社会阶层的姑娘享有性生活。在我年轻的时候，口服避孕药刚刚问世，安全性并不被看好。同时，在一个苏格兰小村庄里，童贞是中产和上流阶级的无价之宝。非婚生子女对于这些人而言既是外在的耻辱，也会断送生育者的婚配

---

1　却斯特顿（Gilbert Keith Chesterton，1874—1936），英国作家、文学评论者以及神学家。

良缘。通奸只发生在农夫和农村少女身上，他们通常在婚礼之前已经生育了两个孩子。身为一名乡村校长的儿子，我不可能和奶场女工做爱。世俗的势利风气加上自身对性的恐慌，使我当时要靠近一位中产阶级姑娘变得比问津高尔夫、网球还难。与此相反，底层群众对性很少有罪恶感。不过，无论在哪里，婚姻之外的性行为都是违背圣灵之意的主要罪行。当然，这是对女性而言。在我故乡的小镇上，许多已婚男人在外鬼混。不过那时的情形是：男人有男人的法律，女人则有另一套法规。女人必须保持"纯洁"。

本书的前文已提到我童年的一件事：我和妹妹克鲁尼因为性游戏而挨打。就像赖希对他母亲自杀的内疚感笼罩了他的一生，我有时想，童年受到的那顿暴打是否对我后来的性生活产生了极为不祥的预兆呢？这种心理上的束缚直到 1919 年克鲁尼去世才有所松懈，这种束缚使生殖器成为我最虚弱的存在。

我从未出现任何同性恋的倾向。不过，我猜想，一部分同性恋的成因是否可以追溯到早期的事故，即某种意外的事件使得他无法接近某个特定的姑娘，继而对所有女子避而远之。

在我们的校舍般的家中，裸体犹如瘟疫一般令人避之而唯恐不及。然而世间另有更糟的习俗。记得一位美国籍的犹太法学博士曾经告诉我，犹太教的某个分支不允许小男孩或成年男子小便时触碰自己的生殖器。顺便提一下，1948 年出版的《金赛报告》[1] 按性压抑程度给所有宗教排了个序，排在第一位的恰是犹太教。

---

1  《金赛报告》（*Kinsey Reports*），由美国学者阿尔弗雷德·金赛及华地·帕姆洛依（Wardell Pomeroy）等人所写的关于人类性行为的两本书，分别是《男性性行为》（1948）及《女性性行为》（1953）。金赛是一个在印第安那大学的动物学家以及性学研究中心的创立者，由于这个研究结果挑战公众对于人类性行为的传统信念，以及它们讨论的是以往被视为禁忌的话题，所以这个研究使公众感到震惊，随即引起争论，造成轰动。

有这么一个苏格兰民间故事：一名八十岁的老翁新婚之后问他的家庭医生："医生，那个姑娘很年轻，而我想要孩子，请问，你认为我这个年龄能……"

"为什么不能，"医生回答，"不过，如果我是你，我会找一位租客。"

一年后，老人在街上遇见医生，说："医生，好消息，我妻子今天生了一个孩子。"

"哦，"医生冷笑着说，"这是好事啊，租客怎么说？"

"很高兴。她也怀孕了。"

据我猜测，编这个故事的是一些老态龙钟的痴心妄想者。

性对于我这个岁数的人，纯属学术话题。做医生的哥哥在他八十岁弥留之际对我说："我们最终都回到了起点。婴儿时，阴茎只有一个用途——小便。到了八十岁，功能与那时完全一样。"

当今与性有关的现象，令我多少有一些焦虑。我认为其中许多现象是病态的。具有健康性品味的男子，谁会去看脱衣舞或者影视中的性交呢？也许这是我这个加尔文主义的陈词滥调，不过，我认为我们这些老家伙们，不大可能通过类似渠道寻求间接的性娱乐。通常而言，越是自由的孩子，越有可能形成健康的性态度。

在赫勒劳，我曾和一个美丽的姑娘跳了无数支舞，但始终停留在自由想象阶段。激情并不适合我，这恐怕也是我后来娶了一位比自己年长的女子为妻的缘故。我有一名学生就读于伦敦的金艾尔弗雷德学院，他叫沃特·诺伊斯特，父亲正是奥托·诺伊斯特博士。沃特的母亲芙洛·多科托尔是澳大利亚人，年轻时曾在莱比锡学习音乐。随着时间的推移，我发现自己和芙洛有着相似的教育理念，这时的她——丽尔是热爱旅游的知识女性。前文我提到过，她和儿子随着丈夫一起来到赫勒劳。在我转移到松塔格伯格的山顶时，丽尔（某些复杂的原因使得我如此称呼她），随行照顾我的日常生活。随后，在莱姆里吉斯也如此。我们在莱姆里吉斯时，她和奥托正式离婚，我为了学校的发展而娶了她。除了这个冠冕堂皇的理由之外，另有一个驱动力与她当时的国籍有关。身为外国人，她积累了太多的悲痛和怨恨，嫁给我使她成为一名英国公民。

奥托、丽尔和我始终都是最好的朋友。我们一起度假，同行的还有奥托的第二任妻子。我喜爱奥托，他也喜欢我。奥托是犹太人，但不信东正教，他及时地逃离了希特勒的捕杀，后来在美国辞世。

丽尔工作很卖命，由于她之前的全名是莉莉·林赛·诺伊斯特，老学生称呼她为"林斯夫人"[1]。她在学校的重要性与我不相上下，我的现任妻子埃纳也是如此。这一生，我幸运地拥有这样两位妻子，她们都是才华横溢、善解人意的女人。

我的工作与生活不分彼此，林斯夫人和我相处甚欢。她热爱旅行，所以我们常去德国、意大利和法国游玩。有时，我们搭乘邮轮。这些开支总是令我略感烦恼，我更喜欢把钱花在精密仪器或者成形机床上。不过，那些旅行也开拓了我的眼界。

但还是谈谈性这个话题吧。我的第一段婚姻明显存在一些问题，不久，就发生了婚外情——我爱上了一个在英国工作的年轻貌美的奥地利人。就这样，飞蛾扑火般的偷情开始了。起初是谎言，为了出门，我编造去小镇约见出版商或者代理的借口；为避免在餐厅撞见熟人，我和奥地利女子在偏僻的旅馆过夜；在郊外散步时，我们遮掩面部以躲避汽车的夜灯；入住宾馆时，我们登记假名。那真是一段损人不利己的该死经历。

然后，丽尔发现我有了外遇，接下来是悲惨的争吵和各种残酷的宣告。我想过离家出走，和新欢生活在一起。但最终没有那么做。爱

---

1　莉莉·林塞·诺伊斯特的名字中有多个"L"，取其复数，音译为"林斯"。

和工作之间的冲突再次来袭，挣扎中，一个念头日趋清晰：和希杰拉私奔等于让学校毁于一旦。而且，我认为这场外遇对于五十岁的自己，不过是人们通常所说的中年危机，是为恢复青春、浪漫和激情所做的最后一次尝试。我的确爱希杰拉，但还不至于牺牲我的工作。她后来嫁给了一位同龄男子。如今我相信，如果当初选择了她，她未必满足于一位爸爸情人。

我已经说过，本书不会描写至今还在世的任何人——希杰拉不是她的本名——所以我也不会提及第二任妻子埃纳，但是我们爱的结晶、可爱的孩子佐伊除外。

佐伊出生时，我的心情已经不可考，只记得有一种自然而然、普遍存在的感觉，觉得所有的痛苦都由母亲承受实在不公允。世人常说的那种对孩子的拥有感，我认为自己不曾有过，也从未觉得自己的孩子和隔壁家孩子相比，前者会是由一种质地更光滑的泥土捏制而成。

从某种角度来看，我的婚姻生活更像是一种社区体验，相比其他夫妻那种完全私密的婚姻，差异很鲜明。许多婚姻毁于亲近，丈夫和妻子时时处处待在一起。在家庭中，成员之间冲突不断，而在学校里，我们没有时间互相抵触，共同的任务将我们捆绑在一起。

女人获准进出酒吧，不列颠的许多男人对此怨声载道，因为酒吧大概是男人可以逃离家庭的唯一去处。家庭充满了两种极端情绪——爱与恨。但是，社区相对而言能把人从角色冲突中解放出来。

现在，我需要打破之前的惯例——不描写活着的人——来说说我的女儿佐伊。我在不止一本书中提到她，想必广大读者早已熟悉她的姓名。很多人向我打听她的生活。有些人好奇她本人是否印证了苏格兰谚语"鞋匠的孩子往往没有好鞋穿"。对此我总是简略地回答：成长于自由家庭和自由学校的佐伊，她呈现出的生命恰如我希望的那么好。到现在为止，她还没有显出学术方面的才能。自婴幼儿时期起，佐伊就对马喜爱有加。她现在是一名取得认证的女骑手，在学校操场边上有一个大马房。二十多年前，我在麦迪逊广场花园观看过骑术表演，对骑术的观点就停留在那个阶段，她笑话我说"牛仔不会骑马"。她说："他们只是坐在马背上。"

佐伊的学生时代并不平顺。当她与我们住在小木屋时，相比其他寄宿主流学校的孩子，她是一个局外人。后来，等我们送她去主流的学校，她又觉得自己无家可归。不仅如此，她吃尽了嫉妒他人的苦恼。

在很长一段时期里，我和埃纳认为寄宿学校的教师应避免与自己的孩子同在一所学校。因此，在佐伊十一岁时，我们把她送到一所外语寄宿学校就读。不久，她写信给我，开场白就是："爸爸，你是一个骗子。"接着，她写道："你把自由给其他的孩子，但却不管你自己的女儿。我恨这所学校，这里的自由全是假象，而且这里没有真正的自治。"看了这封信，我走访了佐伊的学校，之后毫不犹豫地把她领回家中。后来，碰巧有两名夏山的女学生转学去那所学校，她们也都有相似的评论。

我猜，自己下意识地有过这样的希望：佐伊将来可以承继我的工作和职业兴趣，接替我运作夏山学校。许多家长会有类似的一厢情愿的念头，尤其是那些拥有大生意的父亲。可惜我们都大错特错了。幸运的是，我和埃纳没有过度控制自己的孩子。随着时间的推移，我及时地意识到马匹才是佐伊的生活。无论如何，她的幸福与快乐重于一切。

今天，佐伊已经成为有目共睹的马匹专家，精于温和的驯养之道。她有一匹获奖的公马迦太基。记得她第一次跨上迦太基的背，它温顺的神态好像要做一场自然的表演。佐伊说："我的马房是一所马儿的夏山学校。"

1971年9月，佐伊和一名年轻的农场主结为夫妻，如今，他们在距离学校几百米的地方拥有一个农场。在他们的婚礼上，按照惯例，新娘的父亲需要为新婚夫妇——托尼和佐伊·里德黑德的健康祝酒。没想到，作报告几个小时也不会焦虑的我，竟会为在那样一个深情的场合做简短发言而大感紧张。依稀记得，我当时引用了自己写过的题目为"自由的小孩"的故事：

昨天是我的生日，我的佐伊，下个月即将六岁。她说："爸爸，你已经老了，是不是？你会比我先死，对吗？你死的时候我会哭的。"

"嘿，等等，"我说，"我大概会等着参加你的婚礼。"

"那样的话，"她说，"我就不必哭了，是吗？"

我没有继续念书中后面的对话，接着说："令我震惊的是，如果一个小女孩能够想当然地认为长大以后不再需要自己的爸爸，显而易见，她自发地解决了那个极其古老的俄狄浦斯情结。"

# 15 /

# 身份困扰

　　实际上，我并不想写自传，这次动笔源于他人的威逼。就我个人看来，我的一生无足轻重。即便是我的作为看似得到认可，但究竟做了些什么呢？与弗洛伊德、爱因斯坦不同，他们分别对人类、宇宙贡献了伟大的发现，而我没有发掘出任何新意，且所作所为无一不是基于现有并发展中的心理学。这种心理学表明，生命的驱动力源自情绪而非智能。于是，我就办了一所这样的学校——在这里，排在第一位的永远是情绪。

　　我曾扪心自问：我是哪一种人？相熟的人都说我和蔼可亲，也许是吧。我的确非常平静沉着，从未像赖希那样动不动就发脾气。我也不像法利赛人那样，虚伪地感谢上帝说自己与众不同。我知道，他人的任何评论都流于形式。

　　自从前几年开始使用电动剃须刀以来，我已经很少注视镜子，因此，对自己的外表也就缺乏自知之明。一个人总是要经历许多事之后才知道，他人并不在意自己的外表。对于二十岁的失恋青年，他真的会以为自己的袜子和领带的配色会给梦寐以求的对方留下深刻印象，就如同单纯的小伙子相信外表美丽的姑娘必定具备美好的性格。我始终想不明白，姑娘美丽的容颜为什么那么重要，而优美的姿态或动人的形体却在其次。但是，生活中的大多数问题都永无答案。套用威尔斯的话，"人刚开始对生活稍有领悟，死亡守护神就跑过来要求我们丢开手头的玩具，准备上床睡觉。"在八十八岁时，我终于理解了这句话的含义。

我有一些名声——或者应该说有些知名度——每年大概有两千人来夏山学校参观。阅读忠实追随者的来信是开心的事，尽管这也意味着我需要花费数小时给自己不认识的人写回信。

我从不希望被人在路上认出来，如果有陌生人当街认出我是A. S. 尼尔，即便不乏喜悦，仍令我感到惊悚。这也许可以归结于我特殊的少年经历，那时身为家里最无指望的一员，我最常听到父亲这样的评价——"玛丽，这孩子将一事无成"。也许，我最终有所成就只是对早期自卑的一种补偿。

谦虚过度难免走向自大。假如某本新出版的教育改革方面的书没有提及我，我会有些气恼——不过并不强烈。我发现，当人老了之后，赞誉固然令其感到甜美，但责备的确不再容易激起特别的情绪反应。夏山学校五十年庆典时，《星期日报》刊登了一篇浑球文章，我非但没有大为恼火，实际上甚至疏于关注。这一生，我都不习惯树敌。我很清楚自己没有公开的敌人，不过，一定有成千上万的家长憎恨我的勇气，他们散布在美国、德国、巴西等世界各地。他们的孩子有的来信诉苦："当我向父母提起夏山学校时，他们的反应极其疯狂。爸爸禁止我读您写的书。"

有时候，我会揣想其他作者都怎样看待自己的作品。迄今为止，我写了二十本书。倘若让我重新把这些书通读一遍，那将是一场酷刑。至今百读不厌的书只有 1937 年我为部分学生写的故事——《最后一名幸存者》。这是唯一一本完完全全本着娱乐的心情撰写的书，采用的是纯文学形式，而我的其他作品大多是观点的堆砌，有一些根本经不起时间和经验的推敲。

在描述某人的生活时，赋予个人环境更多的重要性，而不是着重写作者的私人生活是有可能的，但有很大的困难。想一想，读者通常更看重什么？是否每个人都有兴趣读我小时候偷摘苹果的故事？几年前，我打算写乔治·道格拉斯·布朗的人生故事，他是《绿色百叶窗之屋》一书的作者。为此我专程去他的出生地采访认识他的老头儿、老太太。"请和我谈谈，"我对他们说，"关于乔迪的往事。"

"先生，"第一位上了年纪的人回答说，"我记得乔迪和我一起偷偷去捕猎兔子，猎场的看守……"

结果可想而知，我没有得到关于布朗的任何有价值的信息，至今也没有动笔写那本书，反而和詹姆斯·维奇通了一摞子书信，交流了有关布朗的奇闻逸事（维奇后来撰写了布朗的传记）。现在，坐下来写自己的一生，联想到自己对苏格兰小村庄的平凡回忆可能引起读者的厌倦，我感到十分忐忑。是的，为了向您解释我之所以为我，实在难以回避生养我的那片土地。

这一生我被多次问及同一个问题：我怎么成为了教育改革家，是因为反抗我那身为乡村教员的父亲惯用的抽打吗？我始终无从作答。环境因素无法解释丘吉尔、查理·卓别林[1] 或者霍雷肖·博顿利。就我

---

1 查尔斯·斯宾赛·查理·卓别林（Sir Charles Spencer Charlie Chaplin, 1889—1977），英国喜剧演员及反战人士，后来也成为非常出色的导演。卓别林在好莱坞电影的早期和中期尤为成功和活跃，奠定了现代喜剧电影的基础。

个人的经验来看，家里的兄弟姐们都没有成长为革命者，不过也得承认，大我三岁的哥哥内利医生创造了一种解剖学方面的绘图方式。当然，即使生活在同一家庭的两个小孩也不会拥有完全一样的成长环境，只能说整个家庭共享同样的大环境。但是，就像卡莱尔说的："重大事件起着关键作用，细枝末节却决定了最后的胜利。"

这句话常常引我深思。例如，一封来信提供了两个工作机会，一个是格雷特纳格林学校校长，一个是塔因学院英语主任。我选择前者，因为我愿意自己做老板。如果当时的选择是塔因学院，我的人生完全会是另一个版本。我将永远不可能遇见荷马·莱恩。当然，我也绝不会去德国和奥地利。"亲爱的博鲁托斯，那错并不在我们的命运，而在于我们自己。" 或者最终也会一样？我会在 1912 年接受邀请成为澳大利亚学校的教育督学？会拥有一所先锋学校？不，我会注定做着一份旁观他人开办学校的官僚工作。由此，我不禁想起父亲的乡村学校里有一两名聪慧的学生，在父亲看来，他们应该具有可观的学业成就、闪耀的职业前景，但是最后却成为笨头笨脑的农夫。

我的人生哲学很贴近老奥马尔的观点：一切皆偶然，无关计划或公平 。记忆中有一件事很能说明这个看法。有一次，我刚离开火车站的行李寄存处，一枚爱尔兰炸弹就引爆了，当场炸死两名路人。同样，可怜的莱斯利·霍华德[1]被人击毙，只是因为纳粹分子以为丘吉尔在飞机上。所以，关于命运，我们能控制几分呢？

我喜欢幻想往事的另一种可能。假如当初选择了塔因，那么，我可能以公立学校英语教师的身份工作到六十五岁，然后退休。可是，

---

1 莱斯利·霍华德（Leslie Howard, 1893—1943），舞台剧、电影演员，代表作为 1939 年的《乱世佳人》中的艾希礼，他还曾两度获得奥斯卡影帝提名。1943 年霍华德乘坐的飞机遭纳粹德军炮火射击，霍华德坠海身亡。

内心不可遏制的冲动又会以什么方式向我发出挑战？不同的环境是否会熄灭一个人心中冲动的火花？以希特勒为例，假如他所处的环境全然不同于现实，他可能至死也不过是他的故乡小镇上一名默默无闻的混混吧。第二次世界大战成就了丘吉尔，使他这样一无是处的男子成为不列颠的救世主。一场意外死亡使林登·约翰逊[1]当上了美国总统，因此，我猜，即便是他的敌人也会祈祷无人刺杀尼克松。

这是一个随时随地尽显命运魔力的世界。为什么我一直活到了八十多岁，而那么多年轻的生命早已消逝——肖邦、济慈、雪莱、李帕蒂和查特顿等。这其中有什么因由是符合逻辑的呢？两次世界大战期间丧失了许多年轻有潜力的天才，他们终究未成为灵魂的主人。

这就产生了一个关于自由意志的思考。在具体而微的事务方面，人的意志可能是自由的。例如，在酒吧里，我能够选择点威士忌还是啤酒；在重大事务方面，我看不到任何自由意志。例如，如果一个人自婴儿时期起就被灌输天主教教义，他将如何超脱自己有罪的思想？一名加尔文主义者有可能像我一样逃离罪恶带来的内疚。只要年轻人接受了训诫，自由意志就不复存在。没错，他们中会有一小撮能够自由选择现实中的挑战，但是绝大多数会接受既定的范式，不再有任何意愿挑战任何事。我属于前者——选择了挑战，不过我的意志并不自由。我可以选择做教育先驱，可以选择不成为共产党员或不做天主教徒、足球迷，或不做肥皂剧的追随者。实际上，当被告知戒烟有益于

---

1 林登·贝恩斯·约翰逊（Lyndon Baines Johnson, 1908—1973），通常被缩写成 LBJ，美国第 35 任副总统和第 36 任总统，也曾是国会参议员。约翰逊任内通过的法案至今仍影响美国社会。1960 年他被民主党总统候选人约翰·肯尼迪选为副总统候选人，作为他在 1960 年美国总统选举的竞选伙伴。肯尼迪遇刺后，约翰逊接任其职务，在 1964 年美国总统选举中轻松地击败共和党获选总统。

我的心脏时，我并没有产生停止吸烟的自由意志。

那么，答案到底是什么？参照约翰·史密斯的主张，内在性格与外在环境是一个整体，不可分割。我办教育的信念是：环境是基本条件，但必须承认，如果一个孩子在婴儿时期未得到应有的爱护，那么环境因素也将无能为力。然而，我能解决的唯一因素也正是环境，因为它非常具体，毫不抽象。

只讲究环境将无助于任何自由意志。夏山和伊顿的学生将来都不会成为骗子，但我承认伊顿已经培养了许多更易说谎的内阁大臣。中产阶级的道德容不下个性，他们穿着一样，思考一样，行为举止一样；对于一个出生在贫民窟的男孩或一个少数族裔聚居区的黑人，自由意志的几率又是怎样呢？也许，咨询治疗的主要效果恰好是说服病人认为自己没有自由意志，把所有的行为表现都归结于出生以来的外因。

写到这里，我似乎难以自圆其说了。一方面，我受限于宗教、权威、中产阶级道德观、风俗习惯，可是又突破了所有这些制约；另一方面，家庭的其他成员却没有突破。决定论也无法解答这个难题。如果环境决定个人的命运走向，那么我应该是在乡村学校做一名传统的苏格兰教师，同时可能还是地方教堂的一名长老。

在德语里，"ich will"的意思不是"我将要"（I will），而是"我想要"（I want to）。"意志"实在是一个令人作呕的词汇，一个拥有强大意志的人往往是一个自私的霸王，以欺压他人为乐。有趣的是，我这个意志薄弱的男人，做着一份不能霸凌任何人却需要非常多的意志的工作。我决定就此放弃这无谓的尝试，但依然认为人们在情感方面没有自由意志。也许，所有这些都不过是语义学的困境。

最近我读了一本书，书上说，懦弱的人往往内向并且孤独。英雄之所以勇敢，因为他也是懦夫之一，只是无意间觉察到了自身隐藏的优势和勇气。这真是有趣的理论。也许它想说的是，关于勇敢，外向的人体现在身体之勇，而内向的人是精神之勇。

以上的苦苦思索，无非想表明我是一个人格分裂的家伙：既是一名教育先驱，也是一个在情感上依然与父母、早年的成长环境不可分割的小孩。

II

夏山的思想

Thoughts on
Summerhill

# 16 /

# 夏山的督学

不列颠是世界上最自由的国度。我无法想象还能在哪里开设夏山学校。全不列颠所有的学校都隶属于教育部管辖，无论是公立学校还是私立学校，一律要接受考核。

迄今为止，夏山经历的初次大型督查发生在 1949 年，相应的教育督查报告刊登在当年的《夏山学校》上。之后间隔了十年，夏山学校又得到一次督查及督查报告。教育部从未对我加以威逼或者利诱，其委派的皇家督学的工作方式总是文明、友好、高效，但有时与我们的习惯相左。督学的主要职责是调研学校的内部设施、教学质量和开设的课程。

夏山遇到的第一位皇家督学是约翰·布莱基，他心胸开阔。我告诉他，数学和法语的进度可以被督查，但恐怕无法督查快乐、诚实、均衡或宽容。他说："我会试一试。"后来，他的确没有食言。

将来的皇家督学会是什么类型？我对此毫无预知。我只能基于当前的趋势做一点点猜测。据我所知，教育部对夏山学校的态度比较暖昧，远远谈不上喜欢。夏山学校之所以得以存续，有两方面的力量功不可没。其一，始终有一些偏好改革的官员；其二，改良派担心因关闭夏山这样的学校而使教育部背上反对改革的骂名。若干年来，前来走访的督学始终对我们的教育细节缺乏基本的理解。绝大多数情况下，他们用以评价我们的标尺并未考虑夏山的教育成果——诚实、均衡、宽容和快乐。这些先生和女士们，倘若表里如一的话，我敢说他们都没接触过儿童心理学。他们眼中的标准是成绩，至于教学方法，也完全比照公立学校的督查项目。

督查期间，一个十二岁的男生恰好穿了一件脏衣服，这个细节被官员记录下来。对此，我觉得任何解释都显得多余。在我看来，这个男生身上的问题是抱怨社会的表现，他是在藐视社会风俗。但若把这位督学和八十年前检查我父亲学校的那位可怕的、纪律严苛的督学加以对比，我确实也能看出些许区别。

公平起见，督学们也不过是在履行政府对他们要求的职责，把教育当成学习而非生活。上议院也好，下议院也罢，都认为学校是生产懂得课本知识的公民之工厂。可是，标准制定者似乎并不关注现实世界。例如，八万名足球观众中大概只有三成人会解平方根，或者知道秘鲁的出口产品。

教育部是——必然是——标准的制定者。它所公布的标准绝非空穴来风，无一不体现了绝大多数家长和教师普遍接受的教育理念。假如教育部长出台一条禁止体罚的规定，许多家长和教师可能会大惊失色地喝倒彩。如果教育部长规定学校不许开展宗教教育活动，我估计全国各地将出现公开的抗议集会——其中绝大多数参与者倒未必真打算践行基督徒的生活方式。但是奇怪的是，大多数人都认为玩耍对于孩童而言是浪费时间。有些人完全不曾考虑过玩耍比用功更重要。教育部可以容忍夏山这样的学校存在，但绝不可能出台正式的文件证明其合理性。

英格兰的每一所私立学校都办理了注册手续，不过，若要得到"公认有效"的美誉就必须申请认可，在教育督查之后，学校会得到被否决或者通过申请的裁决。我从未就此做过申请，一方面，我觉得这种认可意味着被授予什么。基本上，我对申请认可之类的事一向不以为然。例如，我放弃了三次申请荣誉学位的机会，也放弃了申请成为准爵士。另一方面，我认为夏山的教育目标并不是通常的书本学习，自然也就达不到常见的书本学习标准，因此夏山不大可能具备官方认可的资质。实际上，据我观察，当新生听说上课是可选择的，而并非必须的，所有课程的出勤率都会锐减——除了诸如艺术、木工等极具创造力的课程之外——这充分证明被迫上课有悖学生的意愿。有一位工程师，在夏山读书时几乎没选修什么课程，如今他拥有六个学位。依据进行教育督查的皇家督学的观点，这位工程师早年的状态大概应该归类为"失败的学生"。

以我之愚见，"督学"这个名称本身就是对教育一线的冒犯，"顾问"则更为贴切，尤其对于当今的督查实践而言。尽管他们的建议与教育的关联有限——更像是对教学手段吹毛求疵——但现在的皇家督学的确在做着顾问的工作。

教育督查迫使夏山学校也如其他学校一样弄虚作假，表里不一。孩子们一反常态地收拾得整整齐齐，把墙壁上涂鸦的污言秽语擦拭干净，这令他们感到不自然、不愉快。很多年前，有一位皇家督学来夏山检查，在校园里被学生恶意相待，他深感烦恼。换了我也会一样烦恼，但我理解这些现象背后的隐情。在督查开始之前，某知名日报刊登了一篇文章，大意是教育部将封杀夏山学校，所以孩子们把那位毫无恶意的督学当成危险的侦探，认为他可能会勒令关闭夏山。当然，教育部有权力关闭任何一所独立运作的学校。不过，我觉得这种权力只能在极少数情况下实施，比如校长是同性恋者或酗酒者。

从前，我在某份报纸上看过一个事例，它揭示了不列颠清教徒主义评价体系固有的虚伪性，行文可谓入木三分。当事人是一名师范学院的女生，有人举报在她的房间里发现男生，学校以此为由开除了她。这名女生感到不公而要诉之法庭，但她的诉讼被驳回。主持判决的七十二岁的法官严厉地当众表示，该女师范生不适合教导孩子，因为她的过失触犯了第 11 条规定：应确保自己的隐私不被发现。各位读者只要想一想，城市里数以千计同样住在校园外的成年女生，她们的性生活竟有待这样的批准，就知道那判决多么不公平！

保守党总是比社会党更讲究道德，如今，执掌不列颠政务的保守党令所有禁欲者、厌世者以及"格兰迪太太"[1]们大受鼓舞，终日沉浸在自以为是的饕餮盛宴中狂欢不已。其中思想最激烈的莫过于罗马天主教徒和道德重振协会成员。我之所以提及这些危险分子，因为早在我做实习教师期间，他们的社会影响力就等同于皇家督学。一言以蔽之，这些人是典型的反生活者。

为什么教育行业要容忍自上而下的督查？有着强大行业协会的医生、律师就容不得任何督查。诚然，教师是政府公仆，而后者不是；但是不要忽略，自从国家卫生部成立以来，绝大多数医生的薪酬也是政府发放的。而且我可以打包票，任何企图把医药员工视作被检查对象的做法都将引起他们的顽强抵抗。

鉴于夏山的老校友们几乎都是生活的赢家，我有必要表态拒绝教

---

1 格兰迪太太，指心胸狭窄、拘泥礼俗、事事好挑剔他人的人。

育督查。我应该理直气壮地对教育部这么说："在过去五十年里，睿智并且有修养的家长把自己的孩子送进夏山学校，他们信任夏山的教育体系，对夏山的教育效果感到满意。为什么我的学校要根据一个与我的教育理念不相干的官方标准进行评判？夏山学校的立意在生活本身，我们拒绝接受一群只关心教学方法和纪律的人的评价。请让督学制定洗手池、浴室和灭火器的数量标准，对此，我们夏山一定严格遵循。但是，请把教育权留给我们自己！"

可惜，现实中的我没有足够的勇气公然反抗强权，而是做了一些妥协。具体而言，我为六十名学生聘用了八位老师教授应试科目，其中不乏我眼中的误人子弟之师。而且据我观察，这些课程的学习在大多数学生眼中完全是乏味的苦差。

英格兰是独立学校的乐土，不列颠大陆很少有独立学校。在美国的新式学校层出不穷之前，我一直以为美国的私立学校只有一所军事学院。苏格兰则没有私人办学的传统，那里有四家所谓的公立学校，实际是沿袭了伊顿和哈罗公学英式传统的学校。这里请恕我斗胆做一点补充，它们传承的其实是英式发音。我所知道的唯一一所与"自由"沾边的苏格兰寄宿学校是约翰·M. 特肯黑尔主办的几尔奎内提学校；而这所学校与我们有着同样的烦恼源——皇家督学团。

啊哈，我实在不该牢骚满腹。毕竟，教育部已经给予我们很多独立空间，这种礼遇至少会持续到我去世。将来会发生什么，实在难以预料。有些部长可能会说："我们会容忍那所学校继续存在，等那个老家伙过世之后，我们将无法继续对类似的学生整天玩耍、不学习的学校坐视不管。"虽然现在我还不曾耳闻这番判决，但将来可能会在《天堂邮报》或《地狱预报》中看到。

# 17 /

# 夏山学校的员工

有的时候，我觉得员工带给我的麻烦比学生惹的祸还多。夏山出现过几位怪异的教师，其中有一位科学家，他让一个八岁的男孩手里拿着一瓶氰化物，让一个同龄的女孩把发烟的硝酸倒入试管，结果女孩被烧伤了。

夏山学校的员工除了上课时间必须出现在教室之外，没有其他的指定职责。许多教师对自由的反应和没有自由的孩子无异。有些神经衰弱的老师整个上午在上课，然后剩下的时间都在睡觉或者休息，而真正的好老师常常利用休息时间和孩子们厮混在一起。

寻找新老师实在难上加难。尽管夏山学校名声在外，但招募一名优秀的员工并不容易。记得有封应聘信如是说："我不是一名老师，我是银行职员（或一名图书管理员，或古董爱好者），但是我知道自己会教书。" 既然许多人认为教育是一种非技术职业，我不明白为什么现实中很少有人申请做教师。也许问题在于钱？然而，我们支付的薪水接近国家标准———一年八百英镑，此外提供膳食、住宿和洗衣服务。我估计症结在于老师们对在一所没有标准课程的学校任教心存忧惧。现实中，夏山的课堂内容由老师自行设计。所以，除非老师足够优秀，不然课堂的出席率将不容乐观，而我负责全校最糟糕的一份差事，即亲自通知某个可怜的家伙："孩子们说你的课太无聊了，他们不想去听。你准备收拾行李走人吧。" 我猜，假如公立学校都采用这种教学体系，各大城市的街道准定被炒了鱿鱼的教师挤得水泄不通。

　　根据法律，我只能雇佣经过认证的教师。这并不是说一纸文凭有多大区别，事实上，经过训练的教师和未经过训练的教师我都见识过，而且还亲自做了教学效果对比，发现并不存在恒定的结论。显而易见，如果是教艺术而非科学课，好的教师是天生的而非培养出来的。可是法律条文在那里，即便是毕加索也不能在英国谋得一份艺术教师的工作，因为他没有相关证书。当然，我希望教师能够解释清楚自己的课程，但这并不是夏山学校考虑的主要条件。寻找教师时，我更看重幽默感而不是尊严。换言之，理想的教师一定不能让学生心生恐惧，也万万不能是道德家。基本上，我更倾向于接受内向者而非外向者。但我不需要那种拥有强大人格的超人，因为自由的儿童拒绝这类老师。记得我们曾有一位童军团长，他对孩子们说："来吧，伙计们，我们接下来造一艘船。"话音刚落，孩子们就不屑一顾地扭过脸去。

　　另一种令我啼笑皆非的教师层出不穷：为了得到学生的欢迎，这些老师不惜放弃原则而顺从行为有误的孩子。可是，孩子们很快就看穿了其中的奥秘。坦白说，许多新教师和宿食管理员们都难以厘清随心所欲的自由和遵纪守法的自由两者之间的区别。有一组孩子打坏了许多家具，他们的宿管员对此袖手旁观，理由是："我以为在任何情况下都不可以对孩子们说'不'。"但是，夏山有一些非常出色的教师——具有社区意识的教师。例如，前面提到的乔治·科克希尔，他在夏山做了将近三十年的科学老师——冷静、从未发过脾气，并且总是被一群小孩子围在中间。科克希尔顺应孩子们的兴趣，他在化学课上和孩子们一起做柠檬汁、消防液。他的退休绝对是全体师生的巨大损失。

既然这是一本关于我自己的书，我有义务讲一讲我对待员工的方式，以及这些做法的效果。总的来说，我从不对单个教师发号施令，不会要求对方做什么、如何上课，以至于曾有一两位教师向我抱怨，他们认为我去听课的次数太少。我面临的主要困难是平衡教师和学生之间的分歧。举个例子，有个男孩子想做一把班卓琴，可是，他的想法被木工老师否决了，理由是制作这种琴难度太大。然后，双方跑到我面前要求仲裁。我能说什么呢？我说："如果他想要做一把班卓琴，那是他的愿望；如果他做得一团糟，自然也是他的事。把木头给他。"为此，木工老师勃然大怒，指责我附和学生对抗老师，继而辞职而去。等我意识到这件事理应提交员工例会协商解决时，为时已晚。

我对当老板这件事存在严重的病态情结。之所以我憎恶给任何人明示任务，背后的信念可能是：如果对方做一件事只是因为我让他去做，那说明他本人的意愿不够充分。我讨厌扮演上帝，每当不得已开除某个学生以警示其他孩子时，悲悯和淡淡的内疚感都会油然而生。不过，当面请辞一位无法胜任的教师倒从未令我产生内疚，只是有些尴尬而已。也许，我对员工的要求的确很高。在校园日常生活里平衡那些有趣并且充满活力的家伙，这是我想做的工作。从中我也有所得，只是没有自己向往的那么多而已。

有一天，一块大石头击中了几个孩子垒好的墙，砖块沿着小路倒了一地。我弯下腰去收拾，忽然停了下来，决定原封不动地放着，看看会发生什么。接下来足足有六个星期，全校师生天天从那里绕道而过，直到我把倒塌的墙复原。这件事给我一个启发，对此事发表意见之前必须考虑一个特定的因素：我持有这座校园的产权，我对之有主人翁感，而其他员工在这一点上不可能与我感同身受。由此，我理解了师生们表面的冷漠。从前，我帮哥哥种过土豆，那实在不是令人愉悦的劳作：种的是他的土豆，日后会成为他的盘中餐。

一般而言，夏山的老师很容易满足，办公室里常有这样的斗嘴和嫉妒："琼斯的英语课安排了六学期，而我的数学课只有四学期。"

教员内部时常出现危机。例如，有位年轻人认为如果他做校长，学校将会运转得更好。于是，他在同事之间鼓动民意并获得了一些支持，弄得气氛有一度颇为紧张。当几年前类似的情况发生在德雷斯顿时，我尽可能快地排除了反叛者——极不情愿地，因为他们都是优秀的教员。从心理学的角度来看，据说有的人未必会在十四岁时对父亲发起挑战，而是要等自己找到一个父亲的替代者——即便是一个非独裁者——之后才付诸行动。正是经由这份与孩子们打交道的工作，我能够理解：由于身为母亲，我的妻子从下一代那里得到的仇恨远比我得到的多。

这些思考曾被我纳入日常治疗。我让缝纫老师为游戏治疗做一些布娃娃。这些玩偶的角色有爸爸、妈妈、儿子和女儿。当然，应我的要求，它们无一例外都有生殖器官。布娃娃的使用者是十三岁以下的学生。游戏开展了不到六个星期，可怜的妈妈玩偶被踢成碎片，而爸爸玩偶几乎完好如新。这个现象引起我的奇思，莫非弗洛伊德的俄狄浦斯情结有误？现实中，父亲整日在外，母亲不得不留守在家陪伴着孩子，喂养他们并且对他们说"不"。母亲是家庭内部的真正权威，对母亲的怨恨相比对父亲的，更加强烈。这种怨恨变得越来越明显，尤其当埃纳给孩子们盛饭而有人提出"女士优先"时。

相比女教师，我和男教师被捣蛋鬼们怨恨的程度轻多了。就我而言，显然是中立的立场保护了自己。例如，英语老师可以在例会上抱怨某个问题男生的粗鲁言行，我就不敢这么做。换言之，我无法既是指责者又是治疗师。

迄今为止，夏山学校的老学生并没有谁成为教师，更不要说返回夏山任教。我一直认为这是件令我沮丧的事。我曾经聘用从前的学生担任宿管，他们都做得游刃有余。究其原因，部分是因为一个无权威的环境对于他们而言如同回归，所以不需要一段适应期来处理惯常的"困扰"。例外的情况也有，当我主动邀请一名十九岁的女学生做宿管时，她说："我很乐意，但是不会接受。我觉得我更愿意把夏山学校当作避风港，而不是通过它去面对现实。"

# 18 /

# 美国新式学校

1960 年，《夏山学校》在纽约出版。同年，我的出版商哈罗德·H. 哈特创立了一个机构——夏山社区，他的初衷是在美国建立夏山式学校。后来，他辞职并离开了该机构。然而，自那时起，数十所新式学校如雨后春笋一般冒出来，都倡导夏山学校的自由。这令我备受鼓舞，同时也多少有些不安。

我曾经通过纽约的媒体转告那些学校，希望他们不要自称"夏山学校"，因为其中有不少学校实施的并非夏山的原则。举例而言，听说有一所学校每天早晨强行开展半小时宗教活动，却口口声声宣称践行着夏山的模式。就在这所学校，如果有男生大声喧哗，会被勒令用肥皂水清洗口腔。另外，有些所谓的夏山学校混淆了自由和特许。据说这些新式学校有的以失败告终，原因可能是创办者徒有自由的想法但不具备自由的精神；但更大的可能是因为这些学校多是走读学校，生源来自附近的社区。在现实中，任何一个社区内相信自由的家长都屈指可数。相比之下，我的学生来自美国、德国、法国、丹麦和英格兰，这些学生的家长在其家乡都找不到一所充分自由的学校。

我一直把夏山视为对现有教育所做挑战的众多尝试之一。除了我们之外，还有许多教育方面的作家发挥了相同的启蒙作用——卡尔·罗杰斯、约翰·霍特、乔治·丹尼森、布鲁诺·贝特尔海姆、乔治·伦纳德、古德温·沃森、保罗·古德曼等。自由绝不是一场个人秀，自由是一种全新的世界观，是这个疯狂世界的伟大希望。

十多年前，伦敦夏山社区正式成立，它的主要功能是功利的：为学校募集资金。没错，伦敦社区通过自编的杂志《Id》收到了良好的宣传效果，但它的主要议题是筹款——这个目标有其特定的难度，因为相信夏山理念的人本就不多，并且其中的大多数人可以说相当贫穷。

如今，伦敦社区及其杂志都已停办，回望其所做的一切，我在此致以诚挚的谢意。在美国人介入之后，我们在财务上不再亏损，相关的支援资金也随之停止。但必须强调的是，社区不仅仅提供了资金支持，它更是众多校友、家长和同道之人爱的体现。该机构的盛会是在伦敦举办了夏山学校五十周年庆典，到场嘉宾有二百五十多位，赠予学校多套炉具、一台冰箱和其他一些电器。其中有一台电视，我没有贸然收下，而是提交全体大会商议，最后以大多数人反对而拒绝接受。我曾询问一名十四岁女生反对的理由，她回答："因为电视将破坏学校的社交生活。"如今，学校里有一台电视，但只限共同使用。

我无法一一罗列伦敦夏山社区的成员姓名，但必须郑重感谢苏格兰音乐家戴维·卡吕尔，他曾想把我的一本滑稽小说改编成音乐剧，并把第一幕的手稿送给了我。不幸的是，他在伦敦穿行马路时遭遇了交通事故，最终身亡。我深知，他是认可夏山的家长中最忠实的一位。

# 19 /

# 儿童心理学

20 世纪 20 年代，在维也纳浸染了精神分析氛围之后，我认为分析是应对问题儿童的法宝。接下来的几年里，我着手分析这类孩子的梦，后来有一名因偷窃被伊顿公学开除的男生转到我的学校，顺利毕业并疗愈，为此我一直引以为豪。

然而，另有一名男生和女生也因偷窃被原学校开除后转到夏山，两个人都拒绝找我谈话，毕业时也不治而愈。由此以来，我着实花费了很长时间才厘清一个事实：疗愈他们罪行的与其说是我的治疗，莫若说是他们可以做自己的自由。这真是一个喜人的信念，因为假如答案在于治疗，那么世界上数以百万的孩子将无力负担疗愈的费用。

我认为自己掌握了许多行之有效的、在书本上学不到的心理学技能。关于偷窃行为，我的做法是每一次蹩脚的行窃可以得到一先令奖励。这可不是来自于任何理论。当然，如果我没有记错的话，后来出现了相关理论，但并不完备。我认为偷窃的孩子实际上缺乏爱，他偷窃的不是钱而是爱的象征物，所以我把一先令当作爱的象征送给他。这么做是否符合理论并不重要，重要的是一次又一次的实践证明它行之有效。当然，我心里清楚这其中的道理远比表象复杂得多。就一个有偷窃习惯的孩子而言，我需要思考：他在夏山需要感受到多少新的自由才有助于疗愈？他内心有多么渴望被同伴认为是一个好人？

有的男孩子故意打破玻璃窗，我的对策是加入其中和他一起作乐。我从不说服对方停止。为什么呢？我认为，比利并非在破坏窗户而是在反抗成年人的权威。我的参与促使他思考为什么权威也在破坏窗户。现在回过头看，如此纵容他破坏公物的乐趣的确有那么一点点不公允。我的做法有着简单的原理：想一想怎样对待孩子不对，然后照其反面采取行动。在当时的传统学校里，偷窃会招致杖责或者至少一次思想谈话。我反其道行之——让偷窃合理化。

有一个孩子来夏山之前曾转过三次学，他到夏山的第一天，我告诉他："这里是你的旅馆。我把钥匙放在壁炉上，哪天你要是想走，记得来取。"结果出人意料，他没有离开夏山。但究竟是什么发挥了作用呢？是我对待他的态度，还是他平生第一次感受到自由的喜悦？坦白说，我不确定。

我的行事方式虽然有效，但也不乏失败。在德雷斯顿，学生们用钉子搭建盒子，有个南斯拉夫女生使用了大量的钉子，于是我提醒她钉子太多了。她当场讽刺我说："你和我从前的老师一样专横！"这还不算什么，严重的是此后我再也无法与她有任何坦诚的互动。

还有一次，我一边给孩子们发零用钱，一边对九岁的雷蒙德说："你要被扣除六便士，因为你把前门偷走了。"话音未落，他放声大哭。唉，我早该意识到他是一个讲道德的孩子。

另一次，我给九岁的孩子讲一个冒险故事。我把马丁编成了主人公，故事里的马丁把大伙儿找到的金子偷了。后来，马丁找到我，哭着说："我从没有偷过金子！"从此以后，我再也没有把孩子当作坏人，即便是在小说里。

在办学初期，夏山学校的小坏蛋如此之多，我同他们交手并非总能获胜。记得有个男孩子问我要签名，我并没有留意他递过来的纸条已做了手脚，直到当地的商店老板把整张纸展开，我才发现除了自己签名之外，那纸上还写着："请给带信人五十根参与者牌香烟"。

大约有一个星期，迪克天天向我兜售邮票。直到偶然发现带有绿色墨水印痕的一张邮票，我才意识到自己放置邮票的抽屉被洗劫一空。他孩子气的小聪明被我这老家伙识破，我奖励了他五先令。哼，老家伙？那时我只有四十多岁。

现在，能否再用奖励的方式对待偷窃的学生呢？我对此表示怀疑。如今的青少年群体中有一种全新的、无形的世俗风气。这种新趋势可能源于心理学知识的普及。我有一些年长的学生时常曲解、滥用一些术语，如自卑情结、恋母情结等，其中又以美国学生为甚。如今，如果在图书馆里发现损毁图书的男生，要是按照以前的做法，我会在自治会上提议任命他为图书馆主席，我敢肯定他会尖叫起来："又是尼尔的心理学诡计！"而在四十五年前，绝不会有任何一名学生有此反应。

在夏山学校，师生之间似乎没有惯常的代际隔阂。来此参观的客人问我："谁是老师？谁是学生？"一般而言，只有那些肯与孩子一起成长的家长，才可能避免与孩子之间产生代沟。这的确不容易，因为不言而喻的规律是：人们越年长越变得保守顽固。至少我自己就是这样。举例而言，现代人热衷观看的性表演，我就无论如何也融入不了。究其原因，在于我所有的人生经历局限了我的认识，使我认定那是病态的性心理。在两千多年的性压抑文化之后，我无法摆脱"性是一件私事"这样的观念，而且我一直好奇，在明知有人观看的前提下，台上的演员如何能够正常勃起？我还看不惯一些留着长发或没有胡须的男子。这些方面我的确很保守，另一方面，对于青少年自由的着装和言谈，我却开明得很。

## 20 /

# 夏山的校友

　　夏山的毕业生有一些后来在学术上取得成功，有一些进入艺术或者技工学校。有时人们会问我，是否前者更令我自豪。答案当然不是。可是为什么我常常提及夏山的校友里有两位教授（数学和历史）、两位大学讲师，以及一些口碑良好的医生（一位肺部专家、一位外科大夫）和律师呢？之所以强调学术成就，是因为针对夏山的批评中最常见的就是：自由选课或者疏离课堂的孩子没有能力通过考试。实际上，同样令我自豪的是夏山的校友里有家具制造工、陶工，以及在邦德街开展活动的艺术家、因给儿童读物画插画而出名的大男孩。据我所知，迄今只有一名毕业生处于失业状态。对于一所历史达五十年的学校，这个纪录还不算太坏吧。自然，我没有与所有的毕业生都保持联系，所以无法确知每一位的职业发展。我只想回顾那些在夏山求学至少四年的学生的情况。

　　坦白讲，关于早年的学生，我主要的兴趣不在他们是否成为教授或者砖瓦匠，我感兴趣的是他们的个性、诚恳和忍耐力。我乐于考虑的方向是：与管教严厉、统一要求的孩子相比，夏山的孩子拥有更多的机会亲近生活。我们的男女学生都不是反叛者，他们不参与暴力集会和游行。他们懂得那些街头演讲者口中的自由没有结果。

一位早期的学生说："我能做的就是养大我的孩子，为他们创造自由的空间，同时希望邻居们能够从我的孩子的言行中有所受益。"一位嫁给夏山男生的女士曾睿智风趣地说："夏山学校的教育效果体现在学生的后代身上，我们懂得如何避免限制或打压下一代。"

我们的校友多是品行兼优的男人和女人，他们工作勤奋，吃苦耐劳，热爱生活。当然，有一些也令人失望。关于后者，夏山并不以之为耻。而且我坚信，绝大多数校友会以自由的方式养育他们的孩子。然而，我们也不必忘记，绝大多数被送到夏山的孩子饱受不自由的家庭或不自由的学校的影响。

夏山备受苛责的另一个原因也与毕业生有关，批评者认为我们的毕业生似乎没有像圣战士一样改善这糟糕的世界。也许此话不假。我相信绝大多数学生或多或少内化了我对政治及政治家的不信任，认为政治家几乎不可能是诚实的。英国首相也许私下里认为越南战争是违背人性的野蛮犯罪，可是由于军备、贸易和经济，他一定会公开支持美国的政策。倘若他的选民主要由罗马天主教教徒组成，那么即使大权在握，他也断然不敢投票提议堕胎合法化或者同性恋合法化。

我曾在其他书里开过一个玩笑：夏山的学生应该把成就归功于学校，把失败赖在父母头上。事实也差不多如此。发展成功的校友绝大多数来自氛围自由的家庭，成员之间互相关爱；相反，许多"半成功"的校友来自不幸福的家庭。我多次强调，如果一个孩子从小缺乏爱，那么他的情绪或行为问题在自由的氛围里只会有所改善，不会完全疗愈，负面情绪与行为失控将随时会被激发出来。迄今为止，我仍有一个白日梦：夏山的所有学生都来自奉行自我管理的家庭。

　　我常常批评大学和其他学校只发展学生的智力却忽视学生的情绪。夏山的做法恰恰相反，我们尝试重视学生的情绪。然而，夏山也有失败的案例，这些案例有一个共性：当事人缺乏平衡心智的能力，徒有自由的情绪。不过，有一点我能确定，校友中的大多数在心智两方面的发育都很顺利。

　　截至目前，我不能确定的是，夏山的自由制度更适宜聪明的孩子，还是更适宜看上去不那么聪明的孩子。比尔，碰巧做了医生，业余时间喜欢读文学期刊；保罗，现在是农夫，空闲时翻阅小报。那么，如果他们各自感觉快乐，这两种人生有什么本质区别呢？

　　无论如何，我必须说明夏山学校所有的毕业生的共同特征。他们对夏山的忠诚既真挚又温暖。两年以前，在夏山成立五十周年的庆典聚会上，现场列席的每一位毕业生所呈现的温情和热忱深深地刻印在彼此心间。

# 21 /

## 我亲历的变化

时间，你这位老吉普赛人
何不停下来
支起你的大篷车
仅此逗留一日？

——拉尔夫·霍奇森

我想每个人都一样，有时候会希望重温那些早已逝去的快乐时光。不过，怀旧之于我，既不是什么美德，也谈不上恶习。儿时的情景时常浮现在我的脑海，我的内心却常常静无波澜。所以，遐想将来，有朝一日在我的故乡福弗尔，如果某些理事会决定在我出生的住宅——福弗尔镇东高大街 16 号——挂一块黄铜牌子，我并不会因此激动或兴奋。后世子孙的敬仰于我本人也毫无意义。

可是，回到开篇的小诗，回望那一去不复返的大篷车和时间，透过自己漫长的一生，我的确见证了诸多变化。变化的不仅仅是有形的物质，如汽车、电影、收音机、电视，还有人们常说的无形的文化以及视角。多年以前，我们即使在沐浴时也必须穿着得体，不能完全裸露身体，性自由和谩骂都曾经是禁忌。我至今还记得，萧伯纳的戏剧《卖花女》上映时，主人公伊莱莎·杜利特尔的形象被评论为"活见鬼"[1]，当时所有的报纸都把"鬼"字印成了破折号。今天，粗鄙之词随处可见，即便是在某些面向高端知识分子的报刊中也不例外。此外，也有令我费解的事：为什么优美古老的盎格鲁－撒克逊词汇总是被当作污言秽语？

我这一生目睹了女性在性方面卓有成效的解放。在我的孩童时期，当时的女性被认为不会具有任何性愉悦，这种信念尤其受到许多毕生都没有体验过性高潮的女子的追捧，而实际原因不过是她们的丈夫自私且无知。现在，女性有了广博的知识，敢于要求享有与男子同等的性自由。有一个词虽非出自女性之口，但却生动地体现了她们果决的态度："生不如死"。处女也失去了往昔的神圣光辉。我很高兴自己活得足够长，能够亲眼看到女性的这些全新的自由面貌。然而，若要迎来男女在国会、议会和企业中的席位平等，依然路漫漫其修远兮。

我也见证了人类对战争的态度逐渐改变。五十年前，为国家战死沙场是英雄壮举，可是在如今的许多年轻人心目中，英雄是那些为自己的国家努力生活着的人。大学校园里也能看到这一变化。但这方面的改变还远远不够，绝大多数青年从小就生长在服从权威的环境里，成年参军后不会挑战那些导致国家陷入战事的强权。但也有一些年轻人逐渐意识到，无论是战争还是狱刑，从未解决任何问题。对比当前

---

1 原文为"not bloody likely"，英国俚语。后文提及的被印成存折号的"鬼"，为"b——y"。

不列颠共和国和德国的经济优势，犬儒主义者可能会宣称战败国往往发展得更好。

世间万事万物总在变迁，但并不总是朝前发展。六十年前，不列颠没有肤色问题。如今，我们的种族问题刻不容缓，不列颠大有成为另一个美国的趋势，我们的每一个小镇、每一条街道都弥漫着荒谬的仇恨。在我看来，种族主义是危及未来的最大凶兆，比环境污染更危险，因为它滋生于人类自身的软弱和仇恨。我完全不能理解种族歧视，平生对黑人或犹太人、中国人或印度人并无特别感受。在我看来，他们是走在漫长而艰难的道路上的行者。

在前文中已经提及，我第一次见识种族歧视是在爱丁堡大学，时值 1908 年至 1912 年之间；再一次见到是在二十四年之后的南非，虽然不似初见时那么惊讶，它依然激起了我的胆怯和懦弱。会议上有人问我对种族隔离的看法，我当时表示自己是来谈教育而非种族主义的。然而，现在回头看，那个答复也是明智之举。攻击种族隔离政策的言论势必被断章取义，然后报纸一定会跟着夸大其词并广为宣传。伯纳德·萧伯纳比我勇敢，据一篇关于他访问南非的报道记载，萧伯纳对未来的预言震惊了南非国民。他说，迟早有一天，多民族通婚会生成一个浅棕肤色的种族。

我生活的时代，世界变得有着越来越多罪恶和危险。写到这里，我脑海中浮现的并不是仇恨或者蓄意征服的战争，我想到的是人们日渐弱化的权利、大财团和垄断商日渐增长的权力，以及工业的非人性化趋势。在二十世纪初，小商小贩随处可见。商店老板是街坊邻居认识的比尔·史密斯，而他也熟悉自己的雇员及其家人。如今，工人不再有他们可以诉苦并求得帮助的比尔·史密斯，他们拥有的是官僚气十足、毫无人性的公司。

　　在德雷斯顿，我还能找到一家小型工厂，与他们的经营者对话，但什么样的美国人才能奢望与一家大企业主做一次面谈呢？阶级之战已经高度集中，如今的工人对抗的是庞大的国际组织。近期在英格兰发生的邮递员和电工的罢工已经激怒了全国的业主。乔治·奥威尔在二十世纪四十年代撰写的《1984》近在眼前。

　　至于教育领域的改变，在我看来尤为缓慢。校园内部的自由有所增长，但相比人们对书本学习和考试的信仰的攀升不值一提。此外，对于服从和纪律的父权式要求，在国家各个领域都如同过去一样强硬。

　　自从夏山学校成立以来，我在孩子们身上发现了一种变化，这种变化微弱得几乎难以觉察。相比我的少年时期，夏山的学生显得更独来独往，更不容易掌握和履行自我管理。有些学生从家长那里得到大量的零用钱，因此，未雨绸缪对于他们如同天方夜谭。

　　如今，我发现年轻人，甚至二十多岁的青年都没有储蓄的习惯，他们偏好滥用金钱。有可能，现代社会的战争、犯罪、歧视和对核威力的恐惧使人们产生了不安全感，尤其是多数外交政策仍照搬十九世纪那一套，所以，人们的担心也确实会频频兑现。就拿以色列和埃及的对峙来说，如果苏联支持埃及，美国就会发起一场足以毁坏人类和所有生命的战争。追根究底，年轻人的改变必须归咎于当局信用的丧失。

　　从正统的视角来看，我见证了新教的衰退。英格兰的教堂不再人满为患，恰恰相反，里面经常空无一人。年轻人不再轻信罪恶，也不相信天堂或者地狱。青少年心目中的上帝变得多多少少是无害的——流行歌手、DJ、足球明星。有人说现在的年轻人是新宗教的信徒，这类宗教与传统宗教存在一个共同的特点：不同球队的球迷之间的仇恨和暴力，正如同爱尔兰宗教界、罗马天主教与新教之间想要互相杀戮的仇恨与暴力。

简要说一说当前的色情书刊。就常识而言，色情读物一直伴随着人类。1900 年，常有一些衣衫不甚得体的男子向我们兜售印有污秽图案的明信片。如今这种情况极为罕见，他们的工作已被色情周刊接管。应对色情读物的唯一途径就是从反对性行为的教育中解放出来。无论是袒露大腿的演出，还是脱衣舞秀，抑或是舞台上的性交表演，我相信在夏山的老校友眼中，这些都没有什么兴奋可言。论及各种形式的色情读物的消弭，最终的解决方案大概是——假如气候配合的话——人类达到一种可以容许我们都赤裸出行的文明高度。在这种文明中，与性有关的一切都不复带来内疚或罪恶感。

我可以想象这种赤身裸体的建议将带给天主教多大的震撼。哦，你应该听说过都柏林神父在电视上看到一部介绍夏山的影片，里面有男生女生赤裸洗浴的场景；你也应该听说他们在一个电视酒吧里对我说了什么。顺便提一下，这个酒吧没有张贴禁止饮用大量威士忌和白兰地的告示。那个周末我在都柏林大街上看到的宿醉者之多，超过自我在苏格兰乡下知道一瓶威士忌价值两先令零六便士以来见过的任何一次。那些周六的晚上，都柏林满是醉鬼。用爱尔兰人的话来解释，就是上帝同意饮酒但反对性。

暮年的思考

# 22 /

# 虚荣心

有的时候，我认为世界的病态可以归咎于人类的虚荣心。女人不断用皮毛装饰自己，对为此而遭到猎杀的动物之苦痛漠不关心。她们把大量的金钱用于购买化妆品、服装而不是书籍和唱片。男人也具有炫耀的虚荣心，他们荣耀于自己拥有的房子、花园和车。基本上，男人喜欢对他们的活动及其在事业、学术或运动上的成功夸夸其谈。

男人和女人的共同点在于都渴望得到他人的认可。我们的日常生活充斥着大量冀求被注目、被聆听、被欣赏、被崇拜的渴望。害怕死亡可以说是源于对自我终结的恐惧。当所有人的自我联合起来，就构成了民族主义及其评价体系。当我成为宇宙的中心，接着自然就产生了"我的国家！正确或错误！"之类的念头，然后将导致"嗨，希特勒！"或者"嗨，尼克松！"

对金钱的追逐是追求认可的根本形式，另一种根本形式就是对权力的追逐。富人绝不会满足于把钱财存放在银行，他们一定会通过自己的生活标准彰显他们的财富。相对而言，穷人可以炫耀的事情会少一些,通常如"我家鲍比通过了初中入学前预试,但是隔壁家的威利落榜了"或者"整条街上就我们家有彩色电视机"。

正是这种虚荣心遮蔽了人们的双眼,从而看不到世界上存在的苦难。它总是强调"我",惯常的表达方式包括"我是对的,杰克"等。拿着报纸,我们可以在刚刚读完独裁制国家的拷打恶行后,接着平静地翻到下页看足球新闻;坐在电视机前,我们看到芝加哥警察在酒吧施暴,然后可以不动声色地换一个频道观看安迪·威廉斯主持的十岁孩子秀场。我们都是同谋犯。如今,许多来自美国富庶家庭的青少年开始蔑视财富与安全感,并且克服自身的虚荣以寻求属于他们自己的、没有枷锁的自由生活。这些新生代的成员没有追求奢侈生活的热情,愿上帝保佑他们!

我常玩一个有趣的游戏,猜想人类的历史长河中闪过哪些不虚荣的人,我觉得大概有耶稣基督、甘地和爱因斯坦,还有利文斯通博士[1]。尽管许多传教士自认为做着传播基督教义的圣事,但同时也的确是他们把罪恶感赋予了无辜的人们。《圣经》上说天堂没有婚约,可是本地的权贵极其肯定地认为前往天堂的人将至少按阶级分组。我的朋友赖希在生前没有任何虚荣的表现,但他决定要在迈阿密的奥尔加农买一个优雅的墓地。

至于我自己,本人的虚荣心寄居在这样一个想法里:生前所写的书使我在死后依然会被人想起。然而这种想法并不能带来安慰,我无法自我陶醉地认为自己的书会像福弗尔公墓里的墓碑一样经久不衰。幸运的是,莎士比亚在一首十四行诗中写道:

---

[1] 戴维·利文斯通(David Livingstone,1813—1873),英国探险家、传教士,维多利亚瀑布和马拉维湖的发现者,非洲探险最伟大的人物之一。

---

没有云石或王公们金的墓，

能够和我这些强劲的诗比寿。[1]


他说的应验了吗？

---

1  诗文来自莎士比亚十四行诗第 55 首，译文来自梁宗岱先生的译本。

# 23 /

# 政  治

西方的政客们惯用同一种姿态，他们的公开发言常常以此开场："我谨代表选民的意。"足见发言者毫无原则，也乏勇气。假如有学生在长大后做了首相，我会暗自认为夏山难逃其责。毋庸讳言，政治离不开妥协，而自由之士都不擅于行妥协之道。

为什么人们要么是左翼，要么是右翼或者中立？这是一个颇费思量的现象。当然，类似情况常见于从前。显然，在许多年里，我一直站在左翼这边，立场涉及政治、教育以及生活各个方面。也许，我就是传说中那个乖张的爱尔兰人。他被海水冲上一片陌生的沙滩，醒来后说的第一句话是："这里有管事儿的吗？如果有，我就要唱反调。"

我相信绝大多数人类改革运动始于左翼。如今，在不列颠，大力压制道德议题的是保守党；断言色情书刊并当众揭发者通常是保守党人士。"保守"这个词恰切地涵盖了原地不动或朝后看的意思。相应地，群体多拥有须保存或保护的有形、无形之物：金钱、资产或地位。以不列颠为例，绝大多数商店店主、农夫和律师都会把选票投给保守党。

　　我个人的兴趣在于右翼和左翼的缘起。二十岁时，我了解的政客多是社会主义者；到了五十岁，我所知的政客都来自保守党。由此可见，时代的潮流在朝着保守主义的方向行进，而我乐于认为自己在暮年依然保持着挑战者的姿态。我的政治偏好大概取决于感性而非理性。追本溯源，我的政见难免揉杂着主观情绪。还记得青年时期，我朝温斯顿·丘吉尔扔西红柿，当然没有打中，可我的勇气是哪儿来的呢？来自当地保守党主席的漂亮千金。而丘吉尔，当时是自由党的候选人之一。

　　1913 年，初到伦敦生活的我加入了工党，随后在海德公园当众讲了几次无知的蠢话。1917 年俄国十月革命爆发后，我曾天真地以为乌托邦从此自天突降。不过，苏格兰人特有的谨慎此时发挥了作用，我并未因此改变党派。

　　年轻时，我面临的真相是：想要相信新的世界格局，想要认为苏联的新教育富有成效。这种一厢情愿的幻想经年未散，于是，我决定去苏联亲自看看。可是，1937 年我的申请签证被拒，原因至今不明。从此，我放弃了通过某种口号就可以疗愈病态世界的希望，也不再关心任何形式的政治活动了。我在大选中之所以把票投给工党，只是相信他们会比保守党更好地维护胎儿的权利。虽然工党的管理也令我失望，但我对其在这一方面的信任却不曾动摇。

　　此后十多年，我基本对政治漠不关心。直到 1950 年，我在美国大使馆办理签证的遭遇又使我对政治有了新的觉察。此前的 1947 年、1948 年，我已连续两次去美国做报告，签证都很顺利。1950 年，赖希的朋友负责接待我。我在大使馆等待了一个小时，期间毫无动静。我猜想一定发生了什么事，果然，我被叫到一位官员面前。他问我：

　　"你信奉大同社会？"

"不，没有的事儿。"

"你曾经写过支持这种理念的文章吗？"

这时，我猜测对方已经和内政部通过电话，并且调查了我的档案。

"我已经出版的书有 18 本，写完之后就再也没有读过，此刻我几乎想不起它们都有哪些内容。但是也有一些模糊的印象，比如我赞扬了俄国革命之后的教育。当时的苏联教育崇尚自由；不过时过境迁，他们现在的教育和你们美国以及我们英国的教育一样，本质上都与自由背道而驰。"

就这样，我被拒签，演讲计划也随之取消。当然，那是在麦卡锡时代。

我再一次与政治亲密接触是在 1969 年，奥逊·比恩邀请我去美国参加约翰尼·卡森[1]的脱口秀节目，为此，我又一次走进美国大使馆。

"尼尔先生，最多耽误您二十分钟，请您填写这张表格。"

表格上有这样一个问题："迄今为止，你被美国政府拒签过吗？"我如实填写，"是的，1950 年"，然后签字。结果导致二十分钟被延长为两个多小时：我被要求填写完整的表格，以及更多的等待和更多的面试。最终，我得到一张四年期限的美国签证。恼人的是领事说出这样一句话："我们没有记录显示曾经拒绝过您的签证申请。"这让我对自己白痴一样的诚实恨得咬牙切齿。

不过，我也忽然意识到，能够被苏联和美国这两个超级大国同时拒签是一件值得自豪的事。拒签本身就足以让我名垂青史。

---

1 约翰尼·卡森（Johnny Carson），美国著名节目主持人，曾主持美国国家广播公司（NBC）深夜时段著名脱口秀节目《今夜秀》。

然而，这些经历充其量只是可供闲谈，远称不上政治。毕竟，人有时不得不和政府、经济或外交政策打交道。我也了解民主政治是虚情假意。例如，不列颠最近一次大选的结果是保守党获得多数席位，尽管工党和自由党联合起来所得的票数超过保守党。但是，既然替代民主政治的可能会是独裁统治，我们就不能放弃争取民主的漫长征程。

政治完全是场灾难。在电视上观看美国大选时，看着总统提名大会上幼稚的游行、乐队和旗帜，我总是感到心灰意冷。透过这些愚蠢的表面文章，我看到的是追求私利的说客和资本主义的疯狂竞争。而某个总统亮出某种姿势，又有谁知道他背后的动机？至于美国政府削弱其对以色列的支持，在某些英国人看来，不过是担心阿拉伯石油供应的价格反弹罢了。

国际政治是一场肮脏的交易；国内政治也大同小异。保守党发展了早年被工党改造为国有的工业，采用的是类似"库克旅程"式的薪酬方式，即俗话所说的殖民贸易。不过，贸易往往也左右着政治。不列颠的三大政治党派都反对种族隔离，具体而言，其中任一派若试图终止国家与南非的外交关系，商务部必定会否决此类议会法案。

几年前，有位美国作家在著述中曾经指出，如果越南战争被突然叫停，将导致 40% 的美国工厂破产。

是的，我所感兴趣的政治仅限于夏山校园内部的民主政治。毫无疑问，它最贴近真正的民主政治。我们全体师生汇聚在一个大厅，通过举手表决裁定共同的规则。但是，我深知，大量的选民不可能同时同在一室，我也不知道对此能有什么更好的解决方案。我相信，许多政治家工作卖力且出色，我情愿假定这些人制定的规则充满人道。但我又不得不承认，自古以来，悉心体察社会问题的政客可谓稀有。

据我观察，有些监狱体系堪称耻辱。囚犯们遭受着缺乏人性的对待，被剥夺了性、文化以及任何人之所以为人的属性。根据官方报道，美国的某些监狱环境更为恶劣。接受野蛮监狱制度的不仅仅是政客们，还包括神职人员、医生和律师。实际上，这种野蛮的惩罚体系被公众中的大多数人所认可。

正因为政治不曾解决各种时弊，所以我很难对政治产生热情。校园里充斥着对孩子们的鞭笞，政治家们对此睁一只眼闭一只眼。我们的政府有意愿建造一所设备先进的新学校，然后交给某些惯用藤条的校长去管理——假如他的确擅长此道的话。当不列颠的家长们抱怨自己的孩子在学校挨打时，地方官员的反应往往是偏袒鞭打学生的教师。可见，在一个病态的世界，政治必定畸形。

政客们告诉我们，他们制定的法律适用于所有人——无论当事人来自什么阶层。没错，所言极是！一个流浪汉可以露宿泰晤士河畔，一位公爵也可以。

一直以来，总有人问我一个看似尖锐的问题：为什么夏山学校不开设政治课？民主的基石是选民参政，可什么是选民呢？选民是数百万个性迥异的民众，他们的个性形成于早期的养育方式、家庭教育和学校教育，而这些教育包括服从权威、压抑性欲和心怀恐惧地敬畏上帝。简言之，他们的力量早已被阉割，结果在成年之后成为万事依赖指引的绵羊。正因如此，德国人追随希特勒走上违背国家初衷的迷途；也因为如此，在不列颠，绝大多数选民都是雇佣劳动者，他们自然会把选票投给立场、利益诉求与工人阶级势不两立的保守政府。

夏山向往一种由自由公民构成的新民主，这些自由公民将不再追随任何人。除非孩子们不被塑造为被阉割的绵羊，否则，民主将保有虚伪的假象和危险的趋势。我的观点并非来自某种理论，也无需理论，它来自我对孩童自我管理实践的长期观察。在夏山，看到我在全体投票中的身体力行，没有学生对校园事务会继续袖手旁观。

　　我承认，夏山运行的校园议事会永远也不会适用于更大范围。这也正是我从来不希望学生人数超过 70 的原因。如果一所学校有男女学生共 200 名，选举意味着只能采取代表制。我也承认，我们的这套系统不切实际。例如，对于是否支持"公共市场"这样的议题，就无法做到让数百万人在一个公共聚会上举手表决。但是，迟早有那么一天，投票者们将拥有足够的自由度，这些自由度能够使他们洞悉所有骗局，反对和抵制许多政客的利己举动。简言之，当投票者们不再诞生于被动服从权威的环境，不再畸形地发育长大，那么迟早有一天，黎明会到来。

# 24 /

# 唯灵论与其他宗教信仰

我说过，我的父母最终放弃了加尔文主义而转为唯灵论者。记得妹妹克鲁尼在1919年去世之后，父母问我能否找一位灵媒，当时在伦敦的我历经千辛万苦，终于得到了采访李安纳德夫人的机会，她是哲学家奥利弗·洛奇爵士的灵媒。访谈中，她神情恍惚地说了一些令我震惊的事：她说克鲁尼生前是一位教师，并且死于肺部疾患——显然这两点都被说中了。我立刻对唯灵论产生了好奇，想知道它究竟有多么灵验。

这时，她对我说："你有什么问题想问你妹妹吗？"

"是的，请问她有没有想念施波特？"

"她说，她想施波特。她喜欢施波特，不过，她爱所有的动物。"

啊哈，我问题里提及的施波特，是克鲁尼生前教书的村庄的名称。但关于这部分的问答，我并没有转述给父母。

人们到底会不会对所谓的神秘敬而远之？我怀疑除非我们对魔法师的手法心领神会，不然很难远离之。著名的魔术师大卫·戴维德有一个表演是在空中抓鸡蛋，数目有成打之多。为了弄清这些鸡蛋的来源，我曾苦熬三个夜晚试图找到答案，结果一无所获。后来，有位在魔术圈的朋友对我说这不过是雕虫小技，但出于行业操守，他不能告知我其中的秘诀。另有一位顾忌较少的魔术师则向我演示了空中悬浮的表演。

关于人死之后的生命去向，我毫无兴趣。古往今来，亿万人离世，他们都去哪里了？信奉轮回转世的人对此有着简明的解答，他们的观点是：灵魂只是暂时死亡，当人类诞生一名新的婴儿，某种超力量就会把死者的灵魂择一放入新生儿的体内。

我对闹鬼之类的事情存疑，但对于疯狂地在室内丢扔家具却不自知的人又困惑不解。我的第一任妻子的姐姐艾特在莱姆里吉斯有一套住宅，并且坚信房里有鬼魂出没。有一天晚上，艾特与她的先生乔治·罗伯逊去看电影，出门之前，她在做编织。后来，身为无神论者的乔治对我说："我们从影院回到家，发现艾特的毛线缠满了画框。画框很高，我不得不从邻居家借来一副梯子，才把毛线取下来。"

自从遇见一位德国姑娘——据说是灵媒——之后，我常常在他们家的房子里听到敲击声。在罗伯逊去世多年以后，我敲开了这所换了主人的房子，问陌生的女主人："请问你在屋内听到过敲击声吗？"她茫然地盯着我回答："当然没有。"就这样，鬼魂从我头脑里不驱自散。

大约四十年前，我参与过招魂术的实验，主持人是埃里克·丁沃尔，他怀疑一切超自然的现象。但是，他亲口告诉我，他曾多次从神秘力量中获得现场参与者都不知道的灵异答案。

细究起来，我之所以对魂灵兴味索然，大概与日常生活中对教会事务漠不关心有关。我可不是华兹华斯笔下那种披着祥云降临人世的小孩，尽管我的想法时而在云端，但我终究是一介粗人。

关于宗教，我想起赖希曾对我讲的话。他说，宗教犹如无限脱离性器官的性欲。当时我没有理解这句话的含义，至今依然不懂。

为什么赖希把宗教视为性的替代品？在他本人的信念中，性能量是生命的主要动因。而宗教通过把现世的快乐让渡给死亡后，从而使他所说的生命能量得以升华。宗教将性提升到脑部，使其成为可以思考只可念及之物而不付诸行动。无论正统宗教的动机何在，客观上，它将性的罪恶感赋予无数孩子，令其怀着对性的愧怍终其一生。而危险也恰好蕴藏其中，只要这种宗教存在一天，整个世界就不会快乐。

在此，我必须表达内心对于夏山的一些隐忧，我担心夏山学校本身会成为某种宗教。举目四望，太多的学校声称在践行我们的办学之路，其中不乏自称夏山学校者。这些狂热令我惊恐。我的人生箴言通常是汲取人之所长但永不成为其信徒。

# 25 /

# 演 讲

　　学生时代，玩耍时我喜欢把自己想象成演员。不过我很清楚自己成为成功演员的几率微乎其微，障碍无非是难以消除的苏格兰口音，而戏剧中的角色很少是苏格兰人。

　　多年以后回头看，我忽然意识到也许自己下意识里觉得表演本身缺乏创造性，它更像是求解一道别人编造的几何题，或者演奏他人写就的乐曲。说来也怪，虚拟角色比创作者活得更长久。例如，编剧多罗斯·贝克尔在《双凰夺鸾》中塑造的迪克·马丁，生动地再现了小号手克斯·比德贝克的一生。作者笔法细腻生动，字里行间仿佛能听到主人公的吹奏声。这本书我读了四遍。

　　不知何故，我放弃了登上舞台的梦想，并且从未后悔过。在某种意义上，我确实成为了男主角，为成千上万名学生及其家长、老师做演讲。起初，我有一些怯场，甚至有过舞台恐惧症，为了顺利登台，也使用一些备注便条。多年以后，我已经完全不需要任何形式的讲稿。我想，人们都倾向于轻视那些照本宣科的演讲。演讲是一门艺术，如果你愿意，也可以说是一场把戏。日积月累，我能轻车熟路地把握听众的心态，这的确有些不可思议。具体而言，每当走上讲台时，我能立刻感受到听众是否赞成即将发言的我。演讲的窍门在于要能把控全场。如果发现人们已面露倦色，我会插入一个有趣的故事。记得有一次在苏格兰演讲，台下的观众尽是面无表情的冷静人士，我就说："发生什么事啦？你们看上去都死气沉沉，我猜各位都是教师吧。"话音刚落，人群爆出一阵大笑，然后，我们一起完成了一场别开生面的演讲。

另有一些时候，我的开场白是："我感到惭愧，当我知道今天来听讲的是值得尊敬的广大教师，我做了一件懦弱的事——打上了领带。"接着我当众摘下领带。所以正如我所说的，我终究还是实现了儿时的梦想，成为了一名演员。

我这一生遇到过不少奇特的演讲主持人。也是在苏格兰，那次的主持人是当地学院的校长。当我坐下时，他站了起来，对听众说：

"接下来将开始自由提问，但我已警告现场的本校员工，任何人不得把这位先生的观点带入我的学校。"

可想而知，那一场演讲最后并没有人提问。

1936年在约翰内斯堡，主持演讲会的教授因在每一个公共场合打盹而臭名远扬。说句公道话，这与之前在南非的演讲不无关系，那时他把我当作VIP而整场正襟危坐，连眼睛都不敢眨一下。这些搁在今天是难以想象的。

还有一次，演讲主持人有些拿不准我的姓名，他在介绍中这么说："让我们热烈欢迎著名的教育家……教育家……奥尼尔先生出场。"

所有主持人里我最喜欢的是约克郡的一位富豪，他在宾馆对我说："我对教育不感兴趣，所以不打算亲临现场。你讲完回来时我已经休息了，但所有你需要的都会妥当放置在你的床头。"他果然没有食言，我演讲回来看到屋里摆好了威士忌、白兰地和啤酒。

这下你就不难理解为什么我由衷喜欢在南非做演讲。在那里，每一个城市的会议主持人都是市长，市政厅讲台后面就是市长的办公室，室内有一个小吧台，里面摆满一排排的名酒。但是南非有我最讨厌的部分——种族歧视。黑人教师一般无权前往讲座现场，只有一次例外，那是在约翰内斯堡的郊区布拉克潘，当地有一位心胸开阔、偏见较少的市长。

有一次在瑞典的斯德哥尔摩，闻讯而来的听众只需一半就把市政厅坐满了。负责人询问对面的教堂可否作为演讲场地，教堂负责人答复说可以，但前提是演讲不能涉及宗教或性。坦白说，这个条件束缚了我的演讲风格。

印象中我讲得最糟糕的一次是在奥斯陆，当时每说一句话，都必须停下来等待同声翻译。自然，这种停顿频频打断了我的思路。

我始终没有即兴演讲的天赋。直至今天，假如有人在晚宴上请我对现场的男士女士致敬酒词，我都会手足无措。我的父亲可以随时起立就任何话题发表一番演说，这种才能并没有遗传下来。我只能谈论自己熟悉的话题以及我的工作。

演讲中遇到听众打岔时，我不记得自己有过睿智或诙谐的应答。女性权益活动家的随机应变能力令我望尘莫及。例如，当现场有人嘲弄地大喊："你怎么可以希望像男人一样？"她们会犀利地反击："你呢，你怎么才像一个男人？"

我在回答提问时，也发生过追悔莫及的事。记得那是在南非的金伯利，当地一位妇女问道："请问，我应该告诉儿子谁是他的父亲吗？"我回答说："是的，假如你知道的话。"话一出口，我立刻对自己如此冷酷地伤害了一名贫穷的女子深感懊悔。自那以后，我在回答提问时总是极尽谦恭。

# 26 /

# 诚 实

　　社会在多大程度上依赖人与人之间的坦诚？我曾经拜访过一个人，他希望建立一种绝对诚实、彼此直截了当的人类聚居区。早些时候，当我尝试在夏山建立类似的社区时，有一位老师否决了我的提议。第一次全体大会之后，一名女生来到我的办公室，她哭着告诉我，学校里有学生对她的性格和举止出言不逊。于是，我建议闭会并得到大家一致通过。在自由自在的团体治疗中，人们显现出来的缺点比优点多，仇恨的情绪也屡见不鲜。

　　在夏山，我总是任由新老师去探索自己的局限和天赋。对于我而言，可能存在某种道义上的怯懦，使得自己忍住而不曾贸然地评论他们。例如："史密斯，你真是一条懒虫，你的课毫无想象力。要么加油好好干，要么卷起铺盖走人。"我时常控制自己不要这样干预教师。类似史密斯的问题，通常是由他所教的学生来解决。学生们如果不喜欢他的课，就会自发抵制，从而迫使他自愿离职。

　　就我自己而言，如果某个团体被期待彻头彻尾地坦诚，我恐怕不会参与其中。假如有人说我自我中心、装腔作势、以笑容掩盖天生的卑鄙，我一定会非常愤怒。而且即便我尝试改变，但以我的年龄，想必也很难撼动本性。团体成员之间的批判在某些无关紧要的问题上收效良好。例如，告知约翰他在喝汤时吸溜的声音过响。虽然约翰也会怨恨这种批评，却也会从中反思，觉察到自己是一个吃东西很吵的人。

在一个小团体里对批评做反应形同地狱，这一点在家庭中尤为突出。我常常听到主妇们这么数落自己的丈夫："彼得在家里像个废物。他不会修理保险丝，家里的事他都笨手笨脚、笨头笨脑，整天只惦记着球赛。"当然，根据我的观察，生活中的女人比男人更容易对伴侣做出类似评判。而我也因此推测，在多数情况下，彼得们过着生不如死的日子。

我试着展望一番赤诚相见的世界，在其中，任何人都没有面具，无需伪装，也没有私人秘密。想象在那个诚实的世界里，有一对典型的夫妻约翰和玛丽，他年满五十，而她刚刚四十九岁。她花容已逝所以不再自我沉醉。他在汽车站注视着优美的脚踝，也许有了隐匿的恋情。约翰克制住向玛丽大吼的冲动，他没有说："该死的，你这个女人，成天唠唠叨叨，啰嗦个没完，你脸上毫无光彩，让我一看就恶心。"如果我是约翰，隐藏真情实感的主要动机——表现得不诚实——应该是害怕伤害对方。这就是有礼貌的真正内核，即如果一个寡妇的男人死于绞刑，那么与她饮茶聊天时就不要谈论绳索。

我认同一种观点：如果我们都以诚相待并把所思所想和盘托出，社会将更加健康。在某些正式场合会见受过高等教育的人，如接受荣誉学位，我觉得自己像个伪君子。在和一些教授或者教授夫人寒暄天气时，我听到自己的内心在呐喊："我们彼此厌烦，讲得都不是同一种语言。"噢，不！但此类事情永无止境。

在坦诚相待的团体诞生之前，我倒是建议相关倡导者读一读易卜生的《野鸭》[1]，看一看追求真相的狂热分子自认为家庭的幸福得自于诚实会发生什么。不过，易卜生有可能错了，而我的理解也可能有误。或许，诚实的氛围有助于形成一个更健全、更快乐的世界。

我想知道自己究竟有多么真实。如果我够诚实，是源自天生的美德还是因为害怕警察呢？在旅居德国期间，因为难以忍受当地的烟草，以至于我去英格兰探亲返回德国时都随身塞满约翰·克顿生产的碎烟叶子。入关时我总被盘问："这是烟草吗？"然后我一脸无辜地回答："不是啊。" 欺骗老百姓则另当别论。比较罕见的勇气是有一次坐火车我坦承自己没有买票，我认为此类诚实的主要诱因是害怕被当场抓个正着。

至于同孩子打交道，人必须诚实，否则就会成为训导员。只要不把孩子们当作可恶的乳臭未干的小东西，他们的诚实会自然地流露出来。请允许我厚颜无耻地在此声明，我认为自己在人生的绝大多数方面都诚实无欺。例如，在电视节目里，我绝对不会宣称某种洗衣粉比其他品牌的清洗效果更加亮白。即使为了发财，我的良知也不允许自己这样说和这样做。我只会为自己信任的事物做广告，如约翰·克顿烟草。回首早年在弗利特街工作时，我知道有些左翼激进记者糟蹋自己的才能而替保守党报纸卖力。电视上那么多广告代言人在鼓吹产品的功效，我始终好奇他们对该产品究竟有多少信任度。

---

1 《野鸭》（*Wild Duck*），易卜生晚期创作的五幕悲喜剧，剧情围绕威利和艾克达尔这两个家庭开展。易卜生在该剧中，淡化了他一直以来的理想主义追求，深层揭示了现实生活的复杂性。

# 27 /

# 偶像和半偶像

　　我这辈子几乎没有结识过名人。少年时，我的偶像是 H. G. 威尔斯，后来得以见面时，他已经步入暮年，一个小个子老头以他那高亢尖细的嗓音和狂傲自大的态度当场粉碎了我的偶像梦。后来，我寄给他一本威廉·赖希的著作。

　　他回信说：

　　你寄来的是冒充内行者的叫嚣，通篇喋喋不休，不知所云。赖希误用了每一个词汇，而伍尔夫（赖希那本书的翻译者）简直就是一头了无生趣的驴。这堆废纸里没有一丝新意，请你不要再给我寄这类废品了。

　　我的答复：

　　亲爱的威尔斯，我无法理解您为什么如此疯狂地厌弃该书。本以为您是全英格兰思想最开放的人，并且诚挚地向您请教我自己无力评判的生物学难题。您的回信想必是毕林普上校[1]执笔。希望您可以就植物和生命力谈谈您的观点，这究竟算不算新的发现？您在上封信里，长篇大论地贬损了伍尔夫对赖希德语原版的英文翻译，您用"冒充内行者"来形容一位被弗洛伊德称赞为才华卓绝的人。

姑且承认这一切都是我自找的，我为自己的冒犯向您致歉。身为苏格兰人，我将把您的邮资退还给您。您的名声看来使您不能耐着性子与普通人打交道。显然，您也不能耐着性子认真做研究。当纽约一所医学院给癌症患者尝试植物和生命力治疗时，您那句"这堆废纸里没有一丝的新意"听上去令人感觉很诡异。但是，我不想因此而与您争论，今后也不打算再拿赖希或任何其他人来打扰您。

**接着威尔斯又回信：**

亲爱的尼尔，不，我拒绝收受你的邮票，但这的确是骗子的行径。你说我是一个自大的家伙，我看你是一个傻瓜。上帝保佑你。

赖希听说我联系了威尔斯之后勃然大怒，他咆哮着："我才不需要威尔斯或其他人的认可。"

这下轮到我问他："那你为什么寄给我一打《性高潮的功能》复印稿？难道不是要我四处散发吗？"

赖希没有正面回答我，只是不断地抱怨着。

---

1　毕林普上校（Golonel Blimp），漫画人物，形容老顽固，反动的家伙。

　　我的偶像亨利·米勒[1]从未令我失望。有人给他寄了我写的一两本书,然后他主动写信联络我,接着我们断断续续书信往来好几年。后来,他来到伦敦,我们见了面,并且共进午餐。我实在非常喜欢亨利,他是那么温和、幽默,他的天赋显而易见。每当想到我们相隔千里,我总是禁不住为之叹惋。不过,坦白说,我对亨利的评价多多少少基于这样一个现实:他曾经为《夏山学校》的出版写了一篇宣传文章,我记得里面有这样一些话:"我不知道西方国家还有什么教育家可以与A. S. 尼尔相提并论,在我看来,他可谓孤绝。夏山像是穿透黑暗世界的一线希望。" 当然,早在亨利写这些文字之前我就已经深深被他吸引了,这是不可辩驳的事实。

　　我所生活的时代涌现出许多娱乐人物,他们出现在舞台上、电影里、电视节目中,我总是下意识地觉得,这些流行偶像在日常生活中也一定非常有趣。例如,成百万的观众如果有机会亲见加里·库珀[2],一定会激动万分。但我猜想荧幕下的加里·库珀只是一位和蔼可亲的普通男子。我第一次从对舞台名角的迷思中醒悟是在爱丁堡读大学时。有一次,易卜生公司的巡回演出团来到爱丁堡,时任校刊编辑的我得到了一张邀请函,得以有机会和演员们共进晚餐。我的座位碰巧挨着首席女演员,

---

1　亨利·米勒(Henry Miller, 1891—1980),20世纪美国乃至世界重要的作家之一,富有个性又极具争议的文学大师。1934年在巴黎出版了《北回归线》,五年后又出版了《南回归线》。这两本书的写作风格形成了一种对传统观念的勇猛挑战与反叛,给欧洲文学先锋派带来了巨大的震动。1940年米勒回到美国,住在加州的大瑟尔。在那里他创作了"殉色三部曲"——《性爱之旅》《情欲之网》和《春梦之结》,但由于被当作写"下流作品"的作家,他的主要作品不能在美国出版。1961年经过一场具有历史意义的诉讼,《北回归线》终于在美国出版,米勒成为一个家喻户晓的名字,被20世纪60年代反主流文化誉为自由和性解放的先知。

2　加里·库珀(Gary Cooper, 1901—1961),美国演员,曾经获得五次奥斯卡最佳男主角奖提名,两次夺得奥斯卡最佳男主角奖(《约克军曹》与《正午》),一次荣获金球奖最佳男主角。1961年,他获得奥斯卡终身成就奖。

她扮演过易卜生笔下的娜拉、海达·盖普勒和丽贝卡，这对我这个戏迷而言实在是天赐良机。然而，很快我就发现这位女士对易卜生毫无兴趣，我甚至怀疑，她是否知道易卜生是挪威人。

有时，我会揣想，名声对年轻人有着怎样的影响力。放眼望去，流行歌手成为百万富翁，足球明星举世瞩目。也许他们滥用名声的态度一如挥霍金钱，可是我认为有此困扰的不仅仅是年轻人，而是所有人。记得远在 1915 年出版处女作《一名苏格兰乡村教师的日记》时，我签署了一家剪报代理，然后每次查收邮件都先看他们的来信。如今，我总是把他们的信留到最后才拆阅。不过，现在为了表示自己并没有忽视大众的意见，我依然会聘请一家剪报代理机构。不幸的是，人生总是好事多磨。例如，我有三个荣誉学位就从未派上用场，倘若它们能在五十年前眷顾我，我准会兴高采烈。我想起了王尔德的名言："世界上有两种悲剧：一个是没有得到自己想要的，另一个是心想事成。"

我与贵族——伯爵、勋爵和女伯爵——的交集很少，这些相处没有留下任何自然自在的体验。每次与男管家一起在硕大的房子里等主人接见时，我都感到不知身在何处。某些礼节也令我精疲力尽——当女士离开座椅时，我必须眼明手快地站起身来。而且，阶级分界鲜明，女仆进屋上茶时，我从未见过任何绅士欠身起立。穷人们不讲什么风度——他们不会为自己的妻子打开门，不过据我的观察，乡村酒吧里的礼貌程度胜于我在伦敦利兹酒店或者萨伏伊旅馆的所见所闻。幸运的是，我所交往的人们大都非常真诚，不屑于拥有那些做作的礼节。

在沉溺于威尔斯之前，我的偶像是 J. M. 巴里，可惜从未碰过面。我们的出生地只相距八英里，而且母校都是爱丁堡大学。巴里是著名的作家，我大概也会成为著名的作家。说起来，亲近巴里的过程就是一个自我认同的好例子。我反复阅读他写的《伤感的托米》[1]，以及早年发生在基里缪尔的传说。这种信徒式的追随直到我看了乔治·道格拉斯·布朗的著作才终结，书名是《带绿纱窗的房子》[2]，作者对苏格兰人的多愁善感做了不遗余力的强烈反驳。我立刻迷上了这本书，并由此接纳了关于多愁善感的全新定义：对牛弹琴。《带绿纱窗的房子》也成为我的圣经，我几乎可以倒背如流。此后，巴里在我眼中逐渐成为那种时而闪烁着洞见与幽默的二流作家。他的《彼得·潘》深受大人和孩子的喜欢，但理由却不尽相同。书中的海盗、探险吸引了未成年人，而它对男孩子永远长不大这个情结的处理赢得了家长的好评——使大人理解童年是一首主题为欢乐的长篇叙事诗。巴里的传记——《J. M. 巴里：图像背后的男人》——近期已出版，作者珍妮特·邓巴的神来之笔呈现了巴里本人一直没有长大的事实。

巴里有着他特有的稀奇古怪的思维。据说年轻时，有一位老妇人问他将来的志向，他回答作家。然后老妇人握住他的手，惊讶地说："什么，你是一名文学硕士啊！"他颇有天赋，戏剧《亲爱的伯鲁托斯》是其创造力的典范。不过，我非常怀疑自己是否真的愿意与他见面。在所有已故的作家中，我最喜爱、最想拜见的是奥斯卡·王尔德。我想象着如果能坐在皇家咖啡馆听他讲话，将是莫大的荣幸。

伟人谈论得够多了，我的生活里还有一些没那么尊贵的人——教师、学生、家长和普通老百姓，他们也很友好。许多人从未了解普通

---

1 《伤感的托米》（*Sentimental Tommy*），J.M. 巴里创作的小说，讲述了汤米和格丽泽尔相识相爱的人生故事。1921 年，导演约翰·S. 罗伯逊将其改编为电影。

2 《带绿纱窗的房子》（*The House with the Green Shutters*），出版于 1901 年的小说，以 19 世纪中期苏格兰埃尔郡为背景，讲述了一个小镇在时代中的变迁。

人的所思所做。例如，法官总是武断地裁决因贫穷无知而误入歧途者；政治家对穷人的日常生活可以说一无所知；不切实际的社会改良家更是坐着豪华轿车走访贫民窟。鉴于本书并非一本教育专著，因此关于教师与学生之间的鸿沟，我只是点到为止。同样，对于个人与团体之间的鸿沟，也是浅探则止。我认为，关于阶级体系的阐述应该独立成书。

# 28 /

# 小狗饼干

饼干，是我养的金色拉布拉多犬，现在已走到它生命的尾声。这位老伙计已经丧失了它往日的警觉，将要接受安乐死。对一所学校而言，饼干是一条称心如意的狗。它从未咬过任何人，总是任由孩子们宠爱它，与它玩耍。将来，我会哀伤地追思它。

相比之下，一只猫的死亡不会引起类似丧失一条狗所产生的悲伤。在我看来，猫很少表达它们的情感，也很少把主人当回事。狗就完全不同。最近我住院时，饼干非常忧郁。一天中的大多数时间它都只是躺在床上，静静地等我归来。狗会讨好人，猫则不屑于这么做。狗能爱，而且不会背叛它所爱的人。毫无疑问，赫尔曼·戈林¹如果成为甘地，他的狗对他的爱依然毫厘不差。

---

1　赫尔曼·威廉·戈林（Hermann Wilhelm G.ring，1893—1946），纳粹德国的一位领袖，与希特勒的关系极为亲密，在纳粹党内有相当大的影响力。他担任过德国空军总司令、"盖世太保"首长、"四年计划"负责人、国会议长、冲锋队总指挥、经济部长、普鲁士总理等跨及党政军三部门的诸多重要职务，并曾被希特勒指定为接班人。

大多数人爱狗的原因只是因为狗能爱人。狗的这种天赋并非源自群居动物的属性。要知道，马和牛也是群居动物，但他们对主人表现出来的爱微乎其微，甚至可以忽略不计。我猜，狗的这种特点可能是一种本能。在野外，狗是狼的一种，无需表现出爱意；但作为牲畜，狗依附于饲主。饼干爱我，因为我是它的饲主。猫本身算不上群居动物，自然也就没有头领之需。从某种意义上说，猫大概比狗的进化级别要高一些，因为前者具有与生俱来的独立性。仔细观察，猫从来不向主人撒娇，也从来不拍主人的马屁；而我的老伙计饼干，总是用鼻子蹭我的胳膊，渴望得到我亲切的抚摸。

有时狗可以被训练得服从一些指令，但我的指令从未在饼干这里被理解和服从。假如我示意它去追逐某个东西，它对我的哨声往往毫不理睬。至于猫，人最好不要奢望管教它们。为什么人可以驯服一匹马但却对一头牛无能为力？或者，有人可以。是的，耕牛帮人们犁地。但如果在田野里牧牛，想驯服它们就纯属做梦。

有意思的是，饼干对时间拥有恒常感。它知道每天午饭后是它去沙滩溜达的时间，所以饭后总是在我面前晃来晃去，直到我把它丢进车里才心满意足地安静下来。

记得小时候，家里有一条斯凯犬叫博洛特。如果它看到我父亲戴上帽子、披上外套去镇上，就会跟着欢快地转圈。可是如果在星期天上午看到我父亲换上高高的硬帽子和长礼袍去教堂，它就意兴阑珊，甚至懒得抬眼瞧一瞧。

有一位牧羊人的爱犬曾经在牧羊犬比赛中获得第一名，我向他打听他的狗到底有多通人性。"它对人事一无所知，"牧羊人回答，"它只是服从我的哨声。你永远不可能让一条狗明白'把三只羊撵入这个围栏而把另五只撵入另一个'是什么意思。"

成千上万养狗的人表示他们更喜欢自己的狗而非人类，我明白他们的意思，那种得自于狗的无限忠诚与无边界的爱不存在于任何人际关系中。例如，妻子也好，兄弟也罢，都会苛责我们。一条狗则绝不会批评主人，也不会产生质疑。有人甚至认为狗比人类高等，依据是狗不会撒谎诽谤，不会制造战乱，也没有歧视。假如它们发生争斗的话，目标要么是一块骨头要么是一条母狗。可以说，狗的行为多半取决于主人赋予的自主度。假如我给饼干终日拴上铁链子，我猜，用不了十天半个月，它就会变成见谁咬谁的恶犬。

将来，城市也许会禁止养狗。不列颠已经出台了一些禁止宠物狗扰乱人行道的法规。顺便说一下，饼干不需要任何法规，它时常趴在人行道上，或者出没在道路中央、草地里。有礼貌是它衰老之后的体征，而且，现在我常常拖延着不打电话给兽医，就像拖延着不解雇某位教师。对一条狗而言，十四岁实在是垂垂老矣。

我也老到无法再养另一条狗，但即使年轻一些，我也不会再养了。因为狗的寿命实在太短，而生离死别的痛苦却那么锥心刺骨。

# 29 /

# 娱 乐

　　业余时间我会做些什么？有许多年，工作之余我都是在私人作坊消磨时光。但一两年前，我突然对工具失去了兴趣，就把陪伴自己多年的工具都送给了学校的工作室。我的爱好是金属制作，把一些镀铜或者铜质的圆形平板用榔头锤打成盘子和碗。虽然始终未能精于此道，但相关的工具、机器和工艺我却如数家珍。有一次，我给一位木匠演示如何拧开一颗巨大的木螺丝，据说当时所有的螺丝刀都拿它没有办法。我在顶部放了一根拔火棍就轻松搞定此事，老木匠坦言，他做这行长达五十年但从未学过这种诀窍。我一直都备有一台车床，但只能加工圆形物体，所以比较无聊。由于这个嗜好，我对工具的呵护与喜爱远超过对书籍的。在我看来，看电视或观看足球赛，与看书一样都属于被动而非活动的事。我更喜欢动手，这一点和小孩子很像。可是现在的孩子，大多数鲜少有机会在家里或在学校动手操作，常常每天静坐数个小时紧盯着屏幕。

　　尽管我认为电视是为心理年龄只有十岁的观众设计的，但是晚饭以后，通常会花费，或者说浪费大量的时间玩纵横字谜和看电视。

我一般都看些什么书呢？有时看各种报纸，我订了四份日报和三份星期日报。我特别喜欢看评论文章——关于戏剧、电视、书的评论——尤其是书评。有一些老电影频繁地在不列颠上映，这令我厌烦至极，即便是盖博主演的也不例外，但我却不厌其烦地出门去看查理·卓别林的作品。卓别林在影片中扮演老板，现实中的他一人担纲剧本、音乐和影像的制作。他的绝大部分近作都应该被重新剪辑，而他最著名的几部影片——《淘金记》《夏尔洛从军记》《城市之光》《摩登时代》——则无须任何完善。直到今天，我也会兴高采烈地走很长一段路去电影院看《城市之光》或《摩登时代》。

有时候，电视台会播放巴斯特·基顿[1]的影片，我每次看了都笑得要死。我觉得就戏剧效果而言，它们可以和卓别林最好的作品媲美。通常，西部片令我厌倦，可是每周我照例看《英豪本色》，主要原因在于演员是现实生活中的人，而《佩瑞·梅森》则不同，剧中没有一个活着——他们都是假的。二十多岁时，我在各种聚会里也不大起眼，因为主要的活动是玩惠斯特牌，而我由于无法集中注意力竟然不会玩。我从来不旁观别人打牌，也几乎没到现场看过足球赛。在电视转播世界杯之后，我才开始欣赏球员的技术。板球对于我如同另一种希腊语，作为一种运动游戏，它实际上属于英国人而非苏格兰人。

我从学生时代开始接触高尔夫，杆是生锈的铁头和山胡桃木制的球杆，球是老式浮球。我始终没能玩转高尔夫，但也丝毫不在意是否

---

1 巴斯特·基顿（Buster Keaton, 1895—1966），美国默片时代演员及导演，以"冷面笑匠"著称。主要作品有《福尔摩斯二世》《将军号》《七次机会》等。

可以击败对手。我的玩法是进洞积分，用三号铁头球杆在距离旗杆两英尺处挥杆就足够我打发一天的时间。我发现有一项必要的技能需要所有打高尔夫球的人掌握，即如何回避那种喋喋不休解释其最后一轮中最后一杆的俱乐部讨厌鬼。另一个发现是，这项运动对当事人有着巨大影响，众多的高尔夫故事已经证实了我的观察。

例如，一位即将开车离开第十洞的高尔夫球手看到前方有出殡的车队，他摘掉帽子，放倒球棒，然后继续去赢得这一轮。

打到第十九洞时，对手对他说："你在第十洞时的姿态很得体。"

"姿态？没有姿态。真糟糕，我们已经结婚二十五年了。"

我在打高尔夫这事儿上从不冒傻气。

钢琴是我最喜欢的乐器，我常常懊悔没有潜心学习。并不是说如果学了就会成为优秀的钢琴表演者，毕竟我不具备充足的音乐细胞。五十年前在德国，想着二十世纪初期当童子军时曾是一名喇叭手，我就给自己买了一支小号，这是我能驾驭的乐器。后来，小号被人偷走，我对它竟没有一丝想念。如今，我在学校里唯一能做的事就是：向低年级孩子吹嘘自己是最优秀的老式留声机操作员，从而得到他们轻蔑的注目。孩子们通常的反应是大喊一句："乡巴佬尼尔"。

我欣赏浪漫主义风格的音乐，所以收集了许多肖邦的唱片而没有一张巴赫的作品。对位法或者说旋律配位已完全超出了我的理解能力，我所有的音乐知识和某位外国君主不相上下，据说他访问英国时，维多利亚女王请他听音乐会，当乐队调音结束时，这位国王站起来拼命鼓掌。

电视上的体育比赛一直令我困惑不解，看着数千人围着一场足球赛大呼小叫，那场景使我对人性感到无望。但是在电视和足球这二者之间，我难以断定哪一个对人类更具诱惑力。

我不好赌，尽管有时候会买一些乐透奖券。1922 年，我赢得了德国乐透二等奖——大约有二十万马克，为此需要去柏林领奖金。然而从德雷斯顿去柏林的车票价格比奖金还贵，所以到底也没有去领。在德国，当一英镑价值一百万马克时，我还审时度势地买过煤、铁和啤酒业的股票。后来这些股票的命运如何，我从未关注过，也许马克的稳固冲消了所有盈利吧。

我缺乏商业头脑。闲钱基本都被存入银行而未做任何投资，即使在最适宜炒股的时期也如此。过去我常说假如我要投资，就投给劳斯莱斯。"这是金边证券，安全可靠"，人们都这么想。可是，失误又能怎样呢？

赌注之类的交易也很难吸引我。赛马下注在我看来乏味无聊，我的兴趣只在现场观赛者的欢呼雀跃。所有的动物表演既令我痛恨，又总是引发我想象训练动物的过程之残忍。多年以前，我看了杰克·伦敦[1]的《杰瑞的兄弟米歇尔》，从此对于训练动物产生了旷日持久的反感，完全不相信友善的主人能训练出一只可以穿越铁环的狮子。据说在旨在防止虐待动物的皇家学会中，有些贵族成员带头捕猎狐狸、射杀鹿，真是令我作呕。拥有上百万杆猎枪的美国，乡村一定哀鸿遍野。枪支和基督教形同手足，形影不离。

动物杀手们惯常的反驳是："你吃了吧，对不对？那等于你让别人为你行凶。"是的，说的没错。即便是伯纳德·萧伯纳，他脚上穿的靴子也不是用自然死亡的动物的皮所制。这一点既公平也关键。动

---

[1]　杰克·伦敦（Jack London，1876—1916），美国 20 世纪著名现实主义作家，出身于旧金山的一个破产农民家庭。从 1900 年起，他连续发表和出版了许多小说，讲述美国下层人民的生活故事。他的作品大都带有浓厚的社会主义和个人主义色彩，因此有人认为他是宣扬社会主义的作家，也有人认为他是表现个人主义和民众哲学的自然主义作家。

物被射杀时死得迅捷且无痛，是此类反驳的合理化基础。在动物保护这一领域，我多少有些自欺欺人。也许，杀害和快乐组合在一起令我无法接受。我的观点也许滑稽荒诞，可是迟早有一天，我会厌恶观看西班牙斗牛。

除了猎杀之外，大多数英格兰人热爱动物，人们投给动物保护组织的金钱远比捐给保护未成年人的多。最近更是出现一件怪事：一条阿尔萨斯看门狗袭击一名幼童，危急之中警察开枪打死了狗。结果怎样？孩子的家长收到无数来信，谴责他们照顾孩子失职，以致让一条狗付出了生命的代价。

# 30 /

# 阅　读

我常常思考一个问题：阅读对人格的形成具有怎样的影响？父母和祖父母总是力争让我们读一些所谓的好书、有意义的书，以便提高品德修养并最终走向天堂。这些书诸如《天路历程》《鲁滨孙漂流记》、利文斯通和斯坦利撰写的探险故事——在我看来，这些书都乏味无趣。塞缪尔·斯迈尔斯的《自我拯救》[1] 是我父亲的最爱，但我认为该书足以令任何远大抱负窒息于萌芽。

有一次在伦敦演讲，听众在问答环节问我："夏山的学生平日读什么书？"我如实回答，很遗憾孩子们压根儿没有兴趣开卷我少儿时代喜爱的读物，如我认为《基普斯》和《波里先生和他的历史》是H.G.威尔斯最好的作品。当然，等我看到威尔斯就坐在第二排，真是感到既意外又受宠若惊。之后我才得知，威尔斯是某位学生的母亲邀请来的。

---

1　塞缪尔·斯迈尔斯（Samuel Smiles, 1812—1904），英国 19 世纪伟大的道德学家、著名的社会改革家和脍炙人口的散文随笔作家。

当她把我介绍给威尔斯时，我问他："究竟是什么风，把您这样一位大人物吹到这里来听我讲话？"

他回答："我的这位朋友告诉我：'你写了一辈子教育方面的书，但实际上对教育一窍不通。来吧，我带你去听一场演讲，主讲人对教育了如指掌。'"

我心里很清楚，坐在台下的威尔斯一定觉得演讲极其无聊，因为我的教育观点与他的科学范畴内的观念毫无相似之处。后来，那位女士告诉我，威尔斯对于我提及的那两本书不以为然，他认为自己后期的作品写得更好。我，作为低于威尔斯若干级别的作家，对他的这种态度颇为赞赏。在我看来，鄙人的第一本书《一名苏格兰乡村教师的日记》实在乏善可陈，但许多人却说那是我的最佳作品。

在奥斯陆的一次文艺聚会上，我问在座的人如何看待自己早期的作品。大多数人表示能够坦然接受自己二十年前的作品，但难以面对一年前的创作。可见，作家无法解读自己的性格，这就像艺术家不能评价自己的创作一样。

许多年前，我与罗伯特·格雷夫斯[1]一见如故，但有一件事却令我至今不能彻底原谅他。那时我们双方在谈论宗教敬仰的话题，他问我是否会用家庭版的《圣经》封皮磨剃须刀。记得我回答说："当然，只要皮革的质地软硬适度。"然后，他在一本书里把我描写成习惯于用家庭版《圣经》的封皮擦拭剃须刀的人——纯属诽谤，因为我从未拥有家庭版的《圣经》。

我对诗歌一直缺乏鉴赏力，这辈子也没写出一个押韵的句子。我

---

1 罗伯特·冯·兰克·格雷夫斯（Robert von Ranke Graves，1895—1985），英国诗人、学者、小说家和翻译家，专门从事古希腊和罗马作品的研究。他一生创作了140余部作品，回忆录《向一切告别》（1929）讲述了他在第一次世界大战中的经历。

热爱自由，喜欢散文。记得王尔德说过一句话："梅瑞狄斯[1]是散文界的勃朗宁，那么勃朗宁呢？"我不是散文界的任何人。时至今日，我仍对诗敬而远之。如果必须要默写我熟悉的诗，能够写出来的无外乎这么几首：《上天的激励》《墓园挽歌》《老水手之歌》和《泰姆在教堂》。

此外，莎士比亚的生动描述带给我许多快乐。

> 瞧，熹微的晨光
> 在欲醒未醒的东方缀上鱼肚色的斑点。
> 可是，你们看，清晨披着红袍
> 踏着那高远东山的露珠来了。[2]

我也喜欢王尔德在《妓女之屋》中的诗句：

> 在那寂静而悠长的路上，
> 黎明踩着银白色的足迹
> 像个受惊的女孩一样蹑手蹑脚。

苏格兰著名诗人罗伯特·伯恩斯、自由派诗人奥登和艾略特并未引起我太多的关注。但读者大可不必因此对我施以同情，认为我是一

---

1 乔治·梅瑞狄斯（George Meredit, 1828—1909），英国维多利亚时代的小说家、诗人。出生于裁缝家庭，一生写有 20 多部小说和许多诗歌。与 19 世纪后半叶其他英国小说家不同，他不注重结构和技巧，而以精彩的对话、充满机智和诗意的宏伟场面，以及对人物心理的刻画著称。他远远超越其时代，把妇女看成和男子平等的完全独立的个人。

2 前两句引自朱生豪先生的翻译。

个"可怜的家伙",或者觉得我这样是"生命中错过了众多美好"。这些呼声自大又愚笨,因为照此逻辑,我错过的还有建筑知识、音乐、形而上学、天文学和科学。

虽然称不上诗歌爱好者,但我并非没有自己的诗歌理论。在纽约的一次午宴上,我对同桌共餐的奥登详细叙述了自己对诗歌的看法。我认为,如果莎士比亚的十四行诗或者济慈的《无情的妖女》是诗,那么,美国诗人朗费罗的《乡村铁匠》和《洛钦瓦尔》就不能被称为诗。我对奥登说,在诗和韵文之间理应划一条清晰的界线。但对于谁有资格划这条分界线,我这个外行无从揣度。但我知道不管仲裁人选是谁,势必会因判定《被遗弃的村庄》与《湖上女人》这二者孰是孰非而大伤脑筋;而在处理威廉·麦格的作品时则会轻而易举。麦格与我是老乡,他贫穷而不失绅士气度,曾经在邓迪街头兜售自己的诗作,每篇一便士。我猜,这位仲裁员会选中《尊敬的乔治·吉尔菲兰的葬礼》:

吉尔菲兰入葬那天,

整个贝尔基山头,

笼罩于一片死寂,

至少三千民众齐聚邓迪。

那一天,

共同见证着吉尔菲兰的葬礼。

见证着

突如其来的死亡,

还有不远处贝尔基山头的墓地。

这种押韵体使得麦格明显有别于惯常的诗人。这些韵律值得人们认真对待，它们久久被人传颂，不仅仅因为是略显可笑的打油诗。把麦格归入诗人行列的做法透着温婉的人性，但如果我是仲裁员，我大概会有些犹豫是否该把他保留在纯真的歌者之列。

美丽的月儿闪烁着银光，

你借夜幕掩饰捕猎的慌张，

你看着他精心布下陷阱

只为了捉住兔子和熊狼。

这几句的水准不低于《露西·格雷》或者《五月女郎》。

我在读《曾达的囚徒》时，并未意识到书中的英雄是私生子。父母禁止我和克鲁尼看《德伯家的苔丝》，当然，我们偷着看，读完之后也没明白被禁止的理由。一个奇怪的现象是，触及性的图书被成年人视为毒草，而对恐怖故事则毫不设限。记得《德古拉》[1]这本书令我连续数周不敢打开卧室的窗户。

如今，在一些对性话题极为不悦的家庭里，恐怖漫画同样畅通无阻。六十年前，市面上没有恐怖漫画。汤姆·布朗的作品给予我们纯粹的乐趣；而《死木迪克》和布法罗·比尔则带着我们进行刺激的探险。我们小孩子并不认为这些书属于低俗怪谈，我们觉得它们很血腥。同时，我们在这些书的引介下，结缘了莱特·哈葛德、安东尼·荷普。

---

1 《德古拉》（*Dracula*），爱尔兰作家布拉姆·斯托克（Bram Stoker）于 1897 年出版的以吸血鬼为题材的哥特式恐怖小说。这部小说是以 15 世纪时瓦拉几亚（罗马尼亚南部一公国）的领主弗拉德三世为原型创作的。小说中的主人公德古拉有别于以往古代神话和传说中吸血鬼丑陋、没有智力的动物形象，而是文质彬彬、聪明、具有吸引异性魅力、能够控制受害人思想的绅士。这本小说的成功和流行使得德古拉成为吸血鬼的代名词。这本书和另一本关于吸血鬼的小说《卡米拉》（*Carmilla*）一起成为吸血鬼文化的经典文本。

就像电影里的坏人总以失败告终，英雄们是了无生趣的傀儡，但年幼的我们对此毫不知情。世间万物看上去都那么得体，甚至包括黑胡子坏人拒绝在好人的身后开枪。是的，当时的图书很干净——情节简单、脉络直接并且没有歧义。

身为荣誉英语专业的毕业生，我的书单上应该包括济慈、雪莱、弥尔顿、狄更斯以及萨克雷。坦白说，这些书静静地躺在我的书架上，但除了偶尔翻阅济慈的作品之外，其他的书我都从未打开看过。侦探小说也不合我意，另有别人送的许多教育学、心理学方面的书籍，其中大部分来自美国，在我看来，多半行文艰涩难懂。

我对心理学读物的兴趣终结于赖希，因为他比绝大多数同类作家走得深远。汗牛充栋的心理学案例及其专业术语，如今在我眼中已不复重要。

我很少读小说，不过近期我开始看一些人物传记，好奇这类书是否真的有助于读者了解传记主人。就目前来看，我没有发现哪一本传记会令主人公的形象被扩大或者被贬低。生活本身早已将人所共有的微渺显现无余。幸运的是，莎士比亚的生平已不可考，我们对这位文学巨匠的私生活所知甚少。在不列颠，那些有关皇室的书籍或者文章惯用同一种手法，即对其家庭成员与社交活动大加宣传。例如，女王在郊外聚餐中沏茶的相片。公平而言，皇室成员也力求表现诚恳，爱丁堡公爵就曾经坦言自己没有文化，承认自己很少读书。

我一直比较偏爱散文，但并不喜欢辞藻华丽、温婉的行文风格。我喜欢的散文风格与玛丽·约翰逊的小说《公司订单》的文风相类似（这部小说描写了詹姆士一世时期的美国殖民化）。玛丽成功地捕捉了那一时代的主要镜像，如今不会有人写出这样的语句："就在弗吉尼亚这片土地上，死亡一片沉寂。随着太阳西坠，黑幕笼罩着树林，星辰一个接一个缓慢轻柔地闪耀着。"

R. L. 麦凯六十年前也在圣安德鲁斯大学念书。他写过的一段话时常浮现在我的脑海中："有时，我像是一个戴着灰色头巾的僧侣，看破红尘，不思爱与音乐，不问一切世俗的虚荣。直到有一天，玫瑰的清香扑面而来，我才发现自己正泪如雨滴。"这番话几乎成为我一生的格言，这种执念一定与我的加尔文主义出身不无关联。世代相传的可怕宗教认为，玫瑰的清香不会眷顾我们。

如果有人问我想要面见哪位已故作家，我的答案与温斯顿·丘吉尔无异，奥斯卡·王尔德。不过，想象着王尔德与惠斯勒[1]、弗兰克·哈里斯[2]在皇家咖啡厅的对话，我十分怀疑现场的听众是否意识到自己有多么幸运。奥斯卡和惠斯勒的机智完全不同，前者始终彬彬有礼，后者则显得残忍有余。要说王尔德最接近残酷的时刻，恐怕是他与一个号称老熟人的男子的对话。

"王尔德先生，我猜您已经记不起我是谁了。"

王尔德细细打量对方的面庞，说："对不起，的确想不起来了，我比从前改变许多。"

我从未领悟吉尔伯特的机智，特别是他与苏利文合作的歌剧中的智慧。在我看来，那种妙语连珠既阴暗又极具讥讽意味，诚如六十年前我在《杰克的自我教育》中所说的那样——"基于对社会的陋见"。至于萧伯纳，他给我留下的是另一种印象：他认为社会的内核已然

---

1　詹姆斯·惠斯勒（James McNeill Whistler, 1834—1903），著名印象派画家，父亲是美国工程师，全家曾居于圣彼得堡。惠斯勒曾入读西点军校，之后成为画家。

2　弗兰克·哈里斯（Frank Harris, 1856—1931），爱尔兰裔美国作家、记者、编辑、出版家。其五卷本自传《我的生活与爱情》（*My Life and Loves*）因内容过于色情在欧美被禁多年。

腐坏。

萧伯纳和威尔斯是我在二十九岁时最喜欢的作家，论及对我的职业的影响，也许这二位比我后来结识的心理学家们发挥了更大作用。事后看来，威尔斯多数时候比较挫败。他花了大量笔墨描写计划者的漫不经心，而我一直在寻找前所未有的对策。威尔斯《未来的趋势》一书认为，世界将被一群科学家拯救，因此，对于每个具体的人而言，所谓对策是子虚乌有的事。我有些好奇，面对当今因科技发展带来的污染和过剩的氢弹、对自然界植物和动物的种种毁灭式影响，威尔斯又将如何描绘科学家。

萧伯纳也没有对策。他对社会加以睿智分析的结论是不轻易信任新政府。我想，自己最终之所以渐渐对萧伯纳和威尔斯失去兴趣，一定是因为他们的社会分析缺乏综合视角。总体而言，他们安于己见，既不接受心理学的发展，也未汲取弗洛伊德的观点。我特别指出这一点，为的是说明自己也有固步自封、不与时俱进的情形。例如，我就无法欣赏以斯金纳[1]、巴甫洛夫[2]和华生[3]为代表的心理学，他们

---

1  伯尔赫斯·弗雷德里克·斯金纳（Burrhus Frederic Skinner，1904—1990），美国心理学家、行为学家、作家、发明家、社会学者及新行为主义的主要代表。斯金纳发明了著名的斯金纳盒，引入了操作条件性刺激，还写了著名的小说《桃源二村》。他改革了激进行为主义并且创立了自己的实验型研究心理学——实验型分析行为学。在心理学研究中，斯金纳首先提出并改进了反应率这一概念作为因变量。他还发明了累积性记录作为测量反应率的工具，后者为他的著名行为学理念强化的提出奠定了基础。

2  伊万·彼得罗维奇·巴甫洛夫（Иван Петрович Павлов，1849—1936），俄罗斯生理学家、心理学家、医师。他因为对狗的研究而首先对古典制约做出描述，并在 1904 年因为对消化系统的研究得到诺贝尔生理学或医学奖。

3  约翰·布罗德斯·华生（John B. Watson，1878—1958），美国心理学家，通过动物行为研究而创立了心理学行为主义学派，强调心理学是以客观的态度去研究外在可观察的行为。华生认为，人的所有行为性格都是后天习得，他以宣称能将任意一打健全的婴儿用适当的行为技术创造成想要的任何类型的人而著称。他还进行了颇有争议的"小艾伯特实验"。

主张心理学应研究可以观察与测量的行为，反对研究没有科学依据的意识。科学论派对于我如同希腊文一般晦涩，所以我不怀好意地把它想象为一种骗局。"存在主义"这个词也超出了我的认知范畴。不得不承认，每个人都会以这样或那样的方式自我迷恋，我乐于认为自己不曾在教育领域刚愎自用。

我不喜欢家长里短的聊天或者流言蜚语，在这方面与赖希颇为投缘，这也是我难以享受极端现实主义戏剧的一个原因。我常常觉得，剧中人物之间的谈话毫无内容。例如，《等待戈多》这部剧在我看来乏味至极，两位主人公从始至终都在说话，全剧只有言语。我认为喜剧必然离不开动作。当然，我承认易卜生的多数创作也是对话，但那些对话刻画了人物。《等待戈多》中人物冗长的台词无外乎描绘了一个病入膏肓的世界，但我不记得从中听到任何可操作的对策或者解决之道。而在《人民公敌》中，挪威小镇的医生把他看到的社会伪善和腐败诉诸大众，并且采取了行动。很显然，为改善时局，主人公的确有所作为。

我这一生有不少遗憾，其一就是不曾学习法语。在我生活的年代，大多数法语原著都没有英文译本。德语原著也是如此，但我能读德文。年少时，我学过少许拉丁语和希腊文，后来都遗失在漫长的岁月里。学习德语纯属被逼无奈，因为有几年客居德国。我始终没掌握德文的那些元音——der, die, das，所以并不能流畅地用德语谈话。

我认识的美国朋友鲜有会说第二语言的，认识的英国人也没有一位是语言学家。日常电视节目里那些来自法国、德国和荷兰的政界要人，全都说着一口完美的英文。但我很好奇，我们的内阁大臣是否能够胜任法语或者德语采访。丘吉尔的法语糟糕透顶，然而，他坚持强调自己有独特的发音风格。

我也不擅长使用手势语，所以总是避免到法国旅行。记得有一次在巴黎喝咖啡，我想要添加蜂蜜，就发出了一些嗡嗡嗡的声音，没想到服务生像疯了一样拔腿就逃。我常去一些讲德语的国家游玩，但也会遇到难堪的事。一次，我乘火车从慕尼黑前往维也纳，路上无聊，就和同车厢的一位年轻人用德语攀谈起来。当火车临近维也纳车站时，我用德语问他来自何方，对方回答"爱丁堡"。我的偶像易卜生也懂德文，因为他在慕尼黑住过很长一段时间。他坦承自己的法语水平有限，而且对英文也似乎一无所知。

是的，很遗憾我不懂法文。我的外语知识仅限于德语和美语。

# 31 /

# 写 作

文风不可教，文如其人。

的确如此，一个人可以通过学习掌握标点符号的使用和语法，但可能难以学会常言所说的创造性思维。在拼写方面我从未感到困难，我认为拼写基本上是一种视觉机能。例如，假如我不确定"niece"的拼写，我会先写出"neice"，然后立刻就能识别正确的字母组合。但我要再次重申，这种技巧并非后天习得而是与生俱来。夏山曾经有一名十五岁的男生，他终日阅读，从凌早到深夜手不释卷。可是，他的拼写很糟，每写一行字必有错误。

我的美国学生在英格兰考试有困难。原因或许是一些考核者不知道英美拼写的差异。例如，单词"traveller"（旅客）在美式英文中只有一个"l"，单词"humour"（幽默）在美式英文中写作"humor"，诸如此类不胜枚举。有一位美国学生用了大概两年时间，终于把写惯了的"bath"（洗澡）改为"bawth"。至于美式拼写"I have bin"，我还未发现有任何美国学生替换成英式的"I have been"（我已经……）。

在美国，演讲者和作家可以说是互不相干的两方。不过，对于这样一个野蛮的国度，文明人又能指望什么呢？

说起标点符号，我习惯在引文之前使用冒号，可是我聘用的每一个打字员都会擅自把冒号变成逗号。作家中只有萧伯纳态度强硬，他坚持自己特有的拼写与标点使用方式。例如，他不写"don't"，而一直使用"dont"。萧伯纳热衷于简化的拼写，可是直到距他离世已经非常久远的今天，至少在不列颠，人们并没有见证拼写的改进。我在纽约看到过夜店的标牌中的夜晚写作"Nite"，促使我当即揣想，终有一天，我们将理解外国人在某些单词拼写上的困惑，如 trough、through、cough；而我自己，恐怕活不到目睹简化之后的 truff、thru、coff。然而，变化迟早会发生。

人们为什么写作？我为什么写作？我写作是因为我觉得自己有话要说，所说的内容也许会令其他人感兴趣。在这里我必须表达对电视节目的抱怨。我通常在大多数观众入睡后一小时才打开电视，所以，在我看来，传说中的著名表演者几乎无话可谈，不过是在当晚更早一些时候胡扯一通而已。这些电视节目拥有上千万观众，而我的读者只有将近十万而已。

身为作家，一个人极易产生挫败感，因为你无从知晓自己对读者造成了何种影响。我曾经谦恭地认为知名人士不会读我的作品，所以读到当时的首相艾斯奎斯伯爵写给一位少妇的书信时颇为震惊，他在信中提及为了振奋她的精神而寄送了一本书，正是我写的《一名苏格兰乡村教师的日记》。尽管如此，我还是敢打包票，白宫图书馆里肯定没有收藏我的作品。

回顾写作这五十年，我几乎没有收到满篇反对意见或者任何措辞粗鲁的读者来信，我的书也未遭遇任何国家的禁令。即便在狭隘的天主教盛行的爱尔兰，或者充斥着种族仇恨的南非，读者都能看到我写的书。不过，在澳大利亚悉尼图书馆，我的确发现有一本书被禁止陈列，可惜记不起书名了。

我认为自己写的书如同漫长旅行中的一个个里程碑，每一次出版都意味着与往事的一场分离。所以，我无法阅读任何一本已经面世的自己的作品。一旦落笔成文，集结成书，该书就是已逝去的过往的最佳说明，而我对过去毫无兴趣。基本上，我对亨利·福特的历史观有着朦胧的偏爱，觉得自己比较理解他所说的"历史就是一堆胡言乱语"。

有的作者对出版人充满敌意，我不在此列。1915 年，我为《苏格兰教育新闻》撰写了一系列文章，择机把这些文章寄给了伦敦当时一家著名的出版社，然后收到该社员工赫伯特·詹金斯的答复。他在信中说，对于他供职的备受尊重的出版社，我的文章过于激进。不过，他正在筹备自己的出版社，将来乐于出版我的《一名苏格兰乡村教师的日记》。此后的许多年里，詹金斯出版了我的许多书。家喻户晓的幽默小说家伍德豪斯爵士[1]也曾是他旗下的作者，而且显然是詹金斯公司的重要台柱。

我对詹金斯大有抱怨，他总想改变我的文风。例如，当我的描述为："'我累了，'玛丽说"，他一定会改成："'我累了，'玛丽疲倦地说"，或者"玛丽痛苦地说"，或者其他的什么。

詹金斯英年早逝，死于癌症。他从不锻炼身体，每周连续七天坐在办公室里。坊间流传着关于他的一个故事，据说他非常爱自己的母亲和姐姐，如果别人邀请他吃晚饭但没有惠及他的母亲和姐姐，他将拒绝前往。

---

[1] 佩勒姆·G.伍德豪斯爵士（Sir Pelham Grenville Wodehouse, 1881—1975），英国幽默小说家，在七十多年的写作生涯中受到无数读者的欢迎，至今他的作品还广为流传。

可是他去世后却分文没有留给她们，反而给防止虐待动物组织捐了六万英镑。因为道听途说的缘故，我无法在此担保这个传闻的真实性。

既然本书的出版人是哈罗德·哈特，为了避嫌，就不便对他多说什么。只是我记得他曾解救过夏山，那是 1960 年，他正式出版《夏山学校》一书，恰逢我们的学生已锐减到 25 名，当时我甚至担心学校是否可以继续办下去。所以，那个节骨眼上出版该书可谓一场真正的赌博。哈特对夏山的教育理念坚信不疑，他斥资在《纽约时代周刊》和《周日文艺评论》上买下整版广告。结果，《夏山学校》的出版为学校带来了一大批美国学生。十一年后，该书的德文版又掀起一股日耳曼人入学潮。值得一提的是，德国的出版商十分睿智，他们把书名改为《反独裁的教育》，顷刻间使该书登上了热销榜，刊发第一年就卖出六十万册。

我的书在不列颠境内先是交由赫伯特·詹金斯出版社出版，当它与另一家公司合并后，我转向维克托·戈兰茨的出版社，并且和它的新负责人莉维亚·戈兰茨成为朋友。我写过一本儿童小说《最后的幸存者》，最初由詹金斯出版社发表于 1938 年，后来在戈兰茨出版社成立三十周年时，哈特和戈兰茨分别再版了这本书。

据说每一位喜剧演员都希望主演哈姆雷特，而每一位作者都可能想要成为另一个领域的作家。我一直渴望成为小说家或者剧作家，但最终不了了之。人这一生只能做成一份事业，人也很难解析天赋这回事。就算我每天打十二小时高尔夫，坚持练习十二年，也成不了杰克·尼克劳斯[1]。终生以哲学为研究对象的学生，未必人人都成为

1 杰克·威廉·尼克劳斯（Jack William Nicklaus），生于 1940 年，美国最成功的职业高尔夫球运动员之一。因为金色头发和高大的身材，他被球迷亲切地称为"金熊"。截至 2012 年，尼克劳斯仍保持着四大满贯赛事冠军总数第一名的纪录。

伯特兰·罗素。《墓园挽歌》中所说的"缄口而默默无闻的弥尔顿"也许就躺在墓地里，但我认为作者高估了人的潜力。有人曾指出，才能是可觉察的，但天分却是不知不觉的事情。这种说法有些道理，但不完全准确。之前我提到过瓦格纳，他性格糟糕，但在音乐上才华横溢。那么，就瓦格纳而言，他的无意识包含的是什么？是音乐天赋这部分还是厌恶人类这部分？

校正稿件是我诸多琐事中的一项苦差。我认为不应由作者校对自己的样稿，稿件中的各种小错误是作者的盲区——拼写错误、标点错误等。校对大概是地球上最枯燥的工作。有些校对员甚至能在如下文章中发现错误：维多利亚女王在前往威斯敏斯特途中于滑铁卢大桥如厕。1913 年，我帮着《洗衣女工》周刊的编辑校对短篇故事，女主角被不忠的情人抛弃之后说了一句话，我们读了之后不得不删除掉："玛丽感到有生之年将再也无缘幸福。"

我曾经听说过苏格兰某编辑室的一件趣事：一位编辑认为排字工人完全变成了机械工，对自己排的字缺乏觉知。这位编辑强调自己并非持有偏见，而是经过实践证明而得此看法。他曾经写了一篇讣告交给排字工排版，讣告的主人公是排字工自己，然而后者丝毫没有留意到这一点。不过，我认为传播这个故事的人在说谎，因为没有人会对自己的名字无动于衷。

说到这里，我忽然想到，也许我把写作当成思考的过程。事实上，我的思路在打字中的确变得更加清晰。也许印刷品本身具有特殊的力量，只要想一想，每天有一百万小市民等着从日报中汲取各种观点，就能了解出版是一件众望所归的事。辛克莱·刘易斯[1]的笔下的小市民平日里聊无思绪，只有当捧着日报阅读社论时才知道可以思考什么。我猜，这种逻辑也适用于虚假民主体制下的大多数投票者。所以，当在写作中反复咀嚼已经打印出来的内容时，我会下意识地冒出一个念头：写作的重要性大概不言而喻，因为它将成为印刷品。

论及字母与字母之间的关联，或者单词的序列，手写体都无法与打印体抗衡。从现在开始，大约五十年之内，所有在校生都会使用打字机，而手写体作为书写的艺术将绝迹。这个预言对于我这样的人实属坏消息，因为我们能够写一手精美的铜版印刷体，并且将亲眼目睹其消亡。

晚年，虽然现代的圆珠笔无法表现出笔法上的力度变化，比如很难卸除轻扬的上挑、厚重的下滑线，但我依然可以写出一手漂亮的字。就像大多数乡村教师一样，我父亲写有一手好字，年老时依然如此。他书写时不曾出现任何颤笔，而我在八十八岁时也同样稳健。

可以说，我每天都在见证手写体越来越无足轻重。如今，当我向孩子们炫耀自己的铜版印刷体书写时，他们会报以傲慢的微笑。该死的新一代！我们这些老家伙何时才有机会骄傲地自我炫耀呢？

培根说，"写作使人精准"，但我并未见证多少实例。实际情况是：太多的写作者废话连篇，不知所云。我很喜欢一则故事：据说有一位苏格兰拳击手，他对妻子承诺将以电报的方式把比赛结果告知她。他的电报是"O. K. K. O."，这封简报为他节省了六便士电报费。

---

1 辛克莱·刘易斯（Sinclair Lewis, 1885—1951），美国小说家、短篇故事作家和剧作家，在1930年因"充沛有力、切身和动人的叙述艺术，和他以机智幽默去开创新风格的才华"获得诺贝尔文学奖，是第一个获得该奖项的美国人。他的作品深刻而批判性地描述美国社会和资本主义价值，代表作有《大街》（1920）和《巴比特》（1922）等。

　　我对戏剧的兴趣始于阅读易卜生的作品。在我心目中，他是唯一能够激发我穿行一百英里跑去伦敦只为看一场戏的剧作家。他的剧作《海达·高布乐》和《野鸭》令我痴迷，这两部剧的主演分别是当时的优秀演员佩吉·阿什克罗夫斯特和多罗西·图汀。但当时，我对易卜生本人并无兴趣，挪威的朋友们经常鼓动我去他的出生地西恩参观。面对他的书写剧本的工作室，我没有丝毫兴奋感，这大概要归咎于之前读到的所有关于他的传闻。传说中的他性情乖戾，难以接近，一方面对社会批判良多，另一方面又乐于赢得社会赋予的各种荣誉和头衔。坦白说，这种人并非我欣赏的类型。所以，易卜生以其一生再次向世人说明大人物也会心怀恶魔。但是毋庸置疑，他是一位伟大的剧作家。在我看来，易卜生的写作技巧近乎完美，无可挑剔。

　　此外，斯特林堡也是我喜爱的作家。在不认识一个德语单词之前，我被朋友带去柏林剧院看了他的作品《死之舞》。虽然一句话也听不懂，但剧作中强烈的情感抒发吸引了我。

　　由于年轻时候痴迷于斯堪的纳维亚戏剧，如今观看所谓极端现实主义戏剧时，我已很难真正感到满足。在我看来，剧中的流浪汉与其他角色之间冗长的对话空洞无趣。

　　至于电视里播放的戏剧，更是不曾有一部赢得我的眼泪。电视里的话剧在我看来都是朝生暮死的庸常之作。不知何故，电视问世之后，并未看到皮内罗、巴里（《彼得·潘》除外）的复兴，甚至萧伯纳也不再有新的创作。可是，这算什么！就连诺埃尔·科沃德[1]和萨默塞特·毛姆[2]都很少荣登电视舞台。我倒是挺好奇，威廉斯的《欲望号街车》[3]

---

1　诺埃尔·科沃德爵士（Sir Noël Coward, 1899—1973），英国演员、剧作家和流行音乐作曲家。因影片《与祖国同在》（In Which We Serve）获得 1943 年奥斯卡荣誉奖。

2　威廉·萨默塞特·毛姆（William Somerset Maugham, 1874—1965），英国小说家、剧作家。

3　《欲望号街车》（A Streetcar Named Desire），一部 1951 年上映的美国电影，改编自田纳西·威廉斯的著名剧作，由马龙·白兰度和费雯·丽主演。

到底会长兴不衰多久。

我写过一些剧本，并且自认为对话诙谐幽默。但是我的戏剧梦以失败告终，原因主要是对角色的行为做了过多的诠释，以期呈现其行为背后的心理。易卜生和莎士比亚则不然，他们对人物不做任何解释，他们任由笔下的人物通过其行为方式自我袒露。

年轻的时候，身为彻头彻尾的易卜生拥趸，我销毁了不少戏剧剧本———些故弄玄虚的剧作，所属人包括亚瑟·平内罗、T. W. 罗伯逊、H. J. 拜伦和亨利·阿瑟·琼斯。没办法，当时的我视易卜生为戏剧之神。因为他的存在，我对平凡之作兴趣索然。事实上，那些作品在舞台上也的确都是昙花一现。常言道，戏剧评论家往往是蹩脚的剧作家。也许确实如此，至少我写戏剧的努力最终打了水漂。

总而言之，我未能成为学者，也没有成为剧作家或者小说家。我希望致力于应对生活、成长以及未来的孩子。如果我的作品可以促使家长在试图塑造子女的品性之前三思而后行，我将心满意足。

# 32 /

# 身为苏格兰人

离开苏格兰已近六十年，我依然有着浓厚的家乡口音。罗比·彭思早已不复是当年的罗比·伯恩斯，而我，始终未能适应把字母"h"的读音粗鲁地剔除掉（如 wheat、why、wheel）的英式风尚。我坚信，早期的不列颠北部居民把"what"拼写为"hwat"，因此苏格兰保留了这种吐气音。这让我想起一个关于工党干部的故事，真实与否已不可考。吉米·托马斯是工党的一位领导人，后来成为不列颠内阁成员，他惯用考克尼方言。

一天，他对一位出身贵族的同事说："勃肯黑德，我头疼得厉害[1]，有什么对策吗？"

"来一瓶气音如何？"对方傲慢地反问。

少儿时期，周围有许多势利虚荣的人立志要讲一口标准的英文。

---

1 省略了两处吐气音"h"。原文为 Birkenhead, I've got an 'ell of an 'ead.

这无疑是苏格兰民族自卑情结的表征。该情结也体现在留守故土的同胞对我这样移居外地的苏格兰人充满戒备，认为我们不可共患难。虽然明知如此，当年的我还是选择离开苏格兰，因为盘踞不散的加尔文主义无法为一所倡导自由的学校提供恰切的大环境。不过，必须承认，当今的苏格兰已经有所改善，我的好友约翰·阿提肯黑德就在当地办了一所奉行自由和自我管理体系的学校——吉尔奎内提。

当年我离开苏格兰，还有一个原因：苏格兰没有办寄宿学校的传统。苏格兰的公立学校（如同美国的私立学校）都只讲英语，教师们被培养成传统的年级组长，并且过分高估竞赛的作用。

寄居德国与奥地利的经历消除了我的民族主义倾向。我从未参加苏格兰自治运动，为什么？或许因为我并不在意议会坐落于爱丁堡还是西敏寺，或许因为那些售卖格子呢、斜纹软呢服装的苏格兰传统店铺在爱丁堡王子街上已销声匿迹，取而代之的是清一色的连锁店。民族主义与国际经济同床异梦。

与英国人相比，苏格兰人更加不拘礼节，更不古板。举个例子，在英国，我是一家高尔夫俱乐部的老会员，会龄二十五年。在俱乐部酒吧间，假设旁边有两位男子正在啜饮，而我在等待自己点的饮品送上来，那么，这时我若主动同他们提及自己第十九洞如何如何，对方会默然相向，脸上的表情像是在说"我们不认识你"。所以那么多年，我几乎没有和不熟悉的会员交谈过。但是在爱丁堡的经历则完全不同，有一次遇到有四个人在打对抗赛，我们彼此没在一个球区，忽然听见其中有一人朝我这边喊："嗨，伙计，你的头抬得太高了。"的确，我当时仰着头。

北部居民的性格到底有多强悍？小时候我听过的一个笑话给出了生动的答案。据说故事发生在苏格兰高尔夫俱乐部的盥洗室，一位英国绅士看到墙上有张通告写着"会员不许用指甲刷擦拭球"[1]。绅士大为震撼，当即做出了评价："强悍的苏格兰人。"

　　关于苏格兰人的另一类传说是他们擅长赚钱。实际上，在加尔文主义盛行的国家，金钱迄今仍被视为堕落之源，其他三大罪恶已随着时间淡去：葡萄酒、女人和歌曲。苏格兰似乎只产生过一位百万富翁——安德鲁·卡内基[2]。苏格兰人对钱的吝啬可谓举世闻名。五十年前，我在莫斯科报纸上看到一幅漫画：一辆苏格兰出租车里塞满了一打乘客。本书前面已经提及，我本人对钱的态度也颇谨慎。不过，这与民族出身关联不大，可能与少年时期的相对贫穷有关。对于一个没有零用钱的男孩子，一便士就是一大笔财富。这样的我在暮年乘火车旅行时会选择头等车票，但朦朦胧胧中一种挥霍钱财的感觉总是挥之不去。

　　据说，苏格兰人和犹太人对待消费的态度高度一致。基本上，这两个民族都有幸具备自我解嘲的能力。然而，有时也会发生例外。记得有一次在伦敦演讲，快结束时我讲了一个故事：

　　一位年轻的苏格兰农民从伦敦开会回来，他的兄弟问他对英国人的印象如何。

　　"人都非常好。但是，上帝啊，我今生从未亲见这么多吵吵嚷嚷的家伙。就说那家酒店吧——整晚吵闹不止，走廊里一直有人大喊大叫，还有人不停地敲打我的房门。"

---

1　英文 ball 有睾丸之意。
2　安德鲁·卡内基（Andrew Carnegie，1835—1919），20 世纪初的世界钢铁大王兼世界首富。生于苏格兰，父亲是纺织工人，因生活太过艰难，12 岁随家人移居美国宾夕法尼亚州。

他的兄弟回答:"那你整夜没有睡吧,是吗?"

"对啊,哪里有心思睡觉!我在用力练习吹风笛。"

当我驱车北上,跨越边境线时,苏格兰人的友好随处可见。例如,在咖啡店,女服务生与我并无分别,彼此平等。她会自然地打招呼:"您这是在度假吗?"如果有人询问去格拉斯哥怎么走,多数情况下,某个本地人不仅会告知方向,还会陪同问路者走出去半条街。换作英格兰南部,这些都不可能发生。但是在诺森伯兰,当地人惯于这么做。我并没有说这些友好有多么深刻,我也无意宣称苏格兰人在本性上比英国人更善良。但是有一点我确信无疑:越往北,人们越有礼貌,这种礼貌意味着体贴他人感受的能力。

苏格兰在政治尤其在经济上备受其风光无限的邻居的恶待。苏格兰的失业率一直居高不下,苏格兰在英国眼中微不足道。然而,每次普选,主张内部自治的候选人很少影响选民的抉择。这足以说明:顽固务实的苏格兰人对一个受制于强大既得利益集团的名义民主缺乏信心。同样的道理,世人从美国允许其公民买卖枪支的政令,可以看出该国的残忍。但是,即便美国大多数公民想要并且用力推进禁枪令,我相信枪支游说方会不遗余力地成功将其驳回。在不列颠,苏格兰游说者是所有对手中声音最小、最模糊者。

如今,我实在老得不能再回到苏格兰了。之前有相当长的一段时期,我坚持每年八月份开车北上,从未被人当街认出。当然,那些本来相熟的人对此并不承认。印象中,没有任何苏格兰人向我询问学校办得如何,或者打听是不是又在写什么书。据我所知,当地的报纸上也从未出现我的名字。身为福弗尔的一大笨蛋,我也并不在意。这些反应很好理解,总结起来大致如此:"我们知道他是乡村教师尼尔的儿子,他在英格兰有一所自己的学校，他写了一些书。但是在我们看来，他依然是儿时的玩伴，倘若我们令他产生优越感，那我们就该倒霉了。"这种对待归国同胞的态度早已有之，我并非第一个对此深有感触的苏格兰人。

当然，类似的行为包含着另一种情绪——嫉妒。记得有一次在邓迪游玩，我和一位老朋友聊天，他叫 J. B. 萨蒙德，时任《苏格兰杂志》主编。他告诉我，《邓迪广告人》的主编诺弗尔·斯克林杰有意见我一面，可否当时就请他过来。我同意了，然后，诺弗尔赶来，一边兴奋地和我握手，一边诚恳地说："啊，尼尔先生，久仰您的大名，幸会！您是教育专家，我正有问题向您请教，是这样的……"接下来整整半个小时，他滔滔不绝地讲述着自己的观点，而我或者点头或者嗯啊。末了，他再次紧紧握住我的手，说："先生，我已经有多年没有享受过这样的对话了。"

总之，在苏格兰做演讲时，我能敏锐地感到听众的防备心。相比不列颠本土的听众，苏格兰人更有攻击性，更加雄辩。例如，记得有一次在爱丁堡，当我批判体罚时，愤怒的校长当众朝我怒吼。可见，约翰·诺克斯[1] 和约翰·加尔文[2] 依然活在苏格兰人心中。

---

1　约翰·诺克斯（John Knox, 1514—1572），苏格兰宗教改革领导人。诺克斯非常重视敬拜，他依据日内瓦英国难民教会的礼拜仪式及加尔文的仪式修正，写了《公用仪式书》，认为在敬拜当中应包括读经、讲道、唱诗与奉献。书中也列有祷告的范本以供参考。

2　约翰·加尔文（Jean Calvin, 1509—1564），法国著名的宗教改革家、神学家，新教的重要派别改革宗（或称归正宗、加尔文派）的创始人。

# 33 /

# 金　钱

　　前面我曾经说明，早年在赫勒劳办学时我无需为钱发愁。第一次世界大战后通货膨胀期间，我俨然是一名百万富翁，如果请德国朋友去饭馆饱喝一顿葡萄酒，结账时天文数字的德国马克折合成英镑只有几先令而已。可是，等1924年回到英格兰，等待我的险些是破产。那一段在莱姆里吉斯的经济挣扎我已有所详述，但同样是在莱姆里吉斯，幸运之神再次降临。当时我是新教育协会的成员，有一天，一位名叫库珀的澳大利亚人误寄给我一张该协会的大额支票。我如实回信，告知他们找错了人，并问是否需要我把支票直接转送新教育协会。没想到库珀一口回绝，让我留下支票。那笔钱在当时实在是一笔意外财富，或许就是它解救我们于破产的边缘。

　　之后许多年，我们没有得到任何捐助。然后，1950年，达汀顿礼堂的威廉·K. 埃尔姆赫斯特每年给我们一千英镑，持续了七年。比尔是一位低调、谦逊的绅士，自从我感觉到他并不想把自己的善举公之于众，就再没四处宣扬他对我们的资助。此外，一位匿名捐赠者通过律师转赠给我们一千英镑。前不久,校友琼·拜亚在伦敦举办了一场献给夏山学校的特别音乐会,并将一千四百英镑的收益赠给我,之后她在怀特岛举办的流行音乐会上献唱,又从收入里拿出两千英镑赠给我。谢谢亲爱的老校友琼。还有一位老校友捐给学校大笔资金用于维修、改进、粉刷和翻新。在他的资助下,夏山的泥泞小路改头换面升级为柏油路。与所有真正慷慨的人们一样,他希望保持匿名,在此仅表达我诚挚的祝福。

由于资金匮乏,夏山的一些校舍无缘修缮而长期荒置,先后有多名皇家督学建议我彻底割弃,孰料我背道而驰,为重建这些房屋发出紧急呼救。应声而来的救助有一千二百英镑,被我们毫厘不差地用于教学棚屋和宿舍的建设。多年来,我把所有的版权和稿费都投入夏山的运转中。私人机构不大可能盈利丰厚,夏山学校经常因为负债累累而陷入财政赤字。假如所有的债务在过去五十年都已偿付一清,我可能已侪身贵族,终日坐着劳斯莱斯出入。但是,算了吧,我可不想天天系领带。

金钱可能买不来幸福,但的确可以买来舒适。例如,坐着私家车从容地前往歌剧院,然后坐在包厢里,那是多么舒服的体验。而在过道里排队等候至少两个小时,当然不是件舒服的事。金钱还意味着创造力、一份好工作和大学教育。夏山学校一直没有能力实践所有的梦想,困难之一就是财力不足。我为六十名学生额外聘请了八名教师——大部分职责是训练孩子们掌握应试科目,以便将来能够进入大学或创业。我们还有艺术和手工教员,但无力聘请舞蹈或者音乐教师——其重要性对我而言高于数学或者历史老师。我们渴望有一座惬意的图书馆,一间装备齐全的物理实验室、化学实验室,以及一间大厨房。所有这一切在公立学校都是标准配置,对于某些家长或者教师而言可能是奢侈条件，但对于我们实属必需。然而我们负担不起。此外，我希望自己能够付给员工更多的薪水。

在办学初期，我幻想着有哪位百万富豪会资助夏山，事实上确实有两次这样的机会。每次我都会问欲捐赠者同一个问题："您希望有什么特权吗？"对方回答："当然。"然后我说："绝无可能。"同样是捐赠，换作亨利·米勒、琼·拜亚以及许多美国人，事情就没那么复杂，他们从不提任何附加条件。

也许，夏山资金匮乏的局面恰恰是自身理念使然。显而易见，挣钱并非校友们的志趣所在。大概挣钱需要当事人具有竞争性，而论及竞争能力，夏山学校的孩子除了在游戏里有所体会，对游戏之外的事则毫无竞争的意识。

金钱时常带来不幸，因为在求财的过程中，人们不得不牺牲许多有价值的事务。在诸多陈腐的文化形式里，人很容易想起美国式的肤浅诙谐，比如他们拍着彼此的后背打招呼的方式："嘿，你个盗马贼！"

我在金钱方面并不吝啬，只因童年缺少零花钱而养成了谨慎消费的习惯而已。苏格兰人的确存在金钱困扰。和我一样，苏格兰人为传说中的吝啬付出了许多代价。例如，传说哈里·劳德爵士在美国上流社会游走期间，给晚宴管家的小费只有六便士。对此我深表怀疑，同样不曾信以为真的另一个传说是关于苏格兰裔美籍百万富翁安德鲁·卡内基。某天，一位年轻人专程前来问他如何致富，安德鲁当时坐在一间点着烛光的小屋里。

"哦，"安德鲁应声问着，"那我们可以在黑暗中对话吗？"说完他吹熄了蜡烛。

在生活中，我把挣钱排除在重要目标之外。这并非说钱不重要，我同意钱很重要，我深知放弃那些品质最好、价格只贵几先令的商品而不得不采买便宜货时的心情。在我人生的后半部分，我怨恨自己不得已乘坐二等舱、硬座列车旅行。即便是现在，在火车站遇到头等舱的乘客，我依然略觉尴尬，完全无视理性告诉我的事实：他们中的绝大多数也不过是死要面子活受罪。说来也奇怪，开着买来的三手或者四手汽车，我并没觉得自己比劳斯莱斯和捷豹的主人更卑微。思来想去，可能是因为在我的少年时代，汽车还没有问世，但载满上流人物的火车早已存在。

我认为自己从未把金钱作为成功的依据，也不曾把金钱看作进入上流社会的敲门砖。不，不，开启那扇门的唯一钥匙是名望——但问题来了，具体是成就了什么的名望呢？

# 34 /

## 梦

　　人在梦中也许会发现自己的渺小之处，这里所说的并非白日梦。在白日梦里，我们拥有自控力，而且梦想多与成功、勇气和征服有关。夜晚的梦境是不可控的。弗洛伊德认为所有的梦都是愿望的表达，只不过呈现的符号或象征极为复杂。我有些怀疑这一观点的正确性。早年接受治疗时，分析师们陆续解析了我的数百个梦。后来，我亲自分析了孩子们做的数百个梦。实践告诉我，并非所有的梦都是为了实现愿望。就个人而言，早年被解析梦的经历并未带来实质性帮助。我从不对自己的梦尤其是噩梦加以分析，附带而言，所有的梦都会随着年龄的增长而渐次消散。

　　梦揭示了做梦者的自我形象，或者借用赖希的用语，梦识破了做梦者的盔甲。高大强壮的人在梦境中会是矮小怯弱者。例如，我认得一位身材高挑的牧师，他经常梦到自己赤裸着站在白天的讲坛前。我曾经梦到参加一个拥挤的舞会，然后我当众在舞场的花盆里大便。可见，人们在梦中都会做些疯狂的事、幼稚的事、笨头笨脑的事和残忍的事。不过，迄今为止，我没有做过残忍的梦。所有这些印证了我对人的本性的信念：与其说人是《变相怪杰》呈现的杰克医生与海德双重性格的组合[1]，莫若说人是成年与婴儿的混合体。梦中不合理、非理性的内容来自婴儿部分，其场景都与童年受到的照料和所看的书籍有关。例如，教授会梦见飞翔的象群。

我的梦与自己熟悉的人毫无关联。年纪大了之后，我没有梦见过自己的家人、学校和早年经历。不过，在此之前，倒是梦到过熟悉的人。克鲁尼、荷马·莱恩相继去世后，我曾经一次又一次地梦见他们。在梦中，我隐约清楚他们已经不复在人世。这种幻觉中的联结并非愉快的体验。赖希离世后，也曾两次出现在我的梦中，我们在梦中交谈。可是，这两个梦同样毫无快乐可言。从这些例子可以看出，解梦者所持有的愿望达成论不能解读隐藏在表象之后的实质。

当然，梦在一定程度上是荷尔蒙的延展。八十老翁不会做性梦或者梦到自己是英勇的。无论是入睡中还是清醒时，他们都不会跑接力赛，也不会高速驾驶。

我有过焦虑的梦，都随着时间的推移不驱自散。例如，我常梦到自己站在一大群听众面前却讲不出一句话来。也有苦不堪言的旅行梦，比如梦到列车已经驶出站台，可是我无力追赶，因为双脚像生了根一样动弹不得。许多年间，我反复梦到自己回到苏格兰的故居游玩，每次回去之前，父母都希望我乘坐特定日期的特定车次。然而，我总是

---

1 《变身怪杰》(*Strange Case of Dr Jekyll and Mr Hyde*)，讲述了体面绅士亨利·杰克博士喝了自己配制的药剂化身邪恶的海德先生的故事。《变身怪杰》是罗伯特·路易斯·史蒂文森的名作，因书中人物杰克和海德善恶截然不同的性格让人印象深刻，后来"杰克和海德"一词成为心理学"双重人格"的代称。

因为各种不可控的因素难以办到，比如出租车迟到，火车晚点，或者临时想起当天有一场讲座而不能返家。所有这些梦，都令我感到难过和挫败。

有的梦并无太多遮掩。例如，某人的妻子新买了一件价格不菲的条纹大衣，他可能会梦到猎杀老虎的场景。丈夫阳痿的妻子可能会梦见自己被一群影视剧中的超级英雄所簇拥。但是，绝大多数梦都被弗洛伊德所说的"检查"程序处理过，即有所掩饰，因为人的道德自我无法直面原始的本能渴望……好吧，好吧，这么说的话，若能搞清楚罗马教皇、大主教和顽固虔诚的清教徒们平日所梦，那将是件多么奇妙的事！同理，还有谋杀犯的梦。

睡梦中的自己和清醒状态下的自己之间有着怎样的关系？梦是自我或潜意识在言语吗？对此我深表怀疑。假定自我是个体生命不可或缺的一部分，为何有那么多梦既不令人喜悦又毫无创造力。记得年轻的时候，与现实中的亲吻相比，梦中的亲吻更令我心醉神迷。自然，梦中的悲伤也比现实中的悲伤更有痛感。

我经常陷入某种迷思：究竟谁是真正的总统？谁是真正的首相？是那位在清醒时发表演讲、制定法规的尊贵的绅士，还是那赤身裸体、含羞漫步在街头的可怜的梦中人？我又是谁？是教育者，还是驾车的盲人？我想，类似富有挑战性的思考甚至会击碎流行明星的狂妄自大。

## 35 /

# 毒品、烟草与健康

如今，我的恶习并不多。我习惯使用烟斗吸烟，六十多年来，只抽"约翰·科顿"这一个品牌。我对于医学警告常常嗤之以鼻，它们指出烟草尤其是含有土耳其产的上等烟叶的烟草，会危及人的心脏。

我从不吸毒，对毒品一无所知。当看到很少有人死于吸食大麻但有成千上万人死于肺癌时，就好奇为何吸食大麻有罪而抽烟却被认为合法。

坦白说，所谓的毒品问题令我困惑。服用毒品无疑是逃离悲惨现实的一种方式，而且，对于有些人来说，这是捷径。我的担忧是，如果年轻人不能通过自然的生活追寻自由，那么取而代之的，他们还会继续踏上这条快捷之旅。我认为不应对此加以简单的道德评价。试想，当我抽烟斗时、喝一瓶威士忌时，何尝不是在服用毒品；而煲电视剧、读小说、看电影等，本质上都是对现实的一种逃避。

人类所有的邪恶都可以被描述为逃离。例如，德国人的集体逃离是陷入对希特勒王国的幻想；美国民众的逃离是拥护尼克松的新保守主义而甘作沉默的大多数，对变化与年轻人惊恐不已；宗教信徒们的逃离是梦想着肉体不朽。

我有时喜欢喝一杯，但至今已有多年滴酒不沾。麦芽威士忌是我的最爱。从前和赖希共饮裸麦威士忌时，我非常享受。但回到英格兰之后，同样的酒却再也挑不起我的酒兴。我通常在家里喝酒，可是除非有朋友来访，自己平日里则很少举杯。我能轻而易举地放弃饮酒，但是，为戒烟所做的一切努力都以失败告终。

在我多年的饮酒生涯里，只发生过一件令人不悦的意外。那是1936年，我受金伯利一家著名的钻石俱乐部的邀请，去南非做演讲。演讲之前在酒吧里，一位商人敬了我一杯威士忌，接着，另外六位钻石大佬也加入进来。突然间，我注意到每个人都为我点了双份。显然，我的处境不容乐观。我去南非之前早已听说殖民地的款待之风，知道如果拒绝地主们的热情将极大地伤害对方。所以，那一次我喝多了，然后冲进盥洗室，用手指抠着嗓子眼狂呕了一阵子。可想而知，那次演讲多么不堪入耳。如果当时我更成熟些，一定会感谢他们的热情，也应该会以演讲为由谢绝那场豪饮。

说到健康，我感到非常幸运。除了遭受过两次坐骨神经痛的袭击，我这辈子未被严重的疾病困扰。大约四十年前，静脉炎让我卧床三个月，正是自那以后，我对自然疗法的兴趣日渐浓厚。我的教育哲学与这种疗法的理念多少有些关联。我通常每年去一次自然疗法诊所，多数时候会在治疗之后感到精神焕然一新，身心舒畅。

自然疗法认为疾病产生于人体内在系统，营养不良的身体对毒素的应对方式就是将毒素释放出来。因此，皮肤病或者感冒是躯体自清洁的过程。迄今为止，这种观点仍有其合理性。我的父亲和祖父曾把自己的长寿归结于日常频发的感冒，而一位法国医生曾声称他的病人中寿命最长的是皮肤病患者。医学专家们对这些夸夸其谈嘲笑不已，坚持认为疾病源于外在感染——来自细菌。早在维生素 C 被发现之前，自然疗法的先驱们在治疗中已使用橙子和柠檬。有些医生，尤其是德国医生，会用冷敷法处理扭伤，但这与自然主义者用按摩全身应对肺炎相比，实在是小巫见大巫。

从情感上，我完全支持自然疗法。但在与之接触的过程里，我也产生了一些疑问。如果饮食那么重要，为什么我的父亲吃了一辈子不健康的食品却能活到八十五岁？自然疗法警告人们不要贴身穿法兰绒质地的衣裤，而我父亲的贴身衣物只有法兰绒，无论冬季还是夏季。

当然，我也看到自然疗法的积极作用。例如，一些罹患风湿性关节炎的妇人，原本跛行严重到几乎无法移动，接受自然疗法一年后，可以下地走动了。尽管没有完全疗愈，但病情已有了巨大改善。

围绕健康展开辩论的双方都不乏狭隘与教条。对于接种术，自然疗法就毫无办法。自然疗法的信徒鲜少能够接受一个事实：在两次世界大战中，破伤风疫苗挽救了成千上万条生命。我的医生兄长曾经告诉我，自从盘尼西林问世，他的肺炎患者几乎没有一个被延误救治。

另一方面，医学院的家伙们对禁食疗法嘲笑不止，无视这是动物在疾病中的真实状态。一位兽医告诉我，当地牛、马的死因多半是农夫们为了病畜能够保持体能而强行灌入的饲料。

记得当年从南非乘轮船回来时，我已奄奄一息——大量饮酒和不运动所致。可是，我禁食六天，只喝水，抵达南开普敦时，照片上的我看上去容光焕发。禁食的奇特在于当事人会因此而感到头脑异常清醒，思维活跃。我在禁食期间，感觉智能犀利到足以当面挑出爱因斯坦的推理错误。

随着终日遵循养生法生活的人们死于癌症和糖尿病，我对自然疗法的疑虑越来越大。事实说明，摄入好的食材并非单一的控制因素。

在我的想象中，许多理疗家都是下意识的道德家，其中有个臭名昭著者曾在一本书中宣称：他所遇到的许多病人的健康都受损于手淫。所有的自然疗法主义者都反对摄入兴奋物，诸如茶、咖啡、酒、烟草，也反对食用所有的肉类。在这方面，我既相信又不相信。当医生不经问诊就给皮肤病患者开某管药膏时，我也会有类似的矛盾与怀疑。有生以来，我从未遇到一位医生向我提及平日里吃了什么、是否做了运动或者性生活是否满意之类的问题。在我看来，医生的做法是处理特定的疾病，而自然疗法主义者试图重建全身的健康。这两套系统有待结合，健康的秘诀也许是自然疗法加上既定的药物。

培养医生和自然疗法主义者的学校有着巨大的差异，所以产出迥然不同。前者常说的是："你必须努力治愈自己，必须做运动，吃纯净的食物，避免摄入容易让人兴奋的成份。你是否能够痊愈取决于你自己，不取决于我。我只提供建议。"医学院的实习生一般不会对病患的私人生活感兴趣，他们会说："你患了哮喘。你患了坐骨神经痛。你患了肾病。来，把这些药吃了。"如果患者询问药物的成分，多数医生会恼羞成怒。我听说过许多关于可的松的险恶传闻，自然不愿意使用它。但据我所知，医生开给我的某些药丸里含有可的松。诚如萧伯纳所说，内行蒙外行。

我的大半生承受着便秘之扰，分析师们始终认为这是心理因素所致。最后我通过每天吃椰枣解决了这个隐疾。此外，每年在自然疗法诊所期间，我吃着他们提供的饮食，也不曾出现便秘的状况。

顺便提一下，赖希对食物漫不经心。他大概属于那种认为吃什么都无关紧要的人，在他看来，性状态比消化状态重要无数倍。丘吉尔毕生不曾减少抽烟、饮酒；康普顿·麦肯齐在八十八岁高龄时，依然每天吸食一盎司烟草；我熟识的两位苏格兰农夫，他们终日不离威士忌，双双九十多岁离世。哦，要弄清楚健康实在太难了！

之所以难度很大，因为人类对疾病所知甚少。为什么有人死于癌症，而死者的亲兄弟死于糖尿病？为什么八十八岁的我和八十三岁的妹妹仍然健在，而其他家人早已去世？

# 36 /

## 盔甲保护

盔甲理论的提出者是赖希，他认为人们借助盔甲这种外在的硬壳面对现实世界，并隐藏自己深层次的人格。

我们都在盔甲中。内省所能抵达的深度非常有限，这也是为什么人无法对自己加以心理分析。人不敢面对内心的矛盾和压抑，我认为其中的困难超乎想象。例如，对于声名远扬的传道士而言，令其直面自己赤裸的灵魂绝非易事，也很难做到发掘他内在的自私、吝啬、残酷和潜意识中的好色。说一个人处于平衡状态，就是说他时刻准备着发现内在渺小的自己。在那个渺小的人眼中，世间不存在完美的平衡者。

我好奇自己的盔甲由什么组成。在外人眼中，我温和、善良、宽容、令人愉快。于是我自问，在这些表象之下究竟隐藏着什么。找到答案并不容易，就拿早年接受荷马·莱恩、莫里斯·尼克尔、斯特科尔和赖希的分析来说，当时我必须倾诉大量不开心的经历，那些都是我宁愿忘记的事，所以每次都讲得极其勉强。我意识到，在处理与孩子们的关系时，利他主义很好地遮盖了我的大部分自私。可是，我看不到其中的危害。实际上，利他主义的本质也是一种自私，因为利他能够带给我满足感。当然，不仅我如此，现实中，利他主义是自我实现的道路之一。

在某些具体事务上我比较自私。例如，我不喜欢任何人驾驶我的车；从不把打字机借给别人用；许多日用品都形同我的一部分，不容与他人共享。我的生活宽裕，但如果某些家庭或者贫困儿童需要钱，我不会捐款。理性地讲，我必须把所有的钱投入自己的学校。在牛津大街上，我曾经目不斜视地路过一名乞丐，两分钟后，我走进商店买了价格高于八先令一盎司的烟草。

昨天晚上，电视新闻报道说最近三年在苏丹战役中丧命的人是百万人的四分之三，坐在电视机前的我毫无表情。是的，距离是情感的刽子手。倘若附近的沙福郡有一千人被杀，我一定情绪起伏剧烈，因为会有自我代入感——"上帝！差一点就是我！"然而，在其他方面我的自私又如何呢？我发现自己几乎无可挑剔，但这要归功于长期的心理动机分析经验。我同意心理病态的人之所以违法，是因为他们无法控制自己的冲动。可是，假设我的一名小学生被性欲狂魔强奸并谋杀，想必我就很难再冷静以对。

我从不吝啬自己的时间，我花了许多时间会见、倾听成千上万的访客，而对方基本对我无以为报。换言之，他们是为了从我这里汲取什么而来。是的，我非常耐心地与他们见面，丝毫不因为他们要榨干我而感到愤怒。问题又来了，这种耐心的背后是什么？耐心是我的盔甲还是我虚假的表象呢？尼尔无法打破自己的好人形象，即使来访者粗鲁无礼，他也不敢冒犯之。他敢吗？

我有着不为人知的缺点——这个词可能来自康格里夫笔下的一个

地主对女仆的点评，这个地主指着侍奉红酒的美丽女仆，对身边的来宾说："她有一种不为人知的缺点，她入睡后会放屁。"这句话恰到好处地暴露了他与女仆之间的关系。

我的不为人知的缺点是讨厌被反对，即通常所说的全能者情结。例如，在演讲中，我讨厌博学的家伙站起来反驳我的发言；当觉得反驳者有道理时，我讨厌他激烈的言辞。自命不凡者不会犯错，或者至少不会承认自己有错。非常奇怪的是，他人对我的描写很少对我产生影响。例如，一位书评家可能称我为天才，另一位书评家可能认为我是愚蠢的狂热分子。这两种评论都不会引起我特别的情绪反应。

在工作中我不会太顾及体面或尊严。包括家人在内的所有人，一律称呼我尼尔。不过，在某些特殊情况下，尊严也会不请自来。例如，当我把车停错地方而被警察粗鲁调遣时，当我在树林里遛狗而猎场守门人咆哮着让我滚出去时。这两种情况会使我感到尊严扫地或者没有面子，因为自己做了错事。就算是我，也无法对这类情形加以自嘲。

和许多人一样，我对自己的名字一直有种说不清道不明的情结。亚历克山大（Alexander）本来压缩成亚历克（Alec）。可是克鲁尼小时侯不会说亚历克，而把我叫作阿利（Allie）。这事令幼时的我感到羞耻，因为班上有一位名叫阿莉森（Allison）的女生，也被大家叫作阿利(Allie)。"啊哈，你有一个女孩的名字。"同学们为此嘲笑我。我不止一次听说，婚后的女子憎恨不能保留婚前的姓氏。更小的时候，我发现许多女人喜欢被称作苏珊或者玛丽。不过，莎士比亚对此或许会表示反对，在他看来，每个名字都暗含深意。

记得被艾塞克斯大学授予荣誉博士称号时，我意识到自己需要装扮得像个绅士，甚至打起了领带。可是，当天在座的人之中只有我穿着蓝色衬衫。我聚精会神地听那些自己毫无兴趣的对话，尽力让自己适应那使我感觉极不自在的学术圈。类似的为他人考虑而保持礼仪的盔甲，人人都经历过。就像赖希的口头禅："某些场合，人不得不故意假装君子。"

我乐于认为自己的盔甲不是特别厚。总的来说，我言行诚恳，极少撒谎——至少从来不对孩子撒谎。人有时难免会撒谎，但基于谎言的人生则是悲剧。

为什么我的盔甲比较薄？我得承认自己占尽了先机。我是自己的老板，所以无需装腔作势。想一想数百万上班族，他们点头哈腰地称呼老板"先生"，虽然有时不乏真诚但目的只是为了保住饭碗。多数情况下，特定场合中的盔甲渐渐成了人格的一部分。这类情况在管家或者男仆身上最明显，他们注定要消亡。

牧师们在周日祷告时，像极了圣人。然而，年少时我听过的最污秽的故事，绝大多数来自牧师。许多牧师对自己的双重人格已经驾轻就熟。例如，我童年常去的教堂有一位长老，他可以做到在安息日赞美上帝，然后在其他日子卖糖时缺斤短两。

避免双重人格的最佳途径是寻求独立，可惜只有少部分人得此幸运。当然，独立也不是充分条件。例如，一位独立的艺术家也许娶了唠叨的妻子，那他会把自己的谋杀欲望隐藏在谦卑中："好的，亲爱的"。有一个词可谓这种情况的最佳写照——市侩。至此本书已是第四次提到这个词。市侩是美国境内所有愚蠢贪财的中产阶级画像。虽然《市侩》系辛克莱尔·刘易斯五十年前的作品，如今依然风气不减。日常生活里我经常能遇到市侩者，在公共汽车上、火车上和飞机上，那些温和无聊的市侩者们认为窗外的林间空地和湖泊是资源浪费，应该被用来建成车库、饭店和别墅。

大约四十年前，我在南非结识了一位似乎没有盔甲的医生。假如有人要请他去吃晚饭而他恰好不想去，他会简单直接地说不能赴约。记得他对我说："尼尔，今晚我不能去听你的演讲，因为我对你要讲的内容没有兴趣。"多么诚实的人！不过，我怀疑他没几个朋友。我认识的另一位在回绝社交邀请时不撒谎的人就是赖希。至于我自己，可没有这么勇敢。只有在晚年时我才能开口说："谢谢邀请，不过我想还是待在家里比较好。"

官方场合都禁止笑声，禁止人性化互动。一次，在上诉审裁厅就收入税提供证明时，我略微点明了一下自己的身份，接下来得到的阿谀奉承使我对官场的规则有了深刻的洞察。这意味着情绪在生活中被压制，意味着整个社会都带着盔甲，意味着官僚做派的自尊。我在政府官员、镇议员、镇秘书身上都看到过类似的盔甲，他们借此树起一道"不要碰我"的高墙，拒绝任何友善和亲近。警察局的盔甲也很厚重。有一位普通警员曾告诉我："要是让长官听到你叫我比尔，他会立刻把我调往另一个镇子。"

我觉得在白金汉宫举办的花园聚会如同地狱。聚会上的人们穿着群体盔甲，生怕发生真情实感的交汇。这恐怕是典型的英格兰主流生活，但在阶级壁垒不太强大的苏格兰，盔甲就轻薄得多。

我的荣誉学位使我联想起群体盔甲。我参加过三次学位授予庆典。在这种场合里，首先，有人给你戴上学位帽，穿好学位袍；接着，你阔步走着入场；最后，在一个人头攒动的大厅里，你得到了荣誉学位。除了能够面见一些友好的教授和讲师，我总是在类似场合感到拘谨和不悦。稍加分析之后，我认为原因在于这些组织极度缺乏人情味。例如，我向坐在旁边的男子做自我介绍，对方的答复常常只是嗯或哦。

有时候我为自己接受荣誉学位感到内疚，原因倒不是自身本游离于体制之外，而是我并不看重这种大学限额发放的学术凭证，我还写过许多批判它们的文字。我从未在学校发展计划中参考这些荣誉学位，它们于我的唯一价值是为我提供了保护。如今，再没有任何部门或者官员说我没有办学资格了。

在苏格兰，文学硕士有着极高的声誉，所以我心里有充分的准备，时刻警醒自己莫因文学硕士学位而过于高傲。在私下里，我也许对自己的硕士学位又爱又恨。这里，不妨引用 J. M. 巴里和他阿姨之间的一番对话：

"詹姆士，你打算做什么？"

"当作家。"

"什么？你是一名文学硕士！"

我认为自负是一种盔甲。人们对自己擅长的事很少自以为是。例如，论及自己在夏山的工作，我历来都实事求是；但要是说起跳舞，我就容易夸大其词。五十年前，一位女士邀请我做她的舞伴，同往布达佩斯参加原创舞蹈比赛。虽然我一直很清楚，与专业舞者相比，自己不过是笨拙的乡巴佬，可是那份邀请曾一度令我心怀妄想。幸运的是基于恰切的自我评价，我并没有前往布达佩斯。

我还曾为自己的表演能力狂妄自大，同样，实际水平与专业演员相距甚远。我相信，如果耶胡迪·梅纽因[1]的业余爱好是种黄瓜，并且在一次园艺展示中获得一枚奖章，那么，这枚奖章比小提琴表演更易令他自吹自擂。自负这具盔甲可以用来对抗低人一等的自卑感，它随着时间推移会有所淡化，但却不会彻底消失。例如，赖希渴望在奥

---

1　耶胡迪·梅纽因 (Yehudi Menuhin，1916—1999)，又译曼纽因，美国犹太裔小提琴家。他同时也是指挥家，大部分的演奏生涯都是在英国。

尔加农[1]有一块精致的墓地，这是一种死后的自负。生前，赖希藐视一切作秀、荣誉和虚饰。关于身后事，我比较平静，唯一的愿望是简单火化，并且不要鲜花、黑纱和墓志铭。我乐意送葬者将我的遗体直接运走而不要举行葬礼。可是，我担心家人会因此遭人谴责："铁石心肠的家伙，竟然不给老人办一个体面的葬礼。"

在美国，葬礼支持者疯狂地宣传他们的丧葬理念，捍卫其对丧亲者的丑陋剥削，捍卫其尸体防腐、遗容化妆等服务，号称用价值数千美元的橡木做棺材胜于用来给活人搭建房屋。尽管如此，我相信，总有一天，人们会形成合理的丧葬习俗。

奇怪的是，"conceit"（自负）这个单词的原意是想法或意见。还有许多词的涵义也发生了变化。例如，"matinee"并非上午的演出，而是午后的演出。"manufactured"中的拉丁词缀"manu"的本意是手工，但"manufactured goods"（制成品）是指工业及其生产的产品。在我家乡的小镇，"cafe"（咖啡馆）写作"caff"，"chauffeur"（司机）写作"shover"。

世人对死亡又怕又恨，因为死亡摧毁了每个人内心那个狂妄的小人儿。借用现代基督教教义，表述如下："我们相信，内在的渺小者从此灭亡并被埋葬，内心那个高大者就此走向永生的荣耀与幸福。"换言之，人的躯体、妄想和弱点组成了渺小者，人的精神和灵魂则是高大者。可见，所有的宗教都是愿望的满足。

---

1 奥尔加农（Orgonon），是奥地利出身的心理学家赖希在缅因州兰利奇的一个占地175英亩的集实验室、研究和住宅功能于一体的中心。赖希埋葬于此，现为向公众开放的赖希博物馆。

# 37 /

# 死亡的遐思

我的哥哥尼尔医生享年八十岁，他的离去并没有引起我的悲伤。我想，人的情绪感受会随着年龄的增长而逐渐钝化。老年人既无狂喜，也无悲恸。赖希去世时，我很伤心，但荷马·莱恩的离世则没有带给我太多伤感。另外两位朋友埃德温和维拉·缪尔的死甚至没有带走我一滴眼泪。

距离不同，死亡带来的感受也迥异。假如亲兄弟在你的怀里辞世，哀伤将极为沉痛；假如他死在遥远的澳大利亚，哀伤就不会那么痛彻心扉。飞行的距离削弱了伤感。富人们轻易即可飞往另一个国家，而穷人们不得不以卑微的方式选择航班。记得在克鲁尼去世之后，我发现自己做了许多从前没做过的事：洗盘子、修椅子——任何可以暂时逃离悲思的事。但即便如此，我也在悲伤中分辨出自私的成分："从此我将孤独无依"。

所以，当一个人认为失去了陪伴者时，体验到的哀伤最重。记得埃德温死去时，维拉·缪尔对我说："你知道吗，每当我有个新的想法，冒出来的第一个念头就是'一定要告诉埃德温'。"我能理解这种感觉，因为我在克鲁尼死后有着同样的体会。失去陪伴者也许比失去爱人的感觉还要糟糕。大概宗教就是人类为了抚平忧伤的情绪而发明的，像我这样的不信教者，就无法得此安慰。当然，我也不想要这种慰藉。

"唉，天哪！"这种表达方式，我猜不出来自何方。也许，论及死亡，这么表达可以下意识地缓解痛苦。我想起苏格兰式丧葬风俗，出殡时人们哭泣不止，但随后，在厅堂里的宴席上，人们相互举杯，畅饮燕麦酒，笑声满堂。相似的情形也发生在部队的送葬中，出殡的队列死寂无声，可是，离开墓地返回军营的路上，乐队很有可能会演奏《被我抛弃的姑娘》。

我猜，家人中，在这场哀伤表演中最投入的人，恰是把仇恨的情绪隐藏最深的人。

八十八岁的我，在医院经历了一次冠心病急性发作之后，比以往任何时候都更容易想到死亡。事情的过程如下：为了给肾脏做 X 射线检查，医生给我注射了一阵静脉点滴——不管它叫什么。这次我险些丧命，神志迷糊之间，我听到一位医生大喊"氧气"。奇妙的是，当时的我并不觉得可怕，只是有些好奇。之后，当医生告诉我是突发冠心病时，我也没有惊慌。

记得我当时对医生说："你听说过冠心病俱乐部的故事吗？"

有一位年纪最大的会员赢得了足彩，价值七万五千英镑。他的妻子打开中奖来信之后不敢告诉丈夫，径直找到俱乐部主席——当地教区的牧师。主席答应负责公布这个消息，并在花园里找到那位老人。

"嗨，布朗先生，您打算退休以后做些什么呢？"

"哦，四处闲逛而已，我这颗心脏可干不了什么重活儿。"

"有什么业余爱好吗？"

"没有。"

"有没有买过彩票？"

"我试过几次，但纯属该死的浪费钱。"

"布朗先生，假如您中了七万五千英镑的话，您将怎么处理？"

"牧师，我会把一半奖金捐给您的教堂作为修缮基金。"

话音刚落，牧师倒地身亡。

假如一个人活得足够久，大自然似乎会令其走得更安详。我发现自己对外界事物的兴趣逐渐淡化，对人的兴趣也在减少，虽然后者的幅度略小。过去，我习惯把修剪花园的大镰刀磨光擦净，如今任由园丁随意使用，还把作坊里收藏的所有工具都送给了学校的工作室。清晨起床时，我感觉自己足足有一百岁，不想做任何事，也不想见任何人。可是晚上躺回床上，我又感到自己只有五十岁。一大早到来的邮差已无法引起我任何兴致，晨报也吸引不了我去阅读。人在暮年，失去了可以期待的未来。我会想，已然没有可以令我振奋的希望，也没有哪位美国富豪会寄来一张百万美钞的支票，更不会被授予某个贵族头衔——有的话我应该不会接受，或者哪所大学赠予我一个新的荣誉学位。没错，我喜欢在报纸上看到赞扬我的消息，可是真的看到时，又会把报纸留给他人做剪报收藏。大自然以它的方式引导我们为离世做准备，不过，我至今仍未达到史蒂文森的哲学境界。他说："死亦欢，我怀着希望躺下。"然而，我开始理解他为什么这么说，尽管他英年早逝。

假如年纪大以后人的身体不会衰弱，我好奇人们到底能快乐地活多久，又能对花朵和草地的美丽关注多长时间。我应该对自己说："很快，你就看不到夏山的那些树木、花卉和孩子们欢乐的笑容了。很快，你将与朋友永别。多么伤感啊！"不！我做不到。

我这一生已经在许多美好的地方逗留过，我心满意足，不愿从头再来。年轻时，人们认为一切都可以持续到永远。记得住在金斯缪尔的校舍里时，我们小孩子从未想过生活会有朝一日会发生变化，也从未想过父母、兄弟、姐妹都将故去。假如当时有人对我说，我将来会辞世于某个在地图上也找不到的英国小镇，我一定会觉得对方荒诞透顶，从而捧腹大笑。

青少年对死亡并无兴趣，除非被诸如加尔文主义或天主教会这样的邪恶势力施以恐吓。夏山的学生没有宗教恐惧，生命在他们眼中是用来爱人、做事和取得成就的。的确，生命的唯一功能就是活着。既然我拥有充实的一生，而且达成了自己大多数的目标，那么，就算过往的欢乐与成功即将永远消失，也没什么可遗憾的。

有位电影大亨站在即将沉没的路斯坦尼亚号上，有人问他是否感到害怕，他回答"不"，继而引用了《彼得·潘》中的句子："死亡是一生中最伟大的探险。"在我看来，死亡并非这样伟大的探险，因为我想起哈姆雷特的遗言："余下的只有沉默。"我无法想象一场静默的探险。

我有一位早期的学生在第二次世界大战期间担任船上的报务员，他曾经告诉我，每当想到还没有后代继承自己的姓氏，他就害怕被鱼雷击中。我很高兴有一个女儿传承了我的姓，不过，结婚后她不再姓尼尔。我认为，女性不应容许父权社会的婚姻体制改变其姓氏，这种对待只能凸显她们比男人更低一等。我即将离开我的佐伊，未来，她也将走向死亡。留在身后的是我毕生的事业，而我希望它至少还能再存续一段时间。

我在其他几本书里提到过发现新大陆的拓荒者们，紧随其后的是怀抱发财大梦的勘探寻矿者。不久，涌入的人将处女地变成满地酒馆、高耸入云的旅馆和霓虹广告闪烁的丑恶之地。这不由得使我重新审视自己在教育领域的拓荒，希望不会导致一个伪自由主义学校泛滥成灾的局面。这些伪自由主义学校的共性是激励学生效仿表现优良的同伴。

近年来，有件事颇令我烦恼。由于年龄大了，保险公司在我给车续保时增加了一款硬性要求，要求我提供一份医生开具的年度体检证明。而且，即使提供了该证明，保险公司也不给予我综合保险协议。然而，统计数据显示，六十岁以上的司机发生交通事故的几率最小。在路上，我总是避免与那些享有全额保险的年轻超车族相撞。我的驾照保持着四十五年没扣一分的清白记录，这个事实令我对自己受到的不公平待遇更觉烦躁。的确，我不应该抱怨。据说在日本和挪威，八十岁以上的老人根本不被允许开车上路。

我不相信来世，假如确有其事，我肯定那会乏味透顶。我自知并不害怕死亡，但开车路过火葬场门前时，仍有一种奇怪的感觉，想必是潜意识作祟。

我那身为医生的哥哥，弥留之际堪称完美。他走得毫无痛苦。"我这一生很丰富，"他说，"现在我累了，想要去死了。我没有宗教信仰，所以也不担心什么地狱和惩罚。再见，老伙计。"

我害怕自己死的时候会受苦。我不止一次地想，如果自己身患癌症苦不堪言，是否有勇气吞食过量的药物自行了断。

大多数人成不了伟大的诗人，也成不了伟大的音乐家。我们都从事着力所能及的渺小工作，然后尽己所能过着幸福的日子。我们隐隐约约意识到，自己的死将只会触动屈指可数的家人与朋友。睿智的伯纳德·罗素如今是图书馆里的一本参考书，我的小小的夏山学校在世界教育领域犹如大象身上的跳蚤。数亿苏联人也许将永远不知夏山学校的存在，即使他们知道，应该也不会因此而受到影响。一场原子战争将极可能摧毁贝多芬和莎士比亚，尽管地球上大多数人至今不知人类历史长河中曾经有过他们两位。

希特勒宣称个体无足轻重——重要的只有国家、民族。他们错了，因为他们的权力目标有误。不过，在他们的宣告里的确有一处真理，即人性存在于群众中，群众永垂不朽。我不是在争论个体应不应该成为群众的一员。大多数领导者和思想家都对群众无计可施，不过，孤独的个体也许会成为燎原的星星之火。例如，痛击奴隶制的英国人威廉·威尔伯福斯[1]就是个几乎名不见经传的家伙。

我想起精神分析领域那些曾经如雷贯耳的名字：维也纳的兰克[2]、斯泰克尔、亚伯拉罕、伯恩菲尔德，伦敦的福卢格尔、钟斯、艾德。如今，还有几个人听说过他们的大名？这些前人做了他们的那一份伟业，然后悄无声息地把它们留给后人，一个接着一个消失了。教育界有着相似的情形。达汀顿礼党的比尔·科里是一个了不起的家伙，可惜如今也早已被世人遗忘。如今，年轻人认为夏山学校已然过时。时间的巨轮把许多事物碾压于后。

对于死亡，我还有一种这样的埋怨：它在精神想要存续时谋杀了身体。我认为有些人大错特错，他们说人可以按自己的意愿离世，可实际上，这种自主性只会对患者奏效。上了年纪之后，我的心脏功能锐减，几乎令我丧命，可是大脑依然充满活力，对活物的兴趣和以往一样真切。有的人可能为此想了个对策，假定人死之后是暂时离去，

---

1　威廉·威尔伯福斯（William Wilberforce, 1759—1833），英国国会下议院议员、慈善家、废奴主义者。

2　奥托·兰克（Otto Rank, 1884—1939），奥地利心理学家，精神分析学派最早和最有影响的信徒之一。他出生于奥地利维也纳的一个贫穷家庭，因肾脏感染逝于纽约。

然后可以每隔二十年返回地球度假一周。我猜初次游玩之后，极有可能出现的情况是大多数人再次离去时会自动取消后续的回访。

最完美的死法是在济慈的诗作中——"在午夜不带悲伤地飞升"，让人感到大自然通过衰弱和顺从使死亡变得平静。然而，我不认同弗洛伊德关于死亡本能的理论。我相信，六百万犹太人想要活着。那些为了逃避折磨而跳楼的幸运儿体现的是痛苦本能。这就像恨是对于爱而受阻的反应——对死的渴望与对生的热爱是一体两面。我认为，因吸毒而导致的早亡就可被归为此类。

在漫长的人生终点，我平静地宣告："我觉得自己做了一件了不起的事——一件好事。我帮助许多孩子走上自由幸福之路。我的读者大概有几百万，为此请允许我在这里感谢美国出版商哈罗德·哈特。将死之时，我不会幻想自己是一个伟人，也不会产生美誉加身的幻想。我死以后，人们将把我遗忘。无论是今天的世界还是明天的世界，都不会格外思念我。"

# 38 /

# 女 人

我这辈子从未真正懂得女人。男人如何能理解女性呢？从某种意义上而言，女人是与我迥异的物种。假如我从小成长的环境是性别平等的，那么如今也许会对女子的心理有比较贴切的把握。可是，在我年少时，女性是遥不可及的存在，严苛的性禁忌如同盔甲一样既保护了她们也蒙蔽了男子。我天真地以为，倘若告诉某个女子她是一个极好的床伴时，她脸上的震惊会是真实的。我并没有意识到，在她责备的表情背后，其实把我的话当成了绝佳的赞美。在我年轻时，女性终其一生都在防御，防御使她们成为社会主流道德观希望的模样——贞洁与谦卑。在学校里，我曾在两名女生面前说过粗话"狗屁"，为此还被几位朋友大肆谴责。如今，有一点我十分确定，即女性爆粗口的次数绝不比男性少，比如"我靠"。

由于女性被形容得完美无缺，我们几乎忘记她们也是和男子一样的平凡人。虽然我有几位妹妹，但显然并没有增益我对女性的理解。家庭内部的性禁忌掩护着每一位姑娘，她们近在咫尺却又似远在天边，神秘并且不可企及。

英国喜剧演员马克思·米勒曾讲过一位少女去鞋匠那里修鞋的故事。

"你知道鞋是怎么坏掉的吗？"皮匠问。

"不知道。"少女回答。

"那就对了。"皮匠说。

剧院里的许多人对此报以粗旷的笑声，而我直到两天后才想明白，原来是说这位未婚女子每次约会之后不得不走路回家。

十八岁时，我爱上了一位美丽的姑娘，可是她对我的追求无动于衷（后来才知道她是女同性恋者）。她有一个相貌平平的姐姐，我抱着一种近乎疯狂的想法亲近和拉拢她的姐姐，以为她姐姐会使她认定我是一个好青年。可是爱遮蔽了我的双眼，没有看到她对姐姐厌恶至极的现实。

从前，我以为博得女子欢心的捷径是赞赏。后来走了许多弯路，经过很长时间，我才发现，自己心爱的姑娘之所以被情敌夺走，只是因为他坦言她是多么坏。

在过去，舞会上流行白手套和舞蹈卡，舞池边三三两两地站着姑娘，等待着男子的邀约。男子流连在舞池外，一旦相中某位姑娘，就用丝弦在舞蹈卡上标明自己的邀约。大学的校花常常是舞会中被簇拥的对象。印象中有那么一次，我被人介绍给校花，但我并没有邀请她跳舞。稍后，她主动把手搭到我胳膊上，说："轮到我们的舞曲了。"她并没有跳完之前那段舞，所以，我当时有些发愣。

"可是，"我犹豫着，"我们并没有……"

"我知道，该死的，全场只有你没有请我跳了。"

所以，第一次观看萧伯纳的戏剧《人与超人》时，我开始质疑那个流传已久的理论:男女之间,追求者是男性而非女性。我也开始留意女人不计其数的小伎俩:丢落一块手绢、借一本书以及双腿交叉起来。我很难接受性驱力对于女子的作用与它对于男子的作用同样强大。十九岁时,我看了几本法国小说,并震惊于其中蕴含的观点:女性的主要乐趣在阴道内部。这种说法有一些道理,但并不准确。化妆品、首饰和服装无一不是在替它们的女主人向异性宣告:我的性感值得拥有。看着我,然后和我约会吧。然而,许多女性却说她们打扮自己是因为其他女人,而非为了男人。这肯定并非实话。

女性对服饰和外表的极大重视完全超乎男人的理解范畴。我发现,这种关注外在仪表的女性视角隐约透着压抑。

女性对其外在体貌的关注与她们深处父权社会中的内在状态有没有关系?我觉得可能有关。在一个男人说了算的世界,女性自然成为二等公民,领导层中的女性也屈指可数。放眼望去,商业负责人、医生和律师几乎都是男性,目前只有在教育和护理领域里,男女比较平等。因此,为了抗衡男子的支配地位,女性通过装饰强调她们的重要性。现代生活有着许多新趋势,其中,女性反抗从属角色的妇女解放运动最令人振奋。另一方面,让人沮丧的是,六十年代的瑞士女性并不期待参与投票选举。

女人可能会把选票投给英俊的电影男明星,但我怀疑男人是否会把选票投给美丽的电影女明星。两性价值观的差异使得男人难以理解女人,反过来,女人也不容易理解男人。六十年前,我在伦敦与一位上流社会的女子有过一段风流韵事,她的装扮总是紧跟潮流。记得一起外出吃晚餐时,她坚持让我穿着磨毛了的诺福克夹克衫、不起皱的法兰绒袋形裤。她跟我解释说:"人们会因此留意到我们俩,然后,会因为服饰的不协调而再次回头看我们。"

"意思是他们会盯着你看。"我回应着。

"正确!"她笑着说。

男人害怕女人,这里指所有的女人,尤其是自己的妻子——母亲的替代人。在英格兰,许多已婚男子都把妻子当作母亲。"妻管严"更像是剧院玩笑话。男人理性地处理这种恐惧,他们假装做出让步,以求息事宁人。

小时候,我认识两位乡村小学校长,各自的妻子都不允许他们在室内抽烟。烟瘾上来时,他们就坐到工具棚外面放松一下。我的父亲不吸烟,不过他年轻的时候大概也是烟民,我想象着母亲当时对他喊"乔治,你的烟呛得我嗓子疼"。也许我的揣测有误。但是,他的确经常为了家庭和平而做出妥协。

现代女性的独立和对性的直言不讳,令我唏嘘;看到她们不再关心穿着,整天裹在蓝色牛仔裤和圆领外套里,我深感遗憾。我希望女性依然真挚、诚实,就像我年轻时代的女性那样。在过去,男女之间几乎不可能拥有真正的友谊,大概那只在蓝颜知己之间存在。

许多男人惧怕聪明的女子,我则从未如此。我的精神密友维拉·缪尔可谓睿智,才华不逊色于她的诗人丈夫埃德温。但她丝毫不男子气,她的幽默感使她有别于那些一本正经的学者,而且她是苏格兰人。

我发现,苏格兰女人与她们的英国姐妹比起来,更加尖酸刻薄,更容易表达尖锐的批评。苏格兰女人似乎想要杀一杀男人的威风,想要强调男女之间的平等,甚至女性更优越一些也说不定。回首往事,正是苏格兰女子,在我的讲座中提出了最具有攻击性的问题,而且我猜她们大多数是教师。美国的母亲节可谓温情到令人厌嫌,这个日子意味着美国男人永远不会超过十岁,苏格兰绝没有与之相当的节日。

我的恋母情结总是驱使我对年长的女性产生温情,我在同性恋者身上也看到了相似的态度。许多对年轻女子没有兴趣的男人似乎都喜欢围着某个母性形象忙碌，这大概可以旁证一种理论：男同性恋者都有一个令人不满意的父亲，同时与母亲的关系过于亲密。由于存在乱伦禁忌，母亲在儿子心目中极为神圣，受此影响，其他的女人也随之成为禁忌。

似乎有太多的女人热衷于家长里短的闲聊：她们的邻居及其所说所做、她们的小花园或她们的手工编织。面对女人的滔滔空谈，男人很容易嗤之以鼻。可是，我并没有看出男人自己的谈话有多么高明。酒吧里自然不适宜交流相对论和心理学，男人们会喋喋不休地谈论足球比赛。

据说，有一位非常聪明的演员为同样聪明的妻子买了一串项链，项链的花费足以支撑一百个贫困家庭数周的生活。这则新闻让我迷惑不解。艺人的愉悦本应来自于富有创造力的艺术表现，以及每场完美表演之后观众的掌声。为何一位演员认为一块华而不实的石头能价值如此，这实在令我费解。何况，她本来无需佩戴如此乏味的身份符号。当然，援引此例并不是要批判这对举世闻名的恩爱伴侣，而是仅仅说明我对于女性的心理活动多么无知。至于传说中的好莱坞金发碧眼的傻姑娘在浴室里配有金制水龙头，我倒颇能理解。可怜的孩子，她终于取得了灰姑娘所向往的成功。然而，在某种意义上，与男人以骑士身份自居成功相比，她的这种做法难道真的更加庸俗吗？所有这一切都是虚荣。如果有人授予我什么头衔，我会毫不犹豫地回绝。你可以把我这种态度理解为反向的势利。女人炫耀自己的虚荣心，而男人却把自己的虚荣心隐藏起来，假装没有。

女人的悲剧在于她们比男人衰老得快。因此，女性往往焦虑自己容貌与体态，这反映出她们渴望在缀满皱纹和白发的黑幕降落之前充分享用自身的性感。一想到好莱坞那些除了傲人的身材和脸蛋儿就一无所有的明星，我就不愿去想象她们的生活晚景。

啊，这就是我！如今，我已经老啦，无法再重温年轻时的激情与狂喜、梦想和野心。美人对于现在的我不过是可待探讨的研究对象，但是，我依然乐于欣赏。

# 39 /

## 幽　默

　　说一个男人缺乏幽默感，犹如说他不会开车，无疑是奇耻大辱。类似评价实在难以被男人原谅。

　　我此生认识的最无幽默感的男子在评价其他男同胞时常说："那家伙怎么了，他完全没有幽默细胞啊。"

　　世界上有好司机的评价标准，可是没有好的幽默感的衡量标尺。无论如何，幽默感因时而异，随着时代的变迁而有所变化。例如，在我的儿时，《三怪客泛舟》里面的故事令我们大笑不止。可是今天，雅各布斯或杰罗姆的幽默已没有年轻人愿意问津。查理·卓别林甚至无法逗笑我的一些学生，他们更喜欢瘦子劳瑞和胖子哈迪，或者丹尼·凯。

　　和大家一样，我总是一厢情愿地认为自己的幽默感很强，而且饱含机智。一直以来，我对某种施虐狂式的幽默感厌恶有加。例如，爱德华三世、道格拉斯·费尔班克斯和塞尼尔对客人开的幼稚残酷的玩笑。小时候，我听说过一个臭名昭著的诗人麦格，他头脑简单并且时常丢三落四。邓迪地区的智者及风趣之士对他几近残忍，为了捉弄他，甚至寄给他一封维多利亚女王的签名信，授予他一个缅甸骑士的虚名。信上还说，相应的装饰品正在海运途中。结果可想而知，可怜的麦格天天去码头翘首航船，直到有一天收到女王发来的电报，说货物被海浪卷走了。此类噎人的幽默不乏粗野，幸而如今已经不多了。

普通的俏皮话很少引起我的兴趣，类似鲍勃·霍普[1]的笑话令我浑身起鸡皮疙瘩。在我看来，优秀的喜剧演员无需别人为其写脚本。卓别林自写自演，我猜，巴斯特·基顿也属于自编自演者。

我比较喜欢的幽默故事是《贝勒斯福德勋爵自传》里的一段。据说在一次大战期间，一位美国名流来到英格兰，查尔斯勋爵亲自设宴为其接风洗尘。席间，这位嘉宾站起来为大家的健康举杯祝词：

先生们，在谈论战事之前，请允许我为自己穿着晨礼服出席晚宴而向在座的各位致歉。此次前来贵国是为了战争事务，原本没打算外出吃饭，因此没有带来晚礼服。收到查尔斯勋爵的请帖之后，特意去萨维尔街的裁缝店打听是否可以为我做一套晚礼服。不料对方说："非常抱歉，先生，我很乐意效劳，可是缺乏布料，而且伙计们都应征入伍了。"

我没有泄气，转身去另一家试运气，一路打听了许多店，得到的答复一模一样。这时，有人建议我去威廉·克莱森那里租借一套戏装。于是，我找到克莱森，问他："明天晚上我要参加一场晚宴，可以从您这里租借一套晚礼服吗？"

---

1 莱斯利·汤斯·霍普（Leslie Townes Hope, 1903—2003），常被称为鲍勃·霍普（Bob Hope），美国著名的喜剧演员。霍普以几部百老汇音乐剧闻名，在成为演员之前，他曾以"Packey East"的名字在拳击场打拳击。

威廉摆了摆手，回答："对不起，先生，我很乐意效劳，但无能为力。由于查尔斯·贝勒斯福德勋爵要举办一个晚宴聚会，这里所有的礼服都被借光了。"

我有一位苏格兰记者朋友，一次受邀参加彭斯晚宴，身为首席嘉宾的他没有时间准备礼服，于是，我把这个故事讲给他。宴会上，他当众复述了一遍，只是把地名做了本土化的处理。事后他对我说："天哪！现场鸦雀无声，以至于我武断地认为在场的每一位都穿着租借的礼服。"

换作母亲讲故事，全家人都禁不住打哈欠。她会这么讲："从前有个人在格拉斯哥，嗯，也许是爱丁堡……哦，不，是格拉斯哥……"

我的父亲比较搞笑，但他缺乏幽默细胞，每每需要自己解释笑点。

记得1947年初次去美国演讲时，我就发现吸引美国人的幽默未必能够引发英国人的同感。同一个笑话，在伦敦讲，可能博得台下一片笑声；放到纽约，听众也许反应平平。而且许多时候，美国听众会在我毫无防备的时候大笑不已。

每个民族都有自己的幽默类型，因此容易形成老生常谈。例如，典型的苏格兰故事都绕不开吝啬。

多年来有一件事令我迷惑不解——谁发明了笑话？我从没听过谁号称自己创造了一个笑话故事，就像边疆民谣一样，所有的笑话都是匿名者写就的。给我们讲笑话的老奶奶如是说："某个人写了许多笑话。"

每个人有其独特的偏好。我最喜欢的高尔夫故事讲述的是一位男子冲进球具专卖店的经历：

"麦克，大事不好。我刚打飞了第九杆，击中了路上一个骑摩托的人，他因此撞上了一辆正好拐到那里的汽车。麦克，该死的，我能怎么办？这一会儿功夫差不多有六个人暴死街头。"

麦克想了一会儿。"啊，"他说，"你要像这样用右手握着短球杆……"

幽默有助于直面人生，或者说，有时幽默使人无需面对残酷的现实？坦白说，我并不清楚，但我知道幽默自有其特定的时机与场合。例如，躺在担架上的人大概不会喜欢什么爆笑的段子；而年老的奥斯卡面对高昂的治疗费用，他可能会自我解嘲地说自己将死于吝啬。没错，我们都知道笑是一种情绪的释放，也知道无法放松的人不会笑。谁能想象出加尔文、诺克斯或希特勒放声大笑的样子？也许，《圣经》的困境正是几千页里找不到一个笑话，也许，政治家们就是一群不会发笑的家伙。

许多教师本身笑点很低，但却不敢让学生发现自己很幽默。我经常看到的一种现象是：残酷的老师把幽默感化作利器，用以折磨胆怯的学生。

可见，绝大多数哭鼻子的男生都拜教师所赐。我怀疑，是否真的有男孩曾经说过教皇住在真空里这样的话，或者多边形是一只死鹦鹉之类的胡话。

我认为幽默在我的工作中发挥了极大的辅助作用。我和每一个孩子都开点小玩笑，只有当他们向我寻求帮助时例外。和孩子开玩笑意味着亲切、平等和友好。所以，当有人问我过世以后由谁接管夏山，我总是回答："无可奉告，不过，如果他没有幽默感，学校可办不下去。没有欢乐气氛的学校绝对是一所糟糕的学校。"啊哈，扼杀欢乐的恰恰是教师的尊严。

# 40 /

# 夏山学校和未来

常常有人问我："等你去世之后，夏山学校怎么办？"坦白说，我不知道。我的妻子埃纳会接管学校，可是她没有教师资质，因此必须聘请一位有教师资质的人做校长。而我怀疑继任者也会比较在意自身无主导权的跟班角色，倘若果真如此，新校长就不过是可怜的摆设。

没有谁是不可或缺的，其他人会薪火相传。夏山学校提供的自由已超乎我的想象，也许如某些人所诟病的那样，这种自由只限于性。在过去五十多年里，这所倡导自由的学校在家长和社会的认可下，使得青少年能够拥有一个充满爱的人生。

工党反对个体商业以及私立学校，倘若他们再一次掌权，很可能着手废除所有的私立学校，那么后果之一就是终结了教育创新。公立学校的教师能通过历史课或数学课试验教学方法，但不能试验生活方式。公立学校的校长无力取消宗教教学，也做不到自由选择教学课程，至于是否能够取缔恼人的家庭作业，我深表怀疑。谁能想象在苏联有一所夏山学校？谁又见过美国参议院投票给"把自由作为各校办学标准"的提议？

具有讽刺意味的是，相比工党执政，夏山学校在保守党执政下更加安全。鉴于此，考虑到个人利益，我的确将会把选票投给保守党。因为只要伊顿和哈罗存在，夏山就有安全保障。那么，究竟有多安全？说实话，这个问题令我困扰。我的妻子埃纳决定继续把夏山学校办下去，并且不打算在办学理念和方式上做任何妥协。可是，未来的政府究竟允许多大的自由度呢？

我就听过某些未来的教育官员如是说："只要那个老家伙还活着，我们姑且容忍这所反动学校。一旦他辞世，我们部门不会允许类似学校的存在，因为孩子们在校终日玩耍而没有接受任何教育。"事实上，在过去五十年间，我所知的每一名夏山的校友都已经成长为工作与生活的赢家，但若以此反驳这种人，又纯属浪费力气。僵化的官员往往耳聋。我认为夏山可能比其他任何一所先锋学校的口碑更好，这并非信口开河地自吹自擂，而是身为一名教师和作家的我亲见的事实。夏山学校从未被不列颠政府"认可为有效"，但却在十几个国家得到了"行之有效"的公认。

我不希望夏山学校的理念与我一起消亡。任何运动都不应依赖于个人，当事人会死去，但运动应该存续并向前发展。历史上有一些著名的教育者，我非常好奇他们如何看待时下以其姓氏命名的学校——蒙台梭利[1]、鲁道夫·斯坦纳[2]、弗里德里希·福禄贝尔[3]。

有人建议，等我去世以后，夏山学校的老校友们应该成立一个夏山信托组织，以防止学校迫于外界压力而发生根本转变。但我害怕这会成为开倒车的隐形官僚主义："尼尔以前那么做的，所以我们必须跟随。"无论如何，我不提倡采用委员会制，委员会不具备开拓性，因为他们以反对大多数人的意见为己任。

近期一篇文章指出，所谓的"先锋"，已经抛弃了私立学校而投向公立学校的怀抱。的确，许多小学正在重新审视自由，祝福他们！然而，如果一个系统的基本功能是让孩子们遵循既定的规则与习俗，那么该系统内不可能存在真正的自由。一位参观者问我夏山学校和一所蒙台梭利学校的区别在哪里，我回答："简单而言，一个孩子在夏山学校可以说'我靠'，但在蒙台梭利学校就不能。"只要家长和教师坚持塑造孩子的性格，就算是享有全世界的自由活动也无法产生真

---

1　玛丽亚·蒙台梭利（Maria Montessori, 1861—1925），意大利心理学家、教育家，提出了蒙台梭利教育法。据统计，全球有2万多所的蒙台梭利学校实行蒙氏教育法，服务于从出生至18岁的孩子。蒙氏教育法的特色在于强调独立，有限度的自由和对孩子心理、生理及社会性发展的尊重。

2　鲁道夫·斯坦纳（Rudolf Steiner, 1861—1925），奥地利哲学家、改革家、建筑师和教育家，华德福教育的创始人。华德福教育（也称史代纳教育）是一种人性化的教育方法，基于斯坦纳的教育哲学理念。第一所华德福学校创立于1919年，是位于德国斯图尔特的华德福阿斯托里亚卷烟厂为员工子弟建立的一所学校。2012年，全球60个国家建立了1025所独立的华德福学校、2000所幼儿园、530所特殊教育中心。同时还有很多基于华德福教育理念的公立学校、特许学校和在家教育。华德福公立学校在英语国家是有争议的，主要是其宗教和心灵内容在课程中的地位，反对者认为科学课程中有些内容涉嫌伪科学或者推广顺势疗法。但华德福教育运动推进者表示，这些怀疑是没有根据的。

3　弗里德里希·威廉·奥古斯特·福禄贝尔（Friedrich Wilhelm August Fröbel, 1782—1852），德国教育家，被公认为是19世纪欧洲最重要的几个教育家之一，现代学前教育的鼻祖。他不仅创办了第一所被称为"幼稚园"的学前教育机构，他的教育思想迄今仍在主导着学前教育理论的基本方向。福禄贝尔认为，游戏是儿童的内在本能，尤其是活动本能的自发表现，也是幼儿时期最纯洁、最神圣的活动。

正的自由者。

如果夏山学校在我死后仍可延续，势必会发生变化，就像它自1921年创办以来始终在改变一样。如今的夏山学生也不同于三十年代的夏山学生。大众媒体使年轻人惯于自我讨好，愚蠢的偏执也层出不穷：男生留长发，沉迷流行音乐会，膜拜影视明星和足球明星。有些研究称之为"集体歇斯底里"，而在越南、爱尔兰阿尔斯特和近东地区的军备竞赛，可谓异曲同工。我认为年轻一代常常不能意识到这种反生活的大环境，反而会在无意识中产生一些信念。例如，世界已然病入膏肓并且充满危险，于是自然而然地做出"今朝有酒今朝醉"的人生选择。

我经常表示，我们的学校不大理睬那种由商业的、非理性的大众传媒造就的情绪化生活。数百万人要么从未听说过弥尔顿和格拉斯通[1]的名字，要么早已把他们遗忘，但却对埃尔维斯·普雷斯利[2]熟悉有加，崇拜备至。如同宗教无法适应现代思想而导致上帝死亡，大众传媒的流行恰恰说明了学校教育的失败。

所以，关于夏山的明天，我思考的是未来新世界可以接纳何种自由。最可能的结果是妥协，即口头上承诺自由，但实际上巧妙地继续臣服于传统套路。如果那一天到来，我宁愿夏山学校关闭，也好过它失去自由的立场。但只要埃纳健在，我坚信夏山将秉持它特有的基本原则。真希望能再多活五十年，以尽己之力确保自由旗帜不被那些官

---

1 尤金·格拉斯通·奥尼尔（Eugene Gladstone O'Neill, 1888—1953），美国著名剧作家，表现主义文学的代表作家，主要作品有《琼斯皇》《毛猿》《天边外》《悲悼》等。尤金·奥尼尔是美国民族戏剧的奠基人。

2 埃尔维斯·亚伦·普雷斯利（Elvis Aaron Presley, 1935—1977），美国音乐家和演员。每当他演唱情歌时，总会吸引一堆女性歌迷，就像公猫会吸引很多母猫一样，因此昵称"猫王"，被视为20世纪最重要的文化标志性人物之一。他被尊为"摇滚乐之王"。

僚作派者、厌倦生活者玷污。易卜生说，真理掌握在少数人手中。我认为这种说法半真半假。不过，对儿童自由的看法，我同意绝大多数人都错了。我预感，在我去世很多年之后，相信自由的少数派将受到沉默的大多数的憎恨与禁言。

有生之年，看到自己写的书拥有数百万读者，我颇受鼓舞。这些读者分布在美国、德国、巴西、日本、以色列等国家。我也非常高兴可以收阅不计其数的西方世界年轻人的来信。不快的经历也有，我给东德的一位朋友邮寄《夏山学校》德文版，结果以"禁止"为由被退了回来。

遥望未来，我按耐不住悲观。自动化的发展将替代亿万平民的手工劳作，他们面临着失业。随着摩天大楼和霓虹闪烁牌日益增多，大自然将变得越发丑陋不堪，输电塔和高速公路终将摧毁乡村的美丽景象。手工业者将消失殆尽，贫穷和无家可归者将困扰世界良久。即便今天，在伦敦西区吃一顿正餐的花费也已远远高于老年人一周的退休金。世界就这样一天比一天趋于媚俗，丑态百出。如今，莱茵河畔的法兰克福一改它亲和古朴的面貌，挤满了难看的证券交易所。纽约和华盛顿的大街在深夜不再是安全之地，而伦敦更是快速成为一座惶恐之城。黑社会与暴力看来正在取代旧式犯罪。

乐观主义的困境在于极易陷入痴心妄想。马丁·路德·金[1]说他有一个梦想，但自从他被暗杀之后，美国的种族问题变得更加邪恶恐怖。然而，回想起夏山学校最初的努力，自由的氛围与接纳的态度使许多反社会的男孩、女孩转变为守法公民，我的确会升腾起某种乐观

---

1　马丁·路德·金（Martin Luther King, Jr., 1929—1968），美国牧师、社会活动家、人权主义者和非裔美国人民权运动领袖，也是 1964 年诺贝尔和平奖得主。他主张以非暴力的公民抗命方法争取非裔美国人的基本权利，成为美国渐进主义的象征。

的情绪。我始终坚信，如果所有的孩子都可以自由成长，社会犯罪率会下降到历史最低水平。犯罪大概不会被根除，毕竟很大一部分罪犯不是神经错乱就是智能低下。我乐于认为：现今挑战权威的年轻人未来能成为新型的规则制定者。虽然许多挑战传统的十八岁青年在五十岁时往往成为顽固的保守派，我依然希望，是他们而不是其他什么人，会有力地推进政治改革。

如果没有原子弹爆炸造成的破坏，我觉得生命最后会取得胜利。不过，有的人对历史存在非议，他们认为所谓进化不过是从奴隶到贫民、从石器时代到污染时代。我年轻时，人们曾自豪地认为人类已经从蛮荒的野蛮人演进为有智慧的、诚实守法的公民，拥有分别适用于人类和动物的法律。然而不久，大家都震惊地发现，现代人居然能够像原始部落的祖先一样野蛮和愚蠢。

多年来，我像牧师传播福音一般宣传行善之道，基于这个信念，只要给予充足的自由，充满仇恨的孩子也能成长为满心是爱的人。如今，行到生命的尽头，我有一个自己无法回答的问题。假如每个人生来有罪，为什么并非所有的人都成为罪犯或者施虐者？为什么犯罪的总是少数人？不过，坦白讲，由于我成人之初生活在一个有花、有树、赏心悦目的村庄，所以看待今天的世界时不乏偏见。从前，我们熟悉的鞋匠为大家做鞋子，铁匠给各家的马打上铁蹄，石匠雕刻石器，生活一片祥和。没错，如今也有祥和的村庄，只是时而有汽车滴滴叭叭地驶过；连锁超市默默地安营扎寨；年轻人打算去城里谋生。我所熟悉的旧世界已然消失，而新世界频频催生我的惊恐。

诚然，时光不会倒流。大多数年轻人不假思索、不加批判地接受了新世界和新生活。但是，我说过，他们之中也有挑战者。这些拓荒者为生命所做的战斗将来能取得多大的胜利呢？我为自己不能活到见证之而深感遗憾。假如我不是无信仰者，我可能会对他们说："愿主保佑你们，我的孩子。" 那么，最后，我无比虔诚地希望，将来的年轻人有能力拒绝加入夏山学校，而关于夏山学校所有传说都被无信仰者粉碎碾磨。

IV

写给《泰晤士报》的信

Letter to the Times

这一部分文章曾刊登于英国《泰晤士报教育副刊》，按照发表的先后顺序编排。

# 41 /

## 自由与许可：先锋学校的困境

1957 年 6 月 26 日

在本地，先锋学校已获准办学。其中，E. F. 奥尼尔所做的试验可谓典范。然而，这些学校的办学自由往往有限，教师可以实践自己的教学方法，却不能实验生活的方式。一两年前，东安格利亚某现代化初中的校长对各班公布：学生可以自定课表。据我所知，该校委员会已经告诫他下不为例。

时至今日，先锋学校在公办教育系统之外，达到了前所未有的自由。以我的学校夏山为例，就像前些天我对一位皇家督学所说的那样，与其说它是学校，莫若说是一个生活社区，后者更为贴切。夏山学校迄今三十六年的历史充分证明了：能够按照自己的喜好自由玩耍的孩子，他们玩耍相当长一段时期之后，能够在两年内补齐所有的学业。具体而言，如果一名学生在十四岁之前得以充分玩耍，那么十六岁时通常能够以优异的成绩轻松取得毕业证书。然而，即便在今天，有一些皇家督学似乎仍然固守着狭隘的观念，他们执意把学业成功当作教育的目标。夏山学校秉持的教育目标包括快乐、均衡、诚实、创意，这些品质都难以被简单地量化检查。许多人认为夏山学校在这些方面已经取得成功，毋须讳言，我也这样认为。

今年——1957 年——恰逢所有的学校必须按照政府的价值标准提交注册资料。所有的督查主要围绕着课程，对此我表示同意。尤其在夏山，如果孩子们不想上课，我们允许他们全天玩乐；而一旦想上课时，优质的课堂必须随时待命。除了政府可能提及，家长对学校的要求也是确保他们的孩子通过毕业考试，顺利拿到普通教育证书[1]，除非孩子本人拒绝。因此，聘用优质教师是我们办学之必需；而基于多数情况，招募好员工的前提是丰厚的薪水。困境就在于此。目前，夏山有 45 名在校生，为了给他们提供通过考试的最大机会，我需要至少七名教师。可是，我们的学生家长大多数都不富裕，所以，已有的资金从未允许我按照"教师薪金等级"[2]的标准偿付夏山的教员。

这种情况在过去未造成问题，战前，聘用一位优秀教师只需要给付每个月八英镑，外加住宿和洗衣服等日常服务。当时可供挑选的人

---

1 1947 年，英国将中学从 3 年制改为 4 年制，学生因此能够选修更多课程。1951 年英国政府决定用 GCE 取代较早的 HSC（高等中学毕业证书，Higher School Certificate）和 SC（中学毕业证书，School Certificate）制度。在 GCE 制度中，高中毕业生（16 岁）参加普通水平考试（GCE O—Level），大学预科毕业生（18 岁）参加高级水平考试（GCE A—Level）。
1988 年，英国的普通水平考试被新的普通中等教育证书（简称 GCSE）所取代，但是在一些英联邦国家（如马来西亚），普通水平考试存在至 2006 年，主要原因是 GCSE 的课程内容较原来的普通水平考试浅，与他们本身的教学水平不符。
1989 年英国政府修订了高级程度考试模式，增加了高级补充程度考试（GCE AS-Level），学生可以在参加高级水平考试的同时参加高级补充水平考试。在引入模组概念后，大部分科目的高级水平考试会有 4 或 6 个模组，而高级补充水平考试则会有一半数量的模组。选择应试模组一般没有限制，但大学可能会因为是否一次获得的问题对申请人评分进行调整。
2 1924 年起在受国家补助的学校中实行的教师薪金等级。

很多，因为许多人希望来夏山工作。如今，唉，前一两周我刚发布了招募广告，结果只有两个人做出回应，可惜都不是理想的人选。我又在另一份周刊上发布了一次，也得到了两份回应。当我说明薪酬时，其中一位女子表示她不是为了钱而来，然后，我忐忑不安地等待着另一位应聘者的答复。

如今，为什么不再有人愿意牺牲金钱做一些有趣的事情呢？我想原因有多种。1921 年成立夏山学校时，新兴心理学席卷了整个西方社会；弗洛伊德发现的潜意识使全世界发生了认知革命；荷马·莱恩在"小小共合国"的显著成就不仅给广大教师留下了深刻的印象，并且鼓舞了他们，这其中，就有我。那是万象更新的时代，紧接着，教育领域的自由思想开始生发。在那之前，公立学校允许教员抽打学生（被打者不许还手），当时，虽然公立学校表面上依然固守这一野蛮体系，但许多非寄宿公办学校都焚毁了藤条、皮鞭，转而对学生采取比较仁慈的态度。自由的风气自那时起弥漫至今。没错，自由是有条件的。对于一所位于伦敦东区、拥有一千名学生的学校，就不宜对学生公布"只要你们需要，就可以玩一整天"这样的规则。不管怎样，自由的氛围遍布所有的学校，以至于和二十多年前相比，如今来夏山之类的学校工作可能没有那么令人兴奋了。

此外，我想谈一谈教师培训。国家希望师范毕业生至少要在公立学校服务两年。这项规定本身比较公允，但却成为我不得不面对的难题。据我有限的猜想，在公立教育系统安定了两年的年轻教师很少有意愿再更换学校。而且，在私立学校工作的时间，未来将不被纳入退休金计算年限。

妨碍我招募到必要员工的最大因素一定是财政。由于战争，薪酬对一个家庭变得格外重要。它关系到人们通常所说的心理安全感，而心理安全部分依赖于经济安全。我清楚，除了极个别大规模联合的学校拥有足够的资金——令我这个苏格兰人垂涎三尺——其他私立学校都面临着同样的困难。

对于先锋学校的前景，我并不十分乐观。缺少教员，自然只有死路一条，更何况它们所处的世界越来越风行极权主义。先锋学校的消亡将成为时代悲剧，世界需要洞晓自由、明辨自由与许可之区别的公民。自由绝对是一株精细优雅的植物。回顾二三十年代苏联的教育自由氛围，再对比一下如今那里有着怎样整齐划一的性格塑造。也许我们无须舍近求远，在英格兰，哪些教育部门会支持私营教育机构？无人敢应答。教育部门代表了数百万家长，而我的学校只代表其中的 35 个家庭。为什么我认为极权主义在增强？教育、艺术和科学领域的少数派运动日益增多的挣扎就是明证，此外包括人权、健康和食品等方面的变化。有人认为科学领域没有挣扎，那么回想一下美国的赖希，科学研究曾为他带来了牢狱之灾。

学校的自由在增加，但还有多久才可以抗衡强大的对立势力——麦卡锡主义（憎恨）、种族隔离（恐惧）、民族仇恨、政治争议？所有这些都是社会中存在的反生活元素。而且，若要使人们意识到学士学位或硕士学位在受教育过程中并非必要，又将是长路漫漫。

良好个性的形成源自内在自由，而非来自外部管教。但是，啊哈，坏消息是，这种内在自由的成长空间需要坚实的经济后盾。然后，啊哈，再一次出现悖论：一个人越富裕，越不大可能信仰真正的自由。不过，身为最多能负担一辆三手车者的人，我这么推论也许是偏见。

为了写这篇文章，我看了看上周送达的对夏山学校的督查简报。是的，1949 年皇家督学的督查报告公正且大度，然而，由于人力短缺，我很怀疑夏山是否在今年还能得到这样理想的督查报告。督查的结果在很大程度上取决于具体的督学。显而易见，督学个人的视野、视角受限于课堂，因此往往并不是评测先锋学校的最佳人选。坦白讲，我并不担心皇家督学的督查。我的担心可能来自医官，随着他们的到来，将涌现许多达标要求，诸如盥洗室的数目、床间距的尺寸等。不过，船到桥头自然直。何况，说不定派来的是一位苏格兰保健医生！

## 42 /

# 为何要考试：文化与无用论

1959 年 5 月 8 日

一位皇家督学曾经问我："如果没有普通教育证书(G. C. E.)测验，你会怎么上课？" 很遗憾，我想不出答案。因为作为一个打小就被灌输"受教育就是在学校上课"的人，我已很难突破课程的框架对此加以回答。

传统学校的产品——学生，他们对校内课程的好奇程度远远不及其对校外事物的兴趣：足球场、廉价期刊、电视、性、犯罪等。这说明我们的学校在课程设置上与校外生活完全脱节。导致这种局面的基本原因是什么？大概是情绪相对智力活动稍纵即逝，不值一提。教育对学生情绪和智能的关注的失衡可谓后果严重，极端的情况在一些书中尽显无余，如《黑板丛林》和《邪恶男孩》。相比从前，青少年接受义务教育的时间日益延长，这种推迟毕业年龄的做法往往意味着青少年不得不学习那些无益于头脑或心灵的内容。如果说现有的学校培养了学生的文化水平，我认为这完全是一派胡言——那些耸人听闻的畅销报纸足以证明我的观点。真正的教育是使大众自觉远离低俗和肤浅。

文化！根据现有教育规定，全国成千上万的学生学习法语，其中只有少数人这辈子会去法国，绝大多数人从来不读法语原著，所学的大多数内容在两年内将被遗忘殆尽。其他课程也大同小异，比如数学！那些通过普通水平数学测试的学生，有谁在五年后还能自如解答二次方程式？还有英语！拿到普通教育证书的学生中，有多大比例的学生在日常只读侦探、悬疑等情节刺激的小说，毫不问津语法学校推荐的文学读物？例如，兰姆斯的散文、莎士比亚、弥尔顿和柯勒律治。还有地理！学生在校外用得到校内所学的地理知识吗？以我个人的体会而言，每次开车回苏格兰，我总感觉自己是在爬坡，因为在悬挂于教室墙壁的地图中，苏格兰位于英格兰的上方。唯一实用的地理知识恐怕是：地图上的所有的地点都在变换，并且界限模糊。想一想，我们中有多少人确切知道这些地方在哪里——星期四岛，佛蒙德州，萨尔茨堡？毫无疑问，离校后学生的生活轴心既不是巴西的进出口状况，也不是廷巴克图的天气。

我想我会这么答复那位皇家督学："我已经抛弃了大多数课程。"然后，向他介绍夏山学校开设的课程可能是一件痛苦的任务。是的，痛苦，因为评说价值观念的变化并非易事。几十年前，在我年轻时，人们判断一个人有无教养，依据是这个人是否接受了大学教育。掌握了拉丁语、希腊语和哲学的学者，是公认的值得尊敬和效仿的对象。如今的情况有所不同，也许因为机械理论的蓬勃发展、机械化进程的加快，社会评价标准已经发生改变。现代人注重实用价值，电视机发明者甚或电视修理工，其重要性都超过精通英语的文学硕士，后者可以教授的对象有限，而前者有着大量的服务对象。音乐也面临着相似的境遇，无论学校多么努力地想培养学生对古典音乐的喜爱，始终撼动不了一个现实（也许）：摇滚歌星的专辑销量远比所有古典音乐的专辑加起来还要多。

假如没有了考试，我的目标会是捕捉孩子的兴趣点并顺应之。喜欢摇滚乐？好的，学校的音乐课就会从"猫王"埃尔维斯·普雷斯利和汤米·斯蒂尔[1]开始；阅读课将动员孩子们找来所有的探险小说。传统教育的做法是让学生在校阅读艾迪生[2]的评论文章，这些孩子毕业离校后却只愿意翻阅《世界新闻》，我将反其道而行之，从后者入手。当然，至于熟读《世界新闻》的孩子，阅读趣味将来是否会自动转向艾迪生，我也没有十足的把握。

也许，鉴于重要的事情都是不可教的，我不应该开设任何课程。据我所知，尚没有一所学校自由到能够完全顺应学生的天性。现实中，成年人必须工作方可安身立命，因此，孩子们在学校里必须接受工作取向的教育。虽然人们公认玩耍在儿童生活中的重要性，但校园时间表至今没有得到最基本的改善。我幻想着没有考试的学校就是一个宽阔的游乐场，不是惯常的游乐区，那其实根本玩不开。孩子们在其中体验阅读、手工、音乐和舞蹈，在这个乌托邦中体验爱。自古以来，格言警句常告诫人们"梅花香自苦寒来"，但我对于只有勤学苦练才能塑造品行的做法保持怀疑，好奇类似做法在心理学上的效度。我把摇滚乐看作一种逃离，逃离疯狂布置家庭作业的艰苦求学之路。然而，诚恳地说，我的做法也并非无懈可击。眼下，夏山的学生在学校里自由自在，他们热爱摇滚乐。再诚恳一些地说，他们似乎并不能将对摇滚的兴趣持续到十八九岁。实际上，即使夏山的学生，也并没有完全逃离现实中普通教育证书的束缚。

许多教师都认同教育在学生品格形成中的重要性，但论及品格形成必须由内生发，同意者就寥寥。学习本身并不能形成良好的品格。

---

1　汤米·斯蒂尔（Tommy Steele，1936— ），英国早期的青少年偶像歌手，摇滚明星。20世纪五六十年代，斯蒂尔开始向舞台剧、影视剧多栖发展。

2　约瑟夫·艾迪生（Joseph Addison，1672—1719），英国散文家、诗人、辉格党政治家。他的散文通俗平易却不乏精致，有关"任何一个人都想努力保持的一种英语文学风格"。

客观地讲，教师很少提出品格的标准。当今社会最为看重的也并非品格的完善，而是科学的进步。在一个追求先进科技的时代，有所知远胜于有所感，科学几乎已成为"与邻居比阔气"的同义词。

我极力捍卫少儿自由玩耍的重要性，这在许多老师看来近乎疯狂。也许的确疯狂，但现实是如此病态，以至于其主流价值体系于学校教育毫无助益。在这样空前危险的环境中，我的捍卫不失为一种试探性的建议。而且，我所说的病态并非不列颠所独有，来自瑞典、美国和苏联的反社会青年的反叛运动报道均说明：学校教育在许多国家和地区已陷入困境。我个人认为，叛逆青春的根源在于有意识或无意识的恐惧。因为明天可能死去，所以当下纵情于美食和美酒，及时行乐。性压抑理论并不足以解释这种恐惧，毕竟那早已发生在人类发明原子弹之前的漫长岁月中。

青少年的叛逆是其所受教育造成的，还是与他所受的教育无关呢？我认为答案是前者。假如一所学校没有强制修习的课程，恐怕很难使学生产生反社会的态度、触及法律的行为。我相信绝大多数充满仇恨的激越或挑衅都源于精力过剩。当然，也存在例外，上流社会或中产阶级的子女往往不会成为无赖。我无意在此冒充权威，只是就事论事，在深入接触了许多曾经具有反社会行为的青少年后，我发现一个耐人寻味的现象：他们中的大多数最终得以疗愈，并不是因为上了我的课或者接受了我的心理分析，而是因为能够自由打发他们的童年，能够无条件地做自己，以及在此过程中释放对于性的罪恶感。这个发现引发了我的困惑：既然科技发展如此迅猛，任何一个愚蠢或者疯狂的政治家触碰一个按钮就能毁灭人类，为什么像性这样的小事，依然停留在维多利亚时代的愚昧之中不能自拔？可以说，除非年轻人的罪恶情结得以舒缓，否则，学校教授的所有内容或绝大部分内容对于学生都将一无所用、一名不文。

# 43 /

# 还原生活：学校的践行之道

1960 年 5 月 6 日

假如这个专栏刊登一封关于数学教学的信，一定会得到一些读者的反馈。但如果刊登的是论及"少儿情绪"的信，很可能得不到任何反馈。教师在师范院校接受的培训主要围绕着学校的课程，而心理学的原理与应用基本不在他们的知识架构或经验中。

于是，现实中必然产生一种可悲的现象：任课教师不得不忽略大量更加重要的信息。例如，教师能够辨识鲍勃在英文和法文上的优劣，却对鲍勃的内心世界一无所知：他有可能正深陷因手淫而产生的内疚或罪恶感；他的父母可能终日争吵，相互仇恨，回家对于他犹如踏进地狱；他也许与自己的家庭格格不入。正因为鲍勃的情感生活、情绪体验与学校的生活完全脱节，所以，当他离开学校之后，不可避免地会把所有的功课丢到一边，转而沉溺于类似《周日新闻》之类的无聊读物。由于学生需要呵护、关爱的内在情感需求缺乏一个与之匹配的外在健全环境，他们就会在色情读物、犯罪故事和低俗杂志披露的丑闻中寻求心理慰藉。如果新闻议会声讨色情报刊——这类有着超过一千万读者的传媒，将对我们的中学教育有何裨益？

广大教师是否应该固守教职，专注于传授学科知识，并以此为由忽略学生日常生活中极为重要的烦琐细节呢？有人诚实地回答："我们不是专业助人者，我们缺乏资格。"还有人回答："我们没有时间。判作业、判卷子和备课就已经让我们忙得焦头烂额了。"所言极是，那么，一个不受待见的问题应然而生——那些家庭作业有什么用呢？如果没有考试，学生真的会出什么乱子吗？

此外，即使教师拥有相当可观的儿童心理学知识，他一定会恰当使用吗？即使教师本人已经接受过心理分析，也并不等同于他有能力对学生做心理分析。心理治疗讲究完全的客观，治疗师务必完全中立，务必对于谈话者的所有表述全然接纳而不做评价、不加指责。然而，任课教师实际上并不可能置身事外，他们在课堂上必须维持纪律，这实际上是在孩子们面前扮演父亲（女教师扮演着母亲）的角色。与此同时，每一个孩子都与父母在情感上难解难分，所以自然会产生一种阻抗，即无法接受父母的替身——教师——对自己做心理分析。无论如何，分析本身并非解决之道。任何人也无法解析世界，或者某个班级。

不幸中之万幸，世间存在其他有助于少儿心理健康的途径。自由堪称最好的治疗。因此，即便在一所鲜有自由或者毫无自由可言的学校，能够"站在"孩子们一边的教师也能完成许多治疗。与此相反，假如教师激起了学生的恐惧情绪，将无法切实帮助任何学生，并且无缘成为高贵的教育者。若要帮助不快乐的孩子，教师必须温和、人性化和真诚，必须没有威严，必须有能力使受助者产生信任，必须能够辨别自由与许可之间的区别。此外，教师还应当有一些幽默感。

无须阅读弗洛伊德、荣格、阿德勒或者赖希，任何教师都能够借助心理学抵达学生的内心。实际上，教师研读的心理学著述越多，他所面临的困难越多（也许我杞人忧天了）。例如，假如一位年轻的男教师深受赖希理论的影响，那么在他眼中，现实是一种父权统治，反性、反社会广泛存在，邪恶的禁令和压抑人性的宗教束缚着孩子们。假定这位教师把强权型的家庭当作少儿的敌对面，认为少儿的生活受限于诸多道德禁忌。那么，他会如何应对？倘若一个男生向这位教师坦露其内心对手淫的罪责，他敢向学生阐明家长所说的"手淫将导致发疯、停止生长或类似厄运"纯属谎言吗？他敢对学生直言真相，说明手淫的唯一恶果就是罪责感吗？

又例如，一位少女眼泪汪汪地对富有同情心的女教师坦言自己被家人痛打，在家里生不如死。这位女教师敢于向她解释她的父母不仅互相仇恨并且自我厌恶吗？我在此忍不住急于补充，这两个例子里，实话实说将适得其反。早期的弗洛伊德追随者们相信厘清某种情结的因由即可完成疗愈，后续若干实践证明这种想法过于天真，错误百出。在第一个例子中，男教师若对男生提及手淫在一些"文明"国度里普遍存在并且无害，这种处理方式有助于缓解男生的罪责感；但是女教师如果把家庭丑陋的事实告诉女生，只会使得女生对父母产生爱恨交织的矛盾情绪，无助于解决她的困苦。

我极力反对任课教师在处理学生的情绪、行为问题时滥用心理学。现实中，某些照葫芦画瓢的滥用极有可能成为谴责的间接替代形式。对于一个少年惯偷，相比施以惩罚，每次在他偷窃之后给予六便士将更有可能消除其偷窃动机。对于一个撒谎成性的学生，表现得比他更善于撒谎将会改善其恶习。我意识到这些做法不可推广，对于《黑板丛林》中那些愚笨的角色，即使教师待之于爱，恐怕也难以得到预期的反应，大概只有像荷马·莱恩那样的天才才愿意尝试。另有一些粗暴的教师对我表示，他们不得已放弃爱的方式，否则，强硬的同僚们会认为他们过于女子气。

如今，我明白教师为什么对心理问题退避三舍。即便拥有良好的愿望，对于青少年所处的充满家暴、性侵的现实世界——无论在东方还是西方——区区一名教师又能做些什么呢？为什么现代的青少年反叛意识强烈？是因为对核爆炸的无意识恐惧——是因为明天可能死亡所以选择当下纵情于美食、美酒而及时行乐？是否因为家庭序列被打破之后，失去道德权威地位的父母不知假借何种替代措施？

我认为，由于成年人的道德说教，受到性压抑的青少年不得不另寻出口，主要表现为迷恋摇滚乐、疯狂追星。性压抑往往体现为虐待。青少年的反叛，在我看来，部分是因为他们后来意识到自己从前被成年人欺骗。顺便插一句，我认为延迟毕业年限的做法阴险至极，因为学生本希望早一天毕业，如此一来，他们被迫坐在陈年课桌前继续学习那些乏味无聊的课程。在我看来，对于十四岁以上的学生，必修科目应该以动手为主，如音乐、舞蹈、远足、游泳以及各种运动。假如《黑板丛林》中的学校是一个巨大的工作车间，就算学生是笨蛋，也可能会减少一些反社会倾向。

有人问："那还要教师做什么？"我认为更为重要的是，教师要知道不能做什么。例如，不能说"你兄弟就不会像你一样做这么多错事"，"别哭，像个男人！"被喝止的学生可能会诚恳地问："老师，求您告诉我，您小时候尿过床吗？"这方面，我倒听说过一个案例，有位父亲诚恳地表示自己一直到十九岁才停止遗尿，之后，他的孩子尿床的毛病有了极大的改善。

教师究竟应不应该使用心理学呢？我的建议是，请不要把它当作实践的工具，而是要活在其中。

# 44 /

## 增加一年还是幻想自由？

1964 年 2 月 14 日

国家应该为十五岁的青少年开设什么课程？多数学校开设的课程都与学生的校外生活关联甚微。昔日，成千上万的少年在学校阅读莎士比亚、哈代[1]和丁尼生，长大以后，他们却汇入满足于浏览耸人听闻的报刊的百万洪流中。诚然，原因在于现有教学系统把智能凌驾于情绪之上。可以说，披头士歇斯底里的风格恰恰是情绪需要抒发的体现。

我相信，青少年对于任何不容许其抒发情绪的系统都会深恶痛绝。适宜十五岁少年的学校应该是一间宽敞的工作室或者艺术场所。当然，

---

1 托马斯·哈代（Thomas Hardy，1840—1928），英国作家。他生于农村没落贵族家庭，在英国多尔切斯特受训成为建筑师，后于1862年前往伦敦，并成为伦敦国王学院学生，学习建筑工程，同时从事文学、哲学和神学的研究。哈代当过几年建筑师，曾获英国皇家建筑师协会及建筑联盟学院奖项，后致力于文学创作。

这还不够。我想象着，这些高年级的青少年聚在一起，就他们感兴趣的课程展开讨论，主题可能是当地政府，也可能是争论猫王和披头士的高低。简言之，服务于新一代的新式学校务必与学生的校外生活紧密相连。

动手或者创造并不必然有助于学生的情绪体验，我之所以崇尚创造，不是为了疗愈，而是创造本身激发了学生的兴趣和努力。顺便提一句，假如看到类似"骆驼对欧洲绘画的影响"这样的作文题目，我大致可以推知这是一所死气沉沉的学校，也基本可以猜到其教育实效。

在我的设想中，适合高年级学生的新式学校开设的课程丰富多彩，包括烹饪、陶艺、绘画、音乐、舞蹈、工程学和科学，以及面向工程师的数学。在这类学校里，许多男生、女生都乐享校园生活。校方最大的风险是拥有两种教师：其一，好为人师者，常常不合时宜地演示问题的解决之道；其二，过度强调方法而忽视原创者，从而扼杀了学生的自发与自觉。

此外，还有一种教学方式。记得早年在德雷斯顿时，我有一名学生离开夏山去了一家大型家具厂。上班第一天，工头递给他一份拉盖式书桌的图纸，当面演示了如何用楔形榫接合板材，然后对他说："只要你想做出这种桌子，你就办得到。加油。"结果，他做出了合格的拉盖式书桌。

如果所有学校都禁止教师过多建议和指导学生，我将颇感欣慰。例如，"现在，孩子们，你们将要画的是沃尔特·雷利披着斗篷羞辱伊丽莎白女王的场景。"如果在夏山学校，有学生询问："我应该画什么？"坦白讲，我会大受刺激。身为教师，我们一定不要炫耀自己的聪敏而令学生感到自卑，这也是为什么尽管拥有英语学位（虽然是辅修的第二专业），我却选择教授数学。

很久之前,复印采用精美的铜版排版印刷,书写潦草的学生对此很是惊恐,可惜当时没有人留意。我也是行至暮年才终有所悟。

是的,对于青少年而言,更大的困扰不是教室的形式、课程的种类,而是教师不懂得旁观和观察。我不止一次指出,最为讨厌的莫过于看到孩子在玩泥团就急匆匆走上前去讲述潮汐侵蚀理论的老师,若他自以为提升了孩子的认知,则更加不可理喻。

新式学校应该论及公民,但不是教授相关的概念,而是允许学生体验公民的生活。换言之,需要给予学生广泛的自我管理。毋庸置疑,在走读学校里实施自我管理并不容易,明摆着,这里也没有什么可供自我管理。只有在朝夕生活的社区里才可能触及真正的自我管理。迄今为止,我参加过上千次自我管理会议,内容没有一次提及课程。不过,走读学校可以赋予青少年行事的选择权,即做什么和不做什么的选择权。

为什么一名十五岁的少年不能一整天画画、无所事事或者阅读?啊,可是,有人反认为他应该接受广泛的教育。请问谁拥有广泛的教育?有人认为学校的课程培养了学生的推理能力,我已经不屑于就此问题展开辩论。这方面的争论常常聚焦于数学课,但是,依据我多年的观察,教师办公室里具有理性观点的常常并非数学教师。

新式学校应该如何处理道德?在一个并非天主教主导的国家,要强迫学生参与宗教教育活动吗?学校需要一个专业部门,配备不做道德评价、富有同理心的教师,以供男生或女生倾诉性困惑吗?实际上,现有教育系统最为忽略的就是性教育,结果造成色情书刊、低俗玩笑侵占了青少年的好奇心,继而出现大量的未婚先孕现象,以及一个反生活的社会。

至此,我禁不住有一个严肃的疑问:既然现有教育惯于让青少年疏离其生命中真正重要的事件，那么，增加学制的意图是否是为了延长这种逃避？目的是否是为了教会孩子谋生而不是引导孩子发现生活之道？我深知，没有任何人有资格告诉一个孩子可以怎么生活。教育是否就等同于产生更优秀的科学家、工程师、医生，而不是培养更加平衡、快乐、宽容的人？我想，理想的教育应该二者兼顾。

也许有人会说，我对普通学校缺乏了解。也许吧，但是，假如有人说我书中描述的是六十年前的学校，我将引用近期收到的、公立学校教师来信中的一句话作为回敬："今天，有六个孩子因为表现不好被鞭打。"没错，这是个例，然而，由此可见一斑，当局允许存在类似学校是不可辩驳的现实。它表明，在当今这个许多教师以仁慈、均衡、善良自称的时代，我们竟然能够容忍对学生进行体罚。

# 45 /

## 学习还是生活？

1966 年 6 月 17 日

　　如果说，《泰晤士报教育副刊》的多数文章在我读来都味同嚼蜡，这并非恶言诽谤时任编辑的好友。他的职责是办一份令教师感兴趣的期刊，有时不得不依赖发行量。若要说广大教师显然对错误的做法更有兴趣，我显然是在倚老卖老地自找麻烦了。

　　教育的基本元素是孩子，但在本专栏我很少看到"孩子"这个词。随处可见的概念是薪酬、组织、综合办学，有时能看见教学方法。关于孩子的内容在哪里呢？这种现象无疑表明了一种现实：教育主要意味着学习。无论是保守党，还是工党，两者都希望建立一套完美的教育体系，可是他们的考量依据是学习、产生更多更好的科学家、考试以及考试。可以说，如今的教育已经本末倒置。

　　然而，世界并没有充满科学家和大学毕业生。学生在校所学的大部分内容几乎转眼间就还给了老师。打个比方，各位读者中除了数学教师之外，还有几个人能不假思索地求解二次方程或者算出平方根？

我能，因为虽然我不是受过培训的数学家，但我给孩子们上数学课。不过，我早已忘记秘鲁的出口额和莱茵河的支流。

我想，你的情况也大同小异，亲爱的同行们。有人说，教育训练了我们的思考力。这真是弥天大谎，应该说教育训练了我们忍受无聊的能力。在一个病态的世界，学习本身无足轻重。摩斯族和摇滚派一旦逃离可憎的教育体系，将会踩着脚踏车、骑着摩托车呼啸而过，在海边胜地以互殴的方式表达情感的空虚。

我坚持认为教育应该把注意力放在情绪上，而任由智力自由发挥。但是，在一个格外或者更加注重课程学习的系统里，情绪还能在何处安身？想一想戈尔丁借《蝇王》对现行教育体制的犀利抨击。书中的男孩子们曾经埋头于各种课程的学习，他们遵守纪律，从来不被允许表达真实的情绪，以至于后来在一个小岛上，这群初见自由的小孩子竟然互相残杀。还有希特勒，他小时候是唱诗班的领唱，信仰宗教。

从未听说一群原本自由成长的孩子会在孤岛上变成小小野蛮人。所谓自由成长的小孩，是指他们的情绪不曾被外力扼杀，常见的外力包括纪律、强迫服从、惩罚、道德说教和恐吓。没错，学校不会盛产杀手和野蛮人，但是，的确在输出从不挑战的驯良之民。我认为，培养孩子应对挑战的能力理应是教育的目标之一。

我收到的美国来信几乎都出自嬉皮士之手，最令人痛心的信则来自在校生——"我恨我的学校。老师们把课程讲得特别无聊，而一旦你想做些原创，他们就扑上来横加阻拦。所有的同学都像从一个模子里刻出来的。"我没有收到过在家学习者的来信，也许他们的家庭作业太多，所以没有时间写信吧。

在夏山，所有的课程都实行选修制，例如，十三岁的新生，无论男女，都可以跳过所有官方的课程，但需要出席艺术课、话剧课和手工制作课。这么做的前提，恰恰是我发现既定的课程有违全世界数亿孩子的天性。然而,订阅《泰晤士报教育副刊》会给人一种错觉,以为教育的要义和最终目标就是课程学习。现实中,究竟有多少教师知道一个孩子的感受?有多少教师猜想过孩子们的性罪恶感,尤其是手淫的罪责感?有多少教师了解孩子的恐惧?以及,无论如何,又有多少教师思考过,人数众多的教室里学生分别有着怎样的心情?

毋庸置疑,离开学校之后,学生可以丢开书本知识,但丢不开内心的恐惧和罪恶感,后两者将渗透在他们生活的方方面面。教育理应面向生活而不是知识的获取。以我为例,电视上的知识竞赛中,至少有一半的题目我答不上来。

我好奇现有的体制如何应对那些行为不良的少儿,如何应对那些认为性是肮脏邪恶之事的可怜的青少年?本刊很少提及这些话题。倘若提供的精神食粮乏味、墨守成规,谈何规划综合教育?米歇尔·杜安曾努力尝试把情绪放在学校教育的首位,他的遭遇众所皆知; R. F. 麦肯齐认为在苏格兰,更有益于他的学生的活动是漫步峡谷,而非安坐课桌前。杜安和麦肯齐一致认为,生活比博学更为重要。

教师不仅回避情绪情感,还为自己的逃离寻求合理的托辞——"我的工作是教法语,不是操心汤米是否欺凌了他的妹妹"。从中不难看出,该死的课程如何扼杀了教师的灵魂。课程已成为重中之重,想一想,办公室里某位数学老师发现自己的课比英语老师少三个学期时的闷闷不乐吧。可以说,如此一来,教师只见课程之树木,未见教育之森林。

这就是我眼中的《泰晤士报教育副刊》,为之我深感失望。有关普通教育证书考试的版面也与六十年前看到的大同小异,依然停留在语法和分析之类的废话之中。我不得不说,这是一个病态的世界,现有教育体制依然在促使人们更加自觉、均衡和仁慈宽厚这方面无所作为。

# 46 /

## 夏山学校的戏剧

1966 年 12 月 30 日

夏山学校的剧院已经有四十年历史，位于一座原本打算改作宿舍的建筑里，此前，谁也没想到它会成为戏剧创作与表演的绝妙场所。没有教师的任何帮助，孩子们自己写剧本，制作道具和服装，自发排练和演出。我们有一条不成文的规定：只上演校内撰写的剧本。在我看来，莎士比亚的作品让孩子们理解起来有一定难度，至少对十二岁以下的儿童如此。许多年前，我们曾把《仲夏夜之梦》搬上舞台，结果学校里最有表演天赋的十二岁演员把剧中的小妖精演得一塌糊涂。事后，她委屈地说："我看不懂原著中的语言。"

高年级的学生会一起朗读剧本——剧本来自戏剧联盟——但只在周日的晚上自发表演核心的部分。我通常会以简单的情境开始……扮演一个盲人穿过街道，卸载一推车沙子；然后在对话的部分，我只给出一个框架："你扮演父亲；你扮演母亲；还有你，被学校开除了。

开始吧。" 我们有一个规则：两个主角在一开始，不能同时在场对话
决定剧情。

可供想象的情境非常之多。例如，向伦敦的警察问路。具体而言，
一位十岁的伦敦女孩打听去车站的路，而我们必须先向三十六名美国
学生解释伦敦的车站无以计数。对话的发起人是火车上的一位旅客，
他给医生打电话但不小心接通了屠夫家……一个男孩展开了一段令人
费解的对话，话题关于肝脏和心脏。盗窃了保险箱之后，失主走了进来：

"该死，你知道自己在做什么吗？"

十二岁的聪慧男孩登场了："您是房东？太好了，很高兴您回来了。"

"但是你窃取了我的保险箱。"

"啊！您误会了，我是保险公司的工作人员，上门来检测我们的
保险箱。"

"为什么没有按前门的门铃，反而从窗户进来？我不会上当的，
这就打电话找警察。"

"您又误会我了，我这是在检查窗户是否有盗窃的痕迹。"

这类表演可能锻炼了想象力而非表演能力，当然，两者是一个整
体。我发现，孩子们往往会远离严肃的剧情。迄今为止，印象中他们
只有一次选择了严肃的剧本。主人公阿尔夫是有着七年经验的抢劫高
手，一次落入某黑帮老大斯派克手里。重获自由之后，他得到一把枪
并打算枪杀黑帮老大。随着时间的推移，他渐渐发现自己要枪杀的对
象竟是盲人。最后一次尝试行刺如下：

"哈喽，斯派克。"

"这是阿尔夫的声音。嗨，阿尔夫，你终于露面了。"

"斯派克，你这地方看上去不错啊！那架大钢琴一定价值不菲，
你发财了？站起来，举起手，你这肮脏的混蛋。走过来！"

斯派克踉踉跄跄地绕过一把椅子，阿尔夫迎面走过去盯着他。

"上帝呀，你是个瞎子！"

这句话我常常要重复无数遍，总是没有人接续着向剧中的黑帮老大开枪。

我们排练过的最好的一部剧被我写进了另一本书里。在剧中，我对一位姑娘说："你正要出门去看牙医，但是在灯火管制中敲错了门，不小心走进了送葬者的办公室。开始。"

这位姑娘就此走上来，一副可怜兮兮的样子。

"真是太糟糕了。"她说。

"请坐，夫人，您的牙怎么了？"

她坐下来，说："我觉得我的牙坏了。"

"天哪！牙疼多久了？"

"大概有一个月。"

"一个月里，您没有采取任何措施？"

"我试着给牙洞里塞了些三叶杨。"

"可是，夫人，这可不行。这牙必须拔掉。"

"如果您答应换一颗镀金的，我就同意拔掉。"

"夫人，我们只有黄铜的。"

"那会变成铜绿色！"

"没关系，夫人，不会有人看的。"

在另一个群策群力的表演里，我扮演圣彼得，守在天国门口等着那些未来的天堂寄居者。一名十四岁的男孩吹着口哨从我身边走过。

"嗨，"我打着招呼，"你不能进去。"

男孩闻声停下来，转身看着我。

"哦，你是新来的门卫吧，"他说，"你知道我是谁吗？"

"那你到底是谁呢？"我问。

"上帝。"说着，他走进了天堂。

坦白说，闪烁着智慧的类似杰作并不常见，但所有的过程都留下了愉快的回忆，而且确实拓展了孩子们的创造性。我所遇到的困难之一是如何应对年幼的积极分子，九岁的男孩女孩总是想参与每一场演出。可是，一幕在波涛汹涌的海上度蜜月的戏，只有高年级的孩子才能胜任。

我认为任何学校都可以借鉴我们戏剧社的经验，然而，据两所公立学校的教师反馈，他们找不到适度的纪律规范孩子们的活动，以便让表演自然并且自由。毋庸置疑，孩子们对教师的任何惧怕都会挫伤他们的创新，当然也就不能表演出新意。表演在多大程度上非教不可呢？自然自发的表演永远无须教导，但如果要正式排演一场戏，那么无论出品人是成年人还是未成年人，都有权利对表演的造型、动作等提出指导意见，即便如此，也不能代替表演者解读作品中的角色。

我遇到的困境之二是各种评论。夏山的每一个孩子都会提出自己的观点。例如，"威利居然在听到父亲去世的消息时还在笑。"（因为所谓的"俄狄浦斯情结"，孩子们通常不被允许这么做。）"应该隔着院墙和那个女人吵架。""玛丽对琐碎小事的惊叫太刺耳……那不过就是一口炖锅的逆流阀而已。""牙医拔牙的动作好像在开一瓶啤酒。"从这些话不难看出，夏山不仅是一所表演学校，还是戏剧评论家的摇篮。

有些孩子擅长扮演既定的角色，但不能做自然的表演。我记得许多年前，有个剧组在夏山学校开办了暑期班。一天晚上，我对剧组的负责人建议试试自然表演。他采纳了我的意见，虽然以扫兴告终，但从此我们有了斯坦尼斯拉夫斯基[1]。时过境迁，现在的我禁不住想，所有的戏剧学校都应该采用自然表演法。我认为儿童不应该表演成人剧作。

记得有一次，某位参观者建议上演萧伯纳的作品《仁心与冠冕》，这位参观者的儿子恰好在场，听到父亲的建议立刻说："不，不，如果我想看萧伯纳的作品，我会选择看专业班底出品的正式演出。既然这里是夏山学校，我只想看本校创作和表演的戏。"的确，我本人也深爱易卜生，但如果要我欣赏孩子们表演《玩偶之家》，估计也只会心碎一地。

夏山有许多出色的男演员和优秀的女演员，但在我印象里，迄今为止，把表演当作职业的只有三人。为什么？我不得而知。也许所谓专业演员，通常都对自身的个性不满，所以要扮演其他人吧。一个在日常生活中结巴的孩子，确实可能在舞台上谈吐自如。在舞台上，他不再是自己。依照此逻辑，如果孩子能够自由地做自己，也就无须逃离自己而假以虚构的人物。夏山的校内表演从不着眼于培养舞台名角，是为了乐趣而把它当作一种游戏。唯其如此，戏剧的创意和想象本质才得以彰显。

欧里庇得斯的《特洛伊妇女》[2]是一部永恒的作品。在他生活的时代，特洛伊被掠至米洛斯岛；对我们而言，该岛就是维也纳的一个小村庄。赫卡柏[3]的悲惨遭遇具有代表性，这些女人饱受白发人送黑发人

---

1　斯坦尼斯拉夫斯基(Stanislavsky，1863—1938)，苏联著名演员和戏剧导演，著有《我的艺术生活》《演员的自我修养》。作为世界著名的戏剧艺术革命家，他创办了斯坦尼斯拉夫斯基表演体系，该体系是世界戏剧三大表演体系之一。

2　《特洛伊妇女》（*The Trojan Women*），古希腊诗人欧里庇得斯的著名悲剧。剧作通过特洛伊战争这个真实的故事，映射公元前416年雅典人在墨罗斯岛的大屠杀。

3　赫卡柏（Hecuba），荷马史诗《伊利亚特》中特洛伊国王普里安的王后。

的苦痛。让学生表演这类剧作实属勇气可嘉,在此,向恩舍姆学校的女生和斯宾塞帕克学校的男生致敬。

毫无疑问,如果唱诗班不必在吉尔伯特·莫里呆板的格鲁吉亚诗篇中挣扎,唱诵将会愉快得多,尤其在菲利普·维拉科特简明扼要的翻译版推广之后更是如此。此外,我认为女子打扮过于华丽也削弱了戏剧色彩。为了与装束齐整的希腊军队、安之若素的海伦形成对比,她们本应着装更加破败、凌乱,由此体现出内在的绝望。当然,相比《赫卡柏》经久不衰的魅力和导演娴熟的情绪对比技巧,这些统统瑕不掩瑜。

# 47 /

## 匮乏的是什么?

1967 年 1 月 6 日

全国教师缺口有多少？四万名左右。可见，没有足够的年轻人愿意教书，没有足够的师范学校录用想从事教育者。我有一个粗陋的建议，不妨借鉴前人的做法，效仿几十年前的实习教师制。早年，我的父亲在同一间教室里给四个年级的学生上课，我通过见习完成了初步的师范培训，我了解实习教师制的所有优点和缺陷，也时常好奇这种培训是否能提高我的教学水平。过去四十五年以来，我们夏山学校的教师有的接受过专业培训，有的没有。这两种类型的教师各有胜任者和不能胜任者，以至于我不禁思考，教师是否是天生的呢？如果不是，后天该如何培养呢？

实习教师制的一个优势在于它排除了不能胜任者。在这一点上，它与贾奇·林赛的试婚有异曲同工之妙。不过，鉴于公立学校的实际情况，我也担心，师范学校把学生派送到各个学校进行教学实习是否适得其反。这种做法本来和师徒制一样收效明显，年轻教师可以在实习岗位上天天演练余生将要做的工作。

359

假如我指出教学是教师职业生涯中最不重要的部分，恐怕会遭致强烈的非议。我认为，一部留声机足以包揽日常教学中绝大多数百科全书般的知识。我更关心的是：师范学生与学生之间有多少互动？有多少师范生在实践中对儿童心理学所知寥寥？关于后者，我最近特意询问过一位来夏山参观的师范生，向他打听师范学校讲授的关于儿童的内容。结果，他回答："我们在心理课上只学习了小白鼠及其行为规律。"

我们无法从课本中了解心理学，要掌握心理学务必要与少儿打成一片。换言之，一个饱读弗洛伊德、荣格和阿德勒著作但缺乏独立思考的书呆子，面对孩子的偷窃、懒惰或者无耻行为只能是束手无策。有时候，我不得不猜测，将教师与学生隔离开的愚蠢鸿沟是否源于师范学校脱离现实的教学内容。这鸿沟使教师固守自己的尊严，而那尊严使教师成为某种可怕的权威。

我曾经去师范院校做过多次演讲，每一次都失望于师范生之间弥漫的缺乏挑战的现状。太多的师范生看上去是一副不容置疑的表情。不过，或许我应该乐观起来，毕竟教育在整体上敦促学习者奔向对学位、工作和一致化的角逐，表现在对校服的推崇、对牛仔衣裤和披头士发型的反对之中。

我并不认为实习教师制必然会收获一大批年轻的挑战者，但至少可能输出一群对实践而非理论更感兴趣的教师，一群永远不会疏离儿童的教师。

但是，究竟什么是教学？记得年轻时，人们不止一次地称赞我是一位聪明绝顶的老师。回头看，曾经的自己其实一无是处，因为我替代学生做了本应由他们自己做的一切。原本应该悉心聆听他们的心声时，我好像比利·葛拉罕[1]，学生像是未获拯救的愚人，虔诚地听着我喋喋不休的福音。

教师的最大危机在于害怕被学生看穿自己并非无所不知。有次在大学演讲，报告结束后，我被一群学生兴奋地簇拥着不得脱身。我好奇他们的热情从何而来，学生回答："因为有人问了你一个问题，而你说不知道答案。这所大学从来没有任何教授表示过自己不知道答案。"

我不止一次地向友善的师范学校校长建议，他们应该把学生派到夏山学校来实习，与孩子们共同生活半年。但我得到的答复无一例外：上级部门不会支持这样的实验。我们当真需要更多的教师吗？我坚信我们需要更少的教师，因为深刻且重要之事无人能教。例如，如何减少人性中的仇恨？真正的教育蕴含在与孩子们的朝夕相处之中，而非教给儿童什么。

---

1  葛培理牧师，直译为比利·葛拉罕（Billy Graham），1918 年生于美国北卡罗来那州夏洛特，是美国当代著名的基督教福音布道家，第二次世界大战以后福音派教会的代表人物之一。他经常担任美国总统顾问，在盖洛普 20 世纪名人列表中排名第七。

# 48 /

## 私立学校 [1]

1967 年 8 月 11 日

私立学校必定是与阶级有关的。有位花匠曾经来信，表示他想把十岁的儿子送到夏山来读书，我不得不悲痛地答复说只能接受可以支付全部学费的学生。倘若法律规定取缔所有的私立学校，那么照此逻辑，法律也应该规定富庶家庭的家长不许给子女买昂贵的衣服和摩托车。在资本主义社会，人们可以用金钱买来任何想要的东西，无论是钻石项链还是教育，甚至有谣言说名声也可以买得。众所周知，这种社会体制极为不公，但这是当权者的意愿，并且持续至今，无人可以撼动。

近来，BBC 电视台的节目《见证》日渐走衰，它纠缠住私立学校虚荣的一面不放，那实在是一个陈旧过时的视角。相比伦敦东区的现

---

1 原文系 Indenpent School，由于在我国独立学校另有所指，为避免混淆，本书皆将其译为私立学校。

代中学，任何一所公立学校似乎都能提供更多的机会和岗位。这种区别对待使我想起，在战争年代，部队里一位负责给士兵分派任务的人在聊天时说过的一段话："我的工作是：一方面对有地区口音——兰开夏、考克尼、萨默塞特等——的人说不；另一方面对有苏格兰或者北爱尔兰口音的人说是。"

站在教学的角度，我觉着很难评判现有的许多私立学校。可以说，现代中学和语法学校的设施比一般的私立学校更好些。就夏山学校而言，我们的硬件在许多方面严重不足，如器具、图书等。我也无法负担必要的教职工，包括舞蹈教师、音乐教师、国内经济教师。我们的物理实验室极为简陋，不大可能让学生通过大学预科测试。在教育等同于学科教学的大背景下，我不曾见到任何有利于私立学校的辩护。然而，拥护者们着眼于人格形成的种种优势……另有一些人争辩说教育的主旨之一是保护学生的个性……寄宿学校在个性塑造方面有着走读学校不具备的优势。从情感上，我支持那些致力于铲除所有私立学校的教师，然而难点在于，假如私立学校不复存在，教育创新也就无处栖身。啊，是的，在公立学校里大可以试验教学方法，但绝无可能实验生活本身……

肯尼思·巴恩斯在《监护人》一书中写道："假如没有私立学校，这个世界上永无可能出现夏山学校和彼得莱斯学校。"接着，他又在书中说："在一个大规模的组织里，身为教职员工中的边缘人或拥有奇异想法的家伙，他们是否必然有当上校长的一天，以供实践检验自己究竟是创新者还是仅仅疯了而已？"我十分肯定，肯尼思·巴恩斯这样的人在公立学校绝不可能爬到管理层。

现实之残酷在于，在体制内没有可能从事教育实验，或者说，除了米歇尔·杜安和R. F. 麦肯齐之外，无人可以做到。公平而论，应该谴责的并非只有学校权威。多数家长都无法认可新的生活方式，甚至有些人还反对在小学实行的某些自由举措。我记得五十年前在苏格兰时，村里的家长对我说："我送孩子去学校是为了读书，不是为了玩。"五十年后情况如何？就在最近，无意中我听到一位母亲说了同样的话，几乎一字不差——当然，是翻译成英语之后。

强硬派们也许会说：好吧，我们将取缔私立学校，但会对先锋学校网开一面。行啊，可是由谁来判定先锋学校的定义呢？我当然认为夏山是一所先锋学校，不过，某些收费昂贵的预备学校的校长可能认为这是教育界的奇耻大辱。所以，照此看来，无须刻意区别对待。保留私立学校的唯一途径是寄希望于当局能够提出新的教育方略。然而问题又来了，应该保留哪些类型呢？只保留那些"被认可"的吗？最近，一位寡妇来信说地方理事会只为她在夏山的孩子垫付一半的学费。不久她又寄来第二封信，信上说地方理事会拒绝担负全部学费，依据是夏山学校仅仅是注册办学，并未得到"办学有效"的认可。

夏山学校得到了西方社会多个国家的认可。据我所知，在美国、以色列的许多师范学院和大学里，我近期出版的一些书被列为大学生必读书目。我无意在此给夏山做广告，只是好奇，为什么教育部的认可标准如此迥异于亨利·米勒、赫伯特·里德爵士[1]、弗罗姆[2]，以及许多心理、教育领域的专家。坦白讲，我个人毫不在意夏山是否被认可，但委实非常在意一位可怜的母亲不能为自己的孩子选择她所认可的

---

1　赫伯特·里德爵士（Sir Herbert Read, 1893—1968），英国诗人、艺术批评家和美学家，英国美学学会主席。

2　埃里希·弗罗姆（Erich Fromm, 1900—1980），又译作弗洛姆，美籍德国犹太人。人本主义哲学家和精神分析心理学家，毕生致力修改弗洛伊德的精神分析学说，以切合西方人在两次世界大战后的精神处境。他企图调和弗洛伊德的精神分析学跟人本主义的学说，其思想可以说是新弗洛依德主义与新马克思主义的交汇。弗洛姆被尊为"精神分析社会学"的奠基者之一。

学校。

我不知道教育部所谓的"有效"是什么含义，只能猜测所谓的有效教学可能与房子有关——夏山的教室多数是开放式的小棚屋。所谓的有效也可能指的是盥洗室和防火梯。我实在搞不明白，皇家督学曾告诉我，他们的主要兴趣在教学而不是生活设施。可是，任何人都不可能面面俱到。约翰·布莱基和海伦·阿斯奎斯女士督查夏山时，督查报告表明他们的所见所闻比教学方法或者普通测试水平更重要。令人沮丧的是：教学方法容易被督查，快乐、诚实与均衡却难以被检验。一言以蔽之，自由难以被度量。无形之物无法从生活中分离出来接受检验。我有诸多白日梦，其中之一就是梦想着教育部长邀请我去给所有的督学做一场报告，不谈什么是教育，只谈什么不是教育。这白日梦充分说明，即使年近八十四岁的垂垂老者，也可以狂妄至此。

# 49 /

## 我请辞名誉校长的演讲

1968 年 11 月 22 日

编辑问我假如被爱丁堡大学援请为名誉校长，就职演说时会说些什么。在此，我要向肯尼思·奥尔索普致歉，之前我表示只要给我机会，必定有一场精彩的发言。

——题记

爱丁堡大学的同学们，你们为什么需要一位名誉校长？就算确有所需，为什么邀请知名人士做候选人？如果阿尔夫·加内特可以到场，他准能当选。你们为什么需要一位代理人陈述你们的诉求？让我来告诉你们原因何在。因为你们自诞生之日起，就被活生生地套进一个模子里。家人在你们还是婴儿时就阉割了你们的精气神儿，他们的手法很简单：告诫你如何活着；鞭策你，令你感到罪恶、内疚。简言之，他们剥夺了原本属于你的生活。具体而言，他们凭借性禁忌令你终生对性心生抵触，让你相信性既色情又污秽。而学校，只是家庭塑型的延伸，继续教会你服从权威、尊重那些并无德行的成年人、惧怕你的老师、接受他们关于教育就是获取等级文凭的观念。换言之，成为走卒且安于做走卒。年轻的各位同学，这就是你们的现状。你们之中能够挑战一切的人凤毛麟角，这就是你们多年来接受的教化相当成功的明证。

啊，你们问，全球范围内的学生情况又是如何？我的观点是，相信会出现新的挑战者，尽管我时常觉得许多挑战对抗的都是无关紧要之事——头发的长度、夹克的颜色。公允地讲，此类变革多半归于时髦的嬉皮士而非在校大学生。那么，你们究竟在寻求什么？自我收到大学录取通知书，已蹉跎六十载，长久不曾接触大学生的我禁不住自问，如果我是一名现在的大学生，我会挑战什么？其一，师生之间存在鸿沟；其二，它扎扎实实地存在于每一所公立学校。

同学们，只要你们不得不对老师显示"恭敬"，你们就不可能获得自由。这种身不由己形成了一堵无形的屏障，切断了人们之间的社会联结，扼杀了自由联想。这一切并非纸上谈兵。过去四十八年间，在我创办的学校里，学生、教师、家长和来客都平等地称我为尼尔，这并没有妨碍夏山成为一个纯净的民主王国。在其中，没有家长式的权威，所有的规则产生于大众投票。也许，把一所大学与小学相提并论有失公允。不过，我们的小学生可以每周开一次规则讨论会，你们则没法全体聚集在亚瑟戏剧大厅如法炮制……

学生应该对所学课程享有抉择权。这方面的局限不胜枚举。例如，医学院的学生不曾对外科教授进言教课方法，各种专业知识都依赖测试。说白了，我可不希望自己的阑尾被那个开车送我去剧院的司机割掉。但显而易见，有些课程的教学方式亟待变革。

取得心理学学位会改善这种情况吗？我曾问一位心理学理学学士，在大学掌握了什么应对盗贼的好办法，得到的回答竟然是："天啊，教授们从没谈论过这些话题，他们只讲解控制不同的实验变量时老鼠会有什么样的反应。"我曾经遇到过一些心理学毕业生，他们对弗洛伊德、荣格或者赖希的著述几乎一无所知。

反抗究竟有多少价值？我无可奉告。在夏山学校，如果教师的授课乏味无聊，结局只有一个——卷铺盖走人。因为当课程不是强制必修时，这类学校里不受学生欢迎的教师就无课可上。我希望大学也能采纳这种课程运作方式。

参差不齐的大众如何践行民主？坦白说，这个问题超出了我的能力。不过，采取何种民主形式并不重要，更为重要的是年轻人的自由——内在的自由。这种自由促使青年追求理性，激励他们追问为什么。但这可不是马尔科姆·蒙克瑞奇在他的周日晚间节目里的"为什么"，不像他一样时时有既定的答案。我很好奇，你们之中有多少人已长大成人。我有两名学生在本校读医学，我分别询问过他们与同学相处的情况，答案极为相似："我没法和同龄人成为朋友，他们实在太幼稚了——整天做一些我在十岁时热衷的事，比如喝倒彩、扔纸飞机、有人迟到时跺脚起哄。"

所言极是。你们之所以这样，是因为你们从未拥有真正的童年。童年的本质是游戏，而你们从来没有时间可供玩耍。哦，也许你们踢过足球、打过板球，但很可惜，这些并非玩耍。真正的玩耍基于幻想。正因如此，你们虽身为青年，但举止依然像是竞选之夜在四方院里发懵的五岁孩子。

各位，你们的职责是尽快成长，而学院里所有的课程都无助于这一目标。推选校长的举措证明你们需要一名校长，一个古老的俄狄浦斯情结象征，一位无所不知、无所不能的父亲。我为你们感到羞耻，因为你们无法自立，终日被迫接受来自各方的帮助——教师、警察、政客和性压抑者。埃里希·弗罗姆和赖希把这种现象称为"恐惧自由"。你们都向往自由，但却害怕拥有它，因为自由意味着承担责任、忍受孤独和保有勇气。

自由是什么？你们或许会探究它的定义。如果你愿意了解，自由可以非常简单，自由就是自然、友善，心中充满爱而非仇恨。当今世界之所以布满仇恨，原因就是每一个人都任由无知的成年人主宰我们的生活。夏山接受黑人学生时，校园里最小的孩子也不曾留意他们的肤色。然而，电视节目播放的却是南部白人孩子向黑人孩子投掷石子的场景，从白人孩子一脸仇恨的表情我们不难看出，他们自出生以来就是被仇恨哺育着长大的。新生儿眼中本没有种族主义、犯罪的概念。在我看来，人类除非免于被塑造，否则这个世界就无从得到救赎。自由成长的孩子不具有攻击性，没有仇恨；相反，他们富有包容力，通情达理。

各位，你们所处的世界十分病态，并且极不稳定，这至少是造成当今青少年违法乱纪的外因。因为不可知的核爆炸可能摧毁一切，年轻人选择了纵情于美食、美酒和享乐之中。年轻的朋友们，当你们为自由而挣扎时，务必彻底地想一想你们对自己的生命有优先把控权。无论什么人，假如他试图让你为性产生罪恶感，或是服从于某种美德，或者令你以为大主教会保佑北极星潜艇，务必与之对抗！无论什么事，一旦觉察它抑制了你的自然成长，要勇敢拒绝之！请你们谨记：反叛除非付诸切实的行动，否则都将虚弱无力。暴力这种消极的应对方式不会有任何出路，因为它的本质是仇恨，而仇恨从来不会疗愈任何伤痛。倘若必须诉诸暴力，应该就事论事，明察秋毫，而不可针对具体的人。早年，我有许多犹太学生受难于希特勒的狂妄自大。然而，仇恨希特勒无济于事，人们应该仇恨的是他所代表的法西斯主义。

自由？仅仅在一所大学追求自由还远远不够，人应该在世界范围内追求自由。的确，相比大学教育的狭隘，我认为名誉校长是一件微不足道的小事。以我自己为例，我拥有文学硕士学位，几乎可以跻身第一阶层，然而从始至终，我对艺术、音乐和哲学都深感无知。同学们，你们的困境与我们无异，我们都摒弃情绪体验的主流教育。假如你们认为我在一派胡言，那么试问，为什么数百万人终日关注和谈论的只是足球？再试问，为什么成千上万为了普通水平测试而阅读莎士比亚和哈代的人，后来只浏览惊险小说和漫画书？大众传媒和电视是我们当今的大学，他们提供了中小学课堂与大学教室忽略的情感食粮。迟早有一天，《秘密特工》[1]会战胜长期国会。

至此，我感到演讲已经超时。限于时间，我仅表示在此请辞荣誉校长一职，并且诚恳地向各位同学发出邀约，希望你们意识到自己已经走在寻求自由的道路上，想一想还可以做些什么，以便抛开任何舞台名角或者作家的告诫。无论是马格里奇、奥尔索普，还是西姆斯或者我，都无法告诉你们确切的答案。同学们，抛开这些名字吧，聚集起来充分探讨你们的思考。至关重要的是判定适合自身的自由类型。但是，切勿满足于"井然有序的自由"，那是莫须有的幻想，在现实中并不存在。自由，只关乎有或者无。

---

1 《秘密特工》(*The man from Uncle*)，20世纪60年代的电视剧，以"冷战"为背景，讲述了"执法联合指挥部"的两名特工对抗敌方组织"T.H.R.U.S.H."的故事。

# 50 /

## 没有父亲的生活

1969 年 4 月 11 日

学生以及现在的学童逆反，是抵抗父权主义的基本形式，也是对官僚做派主导的教育之反抗。此外，BBC 电视台有一期节目指出，从事科学研究的人越来越少。许多学生提及现实生活中缺乏人际互动和情感联结，我想，他们也会对学校持有相似的批判吧。通过观察夏山学校的新生，我确信，现有的公立教育丝毫没有抓住孩子们成长的基本要素。

一旦学生们了解到课程并非强制必修，无论什么年龄的孩子都会立刻抛开课本，短则数周，多则数月，还有个别人会持续数年。一旦他们打算出席，只要学校有条件，孩子们通常会选择创造性的课程，如手工制作、陶艺、美术、音乐。但是，难点在于依靠学费运转的私立学校无力聘用从事创造性活动和艺术的教师。我倒是情愿解雇英语、历史教师，以腾出财力招募音乐、舞蹈和戏剧教师，可是，教育部规定的普通水平测试如同幽灵一样迫使我保留那些应试科目的教师。

假定所谓的好教师即能够把课程讲得生动有趣的教师,可悲的是,校内课程并不能真正调动孩子们的兴趣。为什么要教授那些自己也记不住的历史知识呢? 1908 年,历史是学位必修课程,我在历史课上拿到很高的分数。然而,到底是谁赢得了玫瑰战争 [1],或者长期国会究竟做了些什么,我均一无所知,我也从未想念过这些知识。我认为,至少对于十二岁以上的学生来说,历史和英文可以暂时寄存在图书馆里。

有意或无意,通常是有意识地,学生会认识到校内课程毫无价值。我总是好奇,为什么学校要开设这些课程,而不是开设园艺或者养鸡、摄影或者录像呢? 当布雷黑德学校的鲍勃·麦肯齐带着他的学生住在荒野时,他发现了学生从未在课桌前流露出的学习兴趣。顺便说一句,鲍勃现任位于阿伯丁的一所综合学校的校长,据说该校的名字是“夏山学校”。祝福阿伯丁!

教育和生活之间有多大关联? 每当我回到乡间,从未听到工人们讨论历史或者地理,我唯一听过的数学话题是关于他们日常工作中的猪或牛的数量。我非常确信,大多数教师对这些现实不置可否。我也十分肯定,大多数孩子会站在我一边。另外,还有一个不可辩驳的事实:学校首先是孩子们的学校,教师位居其次。

在过去九年间,我大概收到一千封美国孩子的来信,无一不在抱

---

1 玫瑰战争(又称蔷薇战争),是英王爱德华三世(1327 年—1377 年在位)的两支后裔——兰开斯特家族和约克家族——的支持者为了争夺英格兰王位而发生的断断续续的内战。两大家族都是金雀花王朝王室的分支,约克家族是爱德华三世的次子及第四子的后裔,兰开斯特家族是爱德华三世的第三子的后裔。玫瑰战争是约克家族的爱德华三世的第五代、第六代继承人对兰开斯特家族的爱德华三世的第四代、第五代继承人的王位战争。

怨无聊功课的沉重负担。儿童和大学生日益需要自我选择权，需要在学什么以及如何学方面的话语权。相比六十年前，他们参与社会的意识更加自觉。如今，许多心理系的学生抵制那些只顾及老鼠而不研究人的大学课程。在父权社会里，他们举步维艰。

我不是弗洛伊德的信徒，也无意号称性是基本动力。不过，新的热潮中包含性这个因素。马格里奇因为不赞同女生服用避孕药的提议，选择辞去爱丁堡大学名誉校长一职。毋庸置疑，新的教育浪潮伴随着女性向往性生活的诉求，并且这种诉求得到现代社会的认可。在我年轻时，人们认为女子在婚前不能拥有任何对于性的欲望，只能等到出嫁之后由各自的丈夫唤醒其需要。

年轻人感到前所未有的挫败。我能够想象那样的画面，一个青年环顾四周，然后忿忿然："这一切都是老一辈人造成的——越南战争、种族主义、贫富差异、一个基于强取豪夺和社会不公的社群。该死的，怎么还由他们来指点我们的活法？"

啊，那么实践能证明什么？学生会如何享用自由？这些疑问在夏山学校都极易找到答案。每个星期六的晚上，全校师生共八十人环坐一圈，以举手表决的方式裁定我们的行事规则。但是，一所综合学校无法如此召集数百人并制定规则。我们的民主真真切切，但不适用于大规模的学校，后者必须选举代表组成议事机构。之后，等级和文件将令人兴味索然。这是有待解决的操作性问题。

我有些怀疑，如果学生觉察到教师和自己站在一边，或者发现教师也是人，他们是否会感到不安。记得在 1921 年至 1924 年，我们的国际学校位于德国一个小镇，当时的德国教师在街道上遇见学生时会藏起自己的香烟。在许多学生看来，教师不是人，而是机器。是什么剥离了教师的人性呢？师范学校？不，我认为答案是恐惧，恐惧失去他们小小的权威感，恐惧失去尊严。尽管学生依稀有所感知，教师依然在自演自绎：冠以先生或者女士的头衔，操着伪善的声音，表现出远离学生所需的矜持和礼节，总之一副高高在上的样子。

有些教师责备我，认为我对他们职业的评价有失公允，有些教师说我对学校的许多进步缺乏认识。实际上，我非常高兴涌现出许多新式小学，也很期待普通学校引进自由和简约的管理方式。我明白许多教师在做着出色的工作。啊哈，可是他们很少写信给我。我收到的信所描绘的教师完全是另一种形象：恐惧制造者、严厉分子、鞭打者、电击者。这些教师并非天性恶毒的男人或者女人，只不过是一些未曾觉察到自己缺乏与孩子真正接触和共情的成年人罢了。

# 51 /

# 无 题

1969 年 5 月 2 日

　　我已在这一专栏写了许多文章，主题主要涉及心理学、儿童或者生活，多数时候读者反馈寥寥。但由于抨击了神圣不可侵犯的校园课程，竟然一石激起千层浪。我并不反对学习本身，而是希望还原学习的常态，我希望学生的学习出于自发自愿。早年，我问一个八岁的学生如何使用零钱，他回答说除了存起来买历史书之外别无消耗。如今，这个男孩成了历史学教授。同班有两个小男孩分别喜欢数学和科学，如今一个成为数学教授，一个成为物理学讲师。这些男孩在求学过程中完全自主，没有得到父母或者教师的任何建议。

　　然而，我总是想起数百万人轻而易举地把昔日所学抛到九霄云外。生活中有成千上万的人把业余时间消磨在足冠赛上，其中有几个人的家里摆着丁尼生和莎士比亚呢？昔日的顶尖学生在四十岁时还会记得那些不实用的百科全书知识吗？亚力克·克莱格爵士写过一本《抑郁儿童》，现有学校的课程对于书中所描写的少儿有何作用？我认为，所有普通水平和高级水平的课程丝毫不会改善当前病入膏肓的社会。徒步者们的家长式作风很容易成为法西斯主义的温床。早年在德雷斯顿办学时，我目睹的德国教育充满课程、纪律、服从和对天性的压制。在威廉·赖希看来，正是通过抑制少儿的性欲，占支配地位的课程使得普罗大众处于某种精神阉割状态，从而丧失了挑战或反抗的勇气。实际上，问题不仅仅在于性抑制。如果每一个个体的兴趣都被扼杀，整个国家就会齐声高呼"希特勒万岁"。这种悲剧会发生在任何国家。试想，乔治·华莱士没有得到上千万的投票吗？约瑟夫·麦卡锡没有大获全胜吗？

论及教育，我很难不想起学校教育。与大家一样，我常常对此陷入沉思。我认为，父辈对这个世界的错误认知扼杀了年轻人的生命动力，并且由衷认为这是世界充满仇恨的根源。有人认为我只是在夸夸其谈，实则不然。自 1927 年以来，我一直生活在沙福郡的一个小镇上。几十年来，夏山接受过被其他各种学校开除的学生，当时在小镇上涌现出年轻人宣泄不满的厕所文化，但从未因违规发生诉诸公堂的情况。如果说青少年受制于外在的规范，那么，夏山的学生是自己制定规则。恰恰是法规——或者最好称之为纪律——造成了犯罪。

在我眼中，课堂里坐着的不是第六学级[1]毕业生，也不是聪慧的学者，而是一群极有可能因手淫而感到罪责的男孩子，一群因亲子代沟而内疚的少年。我看到的是对自由一无所知并且充满恐惧的家伙。我不得不放弃接收十五六岁的男生，原因不过是经过多年的压制而进入

---

1 第六学级，英国中学教育的最高级。第六学级的学生通常是参加普通教育证书普通水平考试后仍然在学，并且有意继续升学者。

自由社区的他们极易陷入疯狂。通常，来自"好"学校的坏男孩对自由的反应首先是破坏，因为以往的臣服与经历不曾触及他们心理的情绪层面。正因如此，很少有人能够对沉闷的环境发出挑战。可以说，他们自摇篮中就开始接受来自各方的强有力的制约。

的确，单纯指责教师有失公允。试想，一位老师负责四十名学生，怎么可能对每个孩子的性格类型了如指掌？他如何知晓学生的家庭生活？一个健全的社会理应确保每位老师服务于不超过十名学生，可是对于一个疯狂世界，教师又能指望些什么呢？此外，倘若教师认为课程重要无比，那么小班教学又能解决什么实质问题呢？这一疑虑源于，我常不怀好意地揣测许多教师对心理学并无深厚兴趣。有多少人读过荷马·莱恩或者威廉·赖希的著作？有多少人研究过弗洛伊德、荣格和阿德勒的学说？有位老师做了这样的申辩："我的职责是教授历史知识，不是操心威利是否在家里被酗酒的父亲暴打。"诚然，基于大班教学的现实，他的回答也无可厚非。

学校扮演着青少年的生活杀手的角色，在日常教育教学中慢慢灌输着服从。而服从，极可能是致命七德之最，它忽略了孩子天性中所有的重要因素——玩的天性、自然的喧哗。它迫使学生"尊重"教员，迫使学生假装伪善，而压制学生与生俱来的诚实品质，将学生培养成真正的伪君子。

# 52 /

## 心理学

1969 年 5 月 16 日

戴维·霍尔布鲁克觉得我在心理学上"处于黑暗与矇昧中"。好，我来解释一番我的心路历程。

荷马·莱恩认为，每一位教师都应该接受精神分析。他在 1919 年开始为我提供免费的分析服务。回想起来，当年的我，在他的咨询室里未曾在情绪情感上产生任何波澜。后来，我先后换过两位分析师：莫里斯·尼克尔博士和一位荣格的追随者，结果也大同小异——没有情绪反应。1921 年，我在德雷斯顿协助友人创办了一所国际学校，同时读到斯泰克尔的著作，于是决定前往维也纳成为他的治疗对象。他擅长对表象或符号加以解释，可惜我的收获依然是在思维层面，没有触及心灵。

尽管在分析体验中屡屡受挫，但我依然认定心理分析是一把密钥。夏山学校办学初期，收录的只有问题孩子，因此，我就为他们逐个进行心理分析。记得有一个十五岁的学生，因偷窃被原来的学校开除，在夏山生活两年后，诚实开朗地离去。这类案例更加剧了我对分析的推崇。直到有一天发现另一些未经分析的问题孩子也不治而愈时，我才幡然醒悟。由此得出结论：有效的应对并非治疗而是自由。另有一些好读书的人也在各自的领域里产生了相似的反思，如萨帝和马林诺夫斯基[1]。

1937年，我在奥斯陆有幸结识了威廉·赖希。可以说，他是我当时耳闻的第一位把身心联合探讨的学者。带着极大的好奇，我请求他收下我这个学生，这意味着必须经历他创造的植物疗法。赖希采用了弗洛伊德处理语词和记忆的手法，他认为儿童早期的创伤能够复述或回忆，但他从不解析梦。他的理论认为神经症外显于肌肉收缩、面部表情和身体姿势，因此他对神经症的处理是对这些身体部位施加刺激，提供能量。经过六个星期的切身体验，我发现自己的情绪反应超过之前所有的对话分析所得。

综上，如果戴维认为我是彻头彻尾的弗洛伊德派，那么，奇怪的是，过去四十八年以来，不列颠的弗洛伊德、阿德勒、荣格或克莱恩的追随者们中，为什么没有一位分析师曾建议家长把孩子送到夏山学校；而美国籍的四十名学生中，反倒有一些是赖希学派的治疗师介绍而来的。

我对弗洛伊德主义有许多疑问，其中之一就是弗洛伊德明确指出文化环境与人的本能之间存在冲突——生命驱力或者力比多——即生命能量，但他没有给出解决方案。之后他的追随者也大多局限于对个

---

1　布罗尼斯拉夫·马林诺夫斯基（Bronislaw Malinowski, 1884—1942），成名于英国的波兰人类学家，其建构以客观民族志记载田野调查研究成果的方式，并开创最早的社会人类学课程，故有人称他为"民族志之父"。

体病人做分析，只有少数追随者针对生存外力的改变做了一些尝试，如安娜·弗洛伊德[1]、苏珊·伊沙克斯。

戴维嘲笑我使用"深层心理学"这个词汇。在阅读了大量关于法西斯主义的著述，了解了法西斯主义的经济学起源、民族主义起源等之后，我认为赖希的《法西斯主义的群众心理学》的论述的确更为深刻。他追溯婴童阉割现象，认为这种自襁褓里的压抑造成了大众没有勇气挑战权威。在我看来，这就是深层心理学。当我提及教师没有阅读无意识心理学经典读物时，并非提倡教师应遵循经典或者铭记前辈的论述和做法。恕我无知，在实践中，我给问题少年做心理分析也会追本溯源到某种创伤。然而，这种做法在二十多年的经验中只有一次如愿以偿，记得该案例是一名患有性恐惧的十二岁少女，分析发现，成因是她在四岁时亲见过一个露阴癖。实事求是地讲，寻找创伤事件常常无济于事，因为造成儿童神经症的绝非某一个创伤事件，而是整个孩童时期以及校园生活中经受的大量创伤经历。

至于戴维引述的其他专家，我不曾耳闻，只能假想他们属于基于数学和科学的新型心理学派。不过，我抱有成见，担心他们的学说不过是斯金纳行为主义的复兴，随之而来将出现更多的小白鼠和鸽子。试问，谁能对"小小共合国"或者夏山学校这样的社区共同体做所谓的"科学研究"？哦，没错，人们可以计量学者、艺术家和工程师的数目，那如何计量文化和情绪？反正我是无从知晓。戴维推荐的专家有什么新办法应对少儿偷窃者或者被剥夺了爱的孩子吗？

戴维在书中写道："荷马·莱恩，甚至赖希不再是业内的核心人物，

---

[1] 安娜·弗洛伊德（Anna Freud, 1895—1982），心理学家，西格蒙德·弗洛伊德和马撒的第六个也是最年幼的孩子。1895年出生于维也纳，追随父亲的治学之路，对新开辟的心理分析领域做出贡献。与她的父亲相比，安娜·弗洛伊德的工作强调自我的重要性。

他们的重要性一去不复返。" 哎呀哎呀，戴维先生，你可知道，早在五十年前，莱恩已用实践证明对待问题少儿的最佳途径，即给予他们爱和自由。反观现今的教育部门，使用的却是加剧未成年人逆反的蹩脚方式——严苛的纪律、惩罚以及无处不在的恐吓。相形之下，可怜的莱恩的确是一名落伍者。

# 53 /

## 暴力的出路

1969 年 6 月 13 日

关于保留教鞭和小皮鞭的争论可谓条理清晰，逻辑鲜明。设身处地地想一想，或者说，考虑一下任意大都市中在贫民窟执教的教师。有人说，一个班数十人，不可避免会有几个顽劣的家伙扰乱班级秩序和日常教学，教师在这种现实里能做什么？

据我所知，米歇尔·杜安没有使用教鞭就解决了这些难题。诚然，他不是普通的教师。一般的教师通常会觉得除了暴力，毫无其他出路。然而，暴力只会养成暴力。实际上，可憎之人必有可怜之处。

其实有一种万全之策。据说在瑞典，顽劣的青少年会暂时离开学校，转而被送入旨在帮助青少年克服反社会行为的心理咨询机构。我们要是也采用这种方式该多好，我们应该采用这种方式。五十多年前，荷马·莱恩在他的"小小共合国"实践了类似的做法，他赋予那些极其顽劣的"坏"男孩和女孩自我管理权，让他们自己制定规则。

我目睹过一次，被亲眼所见吓了一跳：那些曾经备受打击的孩子在自己管理的小社区里活得自由而快乐。后来，他们大多数成长为亲社会的青年，有些还与我成为朋友。

如若没有这番经历，我不可能对少年犯管训所或者工读学校有公允的评判，其中有一些做得非常好。但就我所读的文献而言，他们使用的方法仍有极大的风险——自上而下的纪律管制、艰辛的劳动、不容置疑的服从、缺乏自由时间。我深信，惩罚不会疗愈任何个体和社会的疾病，所以，如果开办服务于不良少年的特殊学校，务必参照"小小共合国"的经验。

其做法在公立教育系统中也可操作。记得有一位来自赫兹的男子，他通过理解和共情解决了孩子们适应不良的问题。毫无疑问，还有许多其他的实例。没错，如此一来，和青少年打交道的工作更加不容易做，而且，顺便要说明的是，此类学校应该男女生同校。

众所周知，主要的困难在于造成青少年违法违规的外部环境，包括差强人意的家庭、无知或冷漠的家长。鉴于此，这类学校最好提供住宿，使得孩子们可以脱离贫穷匮乏的住所。不过，教师可能会面临一个不易逾越的局限，即身边缺少足够多的荷马·莱恩或者艾希霍恩斯。

倘若不是杞人忧天于许多心理课程只讲解小白鼠和鸽子而非儿童心理学知识，我大概会建议由心理学家操办这类学校。换言之，一个人取得了心理学学位，并不意味着他能够理解儿童。

类似的系统还可以用来改变现行的成人监狱体系。我们知道，当男人和女人被隔绝于爱、性以及陪伴，无异于切断了他们生的希望。我明白自己的想法如同痴人说梦，我知道社会将继续制造不合情理的要求和替罪的羔羊，因为我可以想象，只有极少数人把犯罪当作疾患而非罪恶。

有朝一日，当这个病态的社会不再自满自大，违纪和犯罪者将会像患病的身体在医院里得到救治那样获得温柔仁慈的对待。只要一想到不能活着见证主宰世界的仇恨和恐惧被爱取代，我就极其懊恼自己年岁已老行将朽木。

# 54 /

# 政府认可

我希望新任教育部长可以重新审视一番"认可有效"这个行政术语。所谓认可，即政府认为一所学校达到了它所制定的教育标准。在我看来，这意味着优良的设施和师资，以及现代化的教育手段。我没有申请认可，一方面，因为我的教育理念不同于当局的看法；另一方面，我认为自己达不到当局的要求。

就我个人而言，这种认可一文不值；但假如得到政府的认可，清贫的家长就能够把孩子送到夏山来读书，那就另当别论了。一位贫穷的寡妇想把儿子送来，地方议会答应支付一半的学费。之后该议会发现我们未被认可，于是不得已取消了支付计划。因此，一直以来，我为自己只能接收中产阶级的学生感到羞耻。

当我提及夏山学校在其他十余个国家得到广泛认可时，并非要为它做营销。一位美国教授告诉我，美国有上百所新式学校号称在践行夏山学校的教育原则。我的痛苦正在于此：假如我有一所拥有理想设施与师资的私立学校，加上教鞭和恐吓，一定能够取得官方认可。假如撒切尔夫人在上任初期就废除了所有学校的暴行,并消弭了学生对体罚的胆怯,想必会是一项壮举。但是,如果她真的做此尝试,一定会遭到许多教师的公然反对。

我愿向她呼吁下放教育部权限,目前,所有学校都受限于统一的教育标准,或者可以说是学习标准吗?现在有许多小学涌现出新自由教育,我想,这有助于新任教育部长认清校内课程缺乏创造性的本质。

# 译后记

诚如"有一千个读者就有一千个哈姆雷特",掩卷凝思,相信阅读此书的读者,也将各得"一个尼尔",各有感触和收获。

本书作者尼尔,在20世纪20年代创办了一所堪称"另类"的民主学校——夏山学校。其特点在于"以生活公约和自主学习取代威权体制教育中的校规。课程完全不由成人安排,一切教育以学习者为出发点"。换言之,夏山是一所希望能让学生快乐生活并幸福成长的学校。不仅在当时,而且直至尼尔去世之前的半个世纪,其都与同时期的公立教育甚至部分私立学校都有着天壤之别,相映成奇。然而,恰是这所为了适应学生核心需求——快乐成长、幸福生活——而存在的夏山学校,"墙内开花墙外香",不可遏止地迅速在异国他乡得到青睐,并在美洲、欧洲等地掀起一波又一波效仿夏山的革新教育浪潮。夏山学校的创始人兼校长尼尔,也被先锋教育界公认为先驱。

尼尔何许人也?他师从哪位大师?毕业于哪一所顶级名校?荣膺过哪一届执教大奖?少儿时期是否天资过人并成绩斐然?生于1883年的他,是成长于条件优渥的上流社会还是衣食无忧的中产家庭?这样一位影响跨世纪的教育家,为何如此不严肃地将自传命名为调皮的

《尼尔！尼尔！橘子皮！》？

毫不夸张，在翻译此书过程中，类似的问题一个个冒出来，得到解答之后，更大的疑惑又相伴而生。例如，最不愿担任教职的尼尔，为何几次走上讲台？为什么尼尔会对严明的校园纪律、传统的教学内容格外抵触？自始至终，尼尔为什么对行政化的教学督导不屑一顾？对教育各种不满的尼尔，为何人近中年却把办教育确定为自己的使命？尼尔敏感、质疑、省思、幽默的个性从何而来，这些性格特征又怎样影响着他的受教育体验、教育实践和对生活的领悟？广博的人文阅读，特别是对心理科学的亲近和批判性学习，在尼尔的思维方式、个人生活、教育理念上有着怎样不可小觑的影响？以及，素来看重生命过程、无意立传的尼尔，为何不但留下了自传，并且不惜笔墨、不怕非议地呈现了自己在战时的脆弱胆怯、屡次失业的挫败和隐秘的情感纠葛？……

身为译者，也是原著的读者，我所感受到的尼尔既古典又时尚，既随缘又倔强，既包容慈爱又眼里容不得星点沙尘，出言极尽讥讽。

尼尔的古典素养，源于他善于观察和从生活点滴中模仿学习的本领。青少年时期，身边的长辈、手足成为他的早期导师，使他播下了乐观生活、自由阅读、谨慎信仰的种子；就读爱丁堡大学期间，英文辅修课客观上拓展了他的文学阅读，校报编辑的经历练就了他特有的文思；年轻时出于对音乐的偏爱，他反复观看了大量优秀的音乐会和歌舞剧，提升了自己的艺术鉴赏力；长期乡村生活的经历，使他毕生热爱大自然，时时警惕工业给环境所带来的污染及破坏。对文学、艺术和大自然的由衷喜爱，经过时间的缓慢发酵，在他担任教员以及后来创办夏山学校时陆续结果，体现为尼尔特有的全科教育格局、户外教学方式、课业内容布置、试卷题目编制以及校园社区化。

论及尼尔的时尚，不得不使人想起"斜杠青年"这个新词汇。步入社会的尼尔，先后做过办公勤杂员、衣料行助手、士兵、乡村教师、编辑、私校教员、校长，几乎在每一个阶段的业余时间都兼顾写作、绘画，并持续发表作品，可谓名副其实的"斜杠青年"。其次，尼尔在自传中坦言，年轻时的自己，也曾一度受虚荣心的驱使而追逐流行风尚。此外，尼尔极其关注心理科学的进展，适时体验了当时颇为流行的心理分析技术，结交了同时代思想先进的教育实践家荷马·莱恩和心理学家威廉·赖希，为其发现自我、锐意革新打下了伏笔。

尼尔显然有着随缘的特质。观其一生，无论是十四岁告别毫无快乐可言的乡村学校开始自谋出路，还是频繁改变的就业尝试，或者迟到的大学深造与毕业去向，稀里糊涂的参军与自觉难为情的退伍，甚至夏山学校的成立、选址等，无不留有"兴之所至""一切随缘""没有选择的选择"之迹象，令我等期待窥得伟大人物之野心抱负者，乘兴而至，讶异不已。

尼尔确实相当倔强。自打年轻时体会到纪律严苛之弊大于利，年近不惑自任校长的他，索性把规则的制定权交给夏山全体师生，放手学生自治。自从亲历了乏味和恐惧感交织的少儿教育、教条且华而不实的大学教育，即便是在担任乡村教师期间，他也着手教学创新，抛却"师尊"的权威旧习，尝试教师互助、师生共融；及至自办夏山学校，他更是以身示范，任由教员、学生和校园勤杂工直呼其名"尼尔"。锚定革新教育作为自己的人生使命后，他忍痛割爱，为自己也为夏山选择了志同道合的人生伴侣。凡此种种，皆表明：对于用心思考后认定的事，尼尔就会旷日持久地去做，去精进。

尼尔对待学生的包容毋庸赘言。夏山本就是一个少儿当家做主的自由王国，成立初期，生源多为被公立学校除名或警告者。换言之，夏山的学生大多是成绩滞后、品行不良、非懒既淘或不合群的"问题少儿",这些孩子在夏山学校被一视同仁,在尊重、接纳和巧妙的互动中,他们常常不教而自醒,转而变得开朗、友善、自律、享受学习、热爱生活。论及教师,尼尔对他们也异常包容,很有"不拘一格降人才"的韬略。只要教员的教学内容和方式能得到学生的喜爱,是否科班出身或名校毕业都无所谓;相反,若被学生纷纷投诉,则纵使学历高、经验丰富,也难逃被即刻辞退。

不过,尼尔对时局、教育行政体系、违逆人性的教育恶习又全然是另一番态度。他常常针砭时弊,不遗余力地对浅见陋习加以抨击。透过书中收录的他在不同时期发表于《泰晤士报教育副刊》的书信专栏,读者自会看到尼尔对教育、民主、平等、自由、世界和平的爱之深责之切,也会由衷赞叹尼尔的幽默和胆识。

正是这位充满故事、敢于讲实话并且下笔生动有趣的尼尔,穿越字里行间,陪伴着挂念教育一线的我,令我时感相遇恨晚。及至夏季某日于梦中对视,我方恍然大悟,感恩得此机缘,可以分享一代教育先驱的非凡经历,间接参与当前的教育创新与变革。

借由翻译之便,我获悉创办于20世纪20年代初的夏山学校仍屹立于英格兰郊外。尼尔唯一的女儿佐伊,自小备受父母自由教育福祉,在完成个人志趣——养马和骑马——之余,于近年以特殊的身份接管夏山。在同样梦想自由教育并曾在中国公立教育从业十余年的我看来,夏山恰如一所理想的学校,它尊重每一位学生的身心发展节奏,予其由的想象空间和充沛的游戏时间,巧妙激发学生自选学习内容、自设达标目标,旨在养成学生健康的生活方式、浓厚的学习兴趣和独立的思考习惯。在小而美的校园社区建制内,师生平等相待,自然相处,借由实践影响实践,质疑唤起质疑,思想推动思想。

回想我在世纪初翻译出版的第一本书《自主课堂》，其以学生为主体的课堂观，既深深地影响了我日后的教学实践，也随着该书的多次重印和再版而不断激起众多教育同行的回应。如今，这本《尼尔！尼尔！橘子皮！》，其内容之广之深，显然已经超越了课堂。它在教育管理、社群协作及教师跨专业综合成长方面，皆引起我强烈的共鸣，给予我诸多启发。诚望该书能够吸引关注教育的教师、家长和教育管理者走近夏山，神游尼尔的教育理想国，返而共筑我们自己的理想教育。

值得一提的是，结缘此书时，我正处于休养阶段。在打理公众号"trust"（ID：trustdo)的某一天，经陆晓娅女士——恰为当代斜杠老年——之引荐，我结识了本书的策划——资深编辑周益群，得周编辑信任而识得夏山内外的尼尔。原书词句拿捏不定之处，幸有工作在教育前线的心理教师Yann——恰辅修过英文专业——相与切磋；翻译之初，蒙胞妹湘晋辗转借阅资料并觅得僻静寓所，方得以安然拾笔；翻译过程中，尼尔的童年故事亦逗得家中小同学哈哈而乐，大笑之后常常耐心忍受我抱守原著，自行阅读童书或友聚玩耍，助我如期完稿；全书付梓印刷前，常得周益群编辑的谐趣鼓励和巧妙启发。她对其对书稿的悉心设计和润色，令全书耳目一新；又有梁宏宇编辑对文字的细致校对和编修过程中的及时协调，终使这饱含启发与趣味的教育家自传译本问世。在此一并致谢！

沈湘秦
2016 年 12 月
于多伦多北约克

**图书在版编目(CIP)数据**

尼尔！尼尔！橘子皮！/（英）A. S. 尼尔著；沈湘秦译 . —北京：北京师范大学出版社，2017.5(2018.9 重印)

（尼尔作品系列）

ISBN 978-7-303-21884-4

Ⅰ . ①尼… Ⅱ . ①A… ②沈… Ⅲ . ①A. S. 尼尔—自传 Ⅳ . ①K835. 615. 46

中国版本图书馆 CIP 数据核字(2017)第 010651 号

北京市版权局著作权合同登记 图字：01-2016-3312 号

营 销 中 心 电 话 010-58805072 58807651
北师大出版社学术著作与大众读物分社 http://xueda. bnup. com

NIER NIER JUZIPI

出版发行：北京师范大学出版社 www. bnup. com
　　　　　北京市海淀区新街口外大街 19 号
　　　　　邮政编码：100875
印　　刷：北京京师印务有限公司
经　　销：全国新华书店
开　　本：730 mm×980 mm　1/16
印　　张：25
字　　数：300 千字
版　　次：2017 年 5 月第 1 版
印　　次：2018 年 9 月第 3 次印刷
定　　价：68. 00 元

策划编辑：周益群　　　　　　　责任编辑：齐 琳　梁宏宇
美术编辑：王齐云　　　　　　　装帧设计：王齐云
责任校对：陈 民　　　　　　　责任印制：马 洁

Original English Title:

"Neill! Neill! Orange Peel!"

By A. S. Neill,1972

Original English Edition © The Estate of A. S. Neill
This Chinese Edition © Beijing Normal University Press (Group)
Co. ,Ltd.

本书中文版及所有照片由尼尔基金会授权北京师范大学出版社独家
翻译出版。未经出版社许可，不得以任何方式复制或发行本书内容。